中国传媒大学"十二五"规划教材编辑委员会

主任： 苏志武 胡正荣

编委：（以姓氏笔画为序）

　　　王永滨　刘剑波　关　玲　许一新　李　伟
　　　李怀亮　张树庭　姜秀华　高晓虹　黄升民
　　　黄心渊　鲁景超　廖祥忠

文化产业管理专业"十二五"规划教材

丛书主编：　李怀亮　张树庭
丛书副主编：金雪涛　李珍晖　薛　华
编委会（按姓名拼音顺序）：程静薇　董克柱　方　英　高慧军
　　　　　　　　　　　　　姜　鹏　林振宇　毛建国　孟庆顺
　　　　　　　　　　　　　穆　青　任锦鸾　孙江华　吴玉莲
　　　　　　　　　　　　　王颖聪　谢伦灿　姚林青　严　威

文化产业管理专业"十二五"规划教材

电子媒介经营与管理

张燕 王苏 刘虎 编著

中国传媒大学出版社
·北京·

目 录

第一章 导 论 /1
    第一节 什么是电子媒介 /1
    第二节 传播技术对媒介行业带来的巨大影响 /4

第二章 电子媒介组织 /12
    第一节 媒介组织的定义与属性 /12
    第二节 媒介组织的特征 /16
    第三节 电子媒介组织结构 /18
    第四节 媒介组织文化 /29

第三章 媒介内容产品 /32
    第一节 媒介内容产品的多元属性 /32
    第二节 电子媒介内容产品的特点 /35
    第三节 信息技术对电子媒介内容产品生产的影响 /36

第四章 电子媒介监管政策与法规 /42
    第一节 电子媒介的监管体系 /42
    第二节 广播电视业监管政策与法规 /46
    第三节 电影业的监管政策与法规 /54
    第四节 互联网视听节目服务业的监管政策与法规 /61
    第五节 广告业的监管政策与法规 /67
    第六节 电子媒介版权 /72

第五章 电子媒介新闻生产管理 /80
    第一节 电子媒介新闻生产的标准化管理 /80

第二节　电子媒介新闻生产流程　/83
第三节　新闻伦理　/94
第四节　电子媒介新闻生产组织设计　/101
第五节　技术对新闻生产流程的再造　/105

第六章　电子媒介非新闻节目生产管理　/109

第一节　电子媒介节目生产管理概述　/109
第二节　节目策划　/113
第三节　节目编排　/117
第四节　节目评估　/120
第五节　节目外包　/123
第六节　传播技术对电子媒介节目生产的影响　/126

第七章　电子媒介市场营销　/131

第一节　电子媒介营销概论　/131
第二节　电子媒介受众研究　/138
第三节　电子媒介市场细分与市场定位　/141
第四节　电子媒介的营销渠道　/149
第五节　电子媒介内容产品定价　/155
第六节　电子媒介的市场沟通　/161

第八章　新兴媒介运营管理　/172

第一节　搜索引擎运营管理　/172
第二节　社交网络平台运营管理　/180
第三节　视频网站运营管理　/189

第九章　新兴媒介企业财务管理　/196

第一节　影响新兴媒介企业实现财务管理目标的重要因素　/197
第二节　新兴媒介企业财务管理的特点　/199
第三节　新兴媒介企业财务报表　/203

参考文献　/221

后　记　/229

第一章 导 论

■ **本章要点**

1. 电子媒介的内涵和外延
2. 新传播技术对电子媒介生存状态的全方位挑战

第一节 什么是电子媒介

麦克卢汉将人类历史分为三个阶段：口头传播、印刷传播和电子传播阶段。① 电子媒介是与电子传播相对应的，与口头媒介、印刷媒介相区别的概念，是指运用电子技术和电子设备传播信息的媒介。在电脑和互联网诞生之前，电子媒介主要包括广播、电视、电影、音像这几种大众传播媒介。电脑和互联网兴起之后，有的学者在做传播时代划分的时候就把电脑和互联网从广义的电子媒介中单独列出来，例如美国当代历史学家威廉·麦克高希就把五千年人类文明史划分为以下五个阶段：原始表意文字阶段、字母文字阶段、印刷文明阶段、电讯文明阶段和电脑文明阶段。② 也有的学者则认为电子媒介包括网络媒介，例如李彬在《全球新闻传播史》一书中，将电子媒介分为"广播"、"电视"和"网络"三篇来分别叙述其发展历程。③ 如此一来，电子媒介就有了广义和狭义之分。狭义的电子媒介主要是指广播、电视、电影、音像等大众传播媒介；广义的电子媒介则包括所有运用电子技术和电子设备传播信息的媒介，在

> **关键术语**
>
> 电子媒介是与电子传播相对应的，与口头媒介、印刷媒介相区别的概念，指的是运用电子技术和电子设备传播信息的媒介。

---

① 李明伟：《知媒者生存：媒介环境学纵论》，北京大学出版社 2010 年版，第 14 页。
② 〔美〕威廉·麦克高希：《世界文明史：观察世界的新视角》，董建中、王大庆译，新华出版社 2003 年版。
③ 李彬：《全球新闻传播史》，清华大学出版社 2005 年版，目录页。

狭义的电子媒介之外将电脑和网络囊括进来。本教材中的电子媒介采用的是广义的内涵。既然电子媒介是在划分人类传播阶段中提出的概念,那么我们要深刻理解其特征和意义,就必须站在媒介形态演变与人类文明演进的视角上。

一、媒介形态演变与人类文明演进

传播媒介是人类在传播活动中所使用的工具和手段,也是信息交流必不可少的中介。随着人类文明进步和技术的发展,传播媒介形态也在不断地发生变化,以便更好地满足人们的需要。

(一)口语媒介

人类在进化初期的很长一段时间里,没有形成系统的语言,而是通过简单的声音和动作进行交流。根据考古记录显示,在距今4万年到9万年间,人类开始用语言进行交流,由于没有更多的辅助工具,口语成为了早期传播活动最主要的手段。

口语媒介除了为文化的传承提供了工具、扩大了传播范围之外,也促进了人类的思想活动发展。口语传播的出现,加快了人类文明的进程。

但是,口语传播也有一定的局限性。首先,口语传播要求传受双方处于同一时间、空间,否则传播就无法进行,这无疑限制了信息传播的覆盖范围;其次,口语传播转瞬即逝,无法长久准确地保存。随着生产力的发展和社会规模的扩大,急需一种新的传播技术来弥补口语传播的缺陷,于是,文字应运而生。[1]

(二)手抄媒介

文字的出现,为人类保存信息提供了更为长久的方式,并且也超越了口语传播对时空统一的限制,扩大了信息传播的范围。

而记录文字的载体——手抄媒介也随之出现。早期的手抄媒介往往是石头、甲骨、简帛、木板、羊皮纸、牛皮纸等[2]物品,对自然物的简单加工而成。但这些物品粗糙沉重,制造成本较高,能够记载的信息量却不大,并且也难以携带,对信息的远途传播造成了阻碍。在这种情况下,人们开始摸索制造轻便纸张的方法,造纸术的发展也为信息传播带来了更大的便利。

公元105年,东汉蔡伦发明了"蔡侯纸"。由于携带方便、成本低廉又易于抄写,纸张逐渐成为了最主要的手抄媒介。手抄媒介也有其局限性。由于信息的记录完全要人工

---

[1] 韦路:《传播技术研究与传播理论的范式转移》,浙江大学出版社2010年版,第3页。
[2] 段鹏:《传播学基础:历史、框架与外延》,中国传媒大学出版社2006年版,第169页。

完成,手抄品的数量十分有限,加上特权阶级的控制,通常只能在少数人范围内流传,难以大范围传播。

(三)印刷媒介

早在隋唐时期,中国就出现了雕版印刷术。北宋期间,毕昇对其进行发展,发明了活字印刷术,采用活字拼版印刷的方式,提高了印刷效率。在西方,印刷术最早出现于德国。1455年,德国的古登堡采用金属活字印刷术,印刷了一大批《圣经》,这被许多西方学者认为是传播史上的标志性事件。

正如斯特劳哈尔和拉罗斯所说,印刷术的发展无疑是对口语媒介和手抄媒介的巨大突破。印刷术使大量、迅速地储存复制信息有了可能,并且打破了传播受到的时空限制。由于书籍的大规模印刷出版,打破了特权阶级对知识的垄断,加速了信息和文化产品的传播,这也为思想和知识的普及创造了条件,提高了大众的文化水平。

(四)电子媒介

1.广播、电视

印刷技术从人工操作到机械化生产,仍然经历了较为漫长的过程。而在工业革命背景下出现的电子媒介技术,从电报的发明到电视的发展,不过一百年的时间,人类的传播活动已经迅速进入了一个全新的时代。

电报的发明和使用改变了报纸等媒介的运作方式。通过电报传输,新闻得以在世界范围内广泛地传播,大大降低了信息获取的成本。

在电报普及之后,随着无线电和三极管的发明,广播媒介也得以建立和发展,成为了新型的大众媒介。广播的出现改变了印刷媒介一统天下的局面;继广播之后迅速崛起的电视,在传播信息上能够为人们提供鲜活的画面,同时搭配声音与文字,感染力极强,这种声画结合的方式受到了人们的欢迎。

以广播、电视为代表的电子媒介,则进一步打破了信息传播的时空限制,为社会带来了许多便利,也改变了人们的生活方式。在广播、电视等电子媒介的兴起和普及下,报纸和杂志的生存受到了严重的打击,受众的流失导致广告减少,许多纸质媒介不得不改变竞争策略,进行一系列变革与电子媒介竞争。

2.互联网

1991年互联网开始投入商业使用,从此有了迅速的发展。1994年成立的网景公司,在1995年已有超过5000万的用户。在此后的五年里,也就是到了21世纪初,互联网已经在娱乐、人际交往、信息和商业等各个领域兴盛发展①,更不用说十几年后,在搜索引擎取代了百科全书、视频网站冲击着电视节目、社交媒体无处不在的今天,它已然成为每个人生活中不可或缺的一部分。

由于互联网能够综合文字、声音、图像等多媒体形式传播信息,信息内容也极为丰富海量,本身又具有其他媒介缺少的感染力和吸引力;加之互联网的交互性,提供了前所未有的选择自由,因此吸引了众多受众。需要注意的是,这种互动性在带来便利的同时,也使网络秩序存在一定的风险,网络信息的真实性、用户信息的隐私保护等问题,都应当引起重视。

3. 移动互联网

移动互联网是网络媒介技术发展的趋势,主要体现在信息接收终端的融合化、移动化发展。

终端融合主要体现在硬件的产品端,包括电信、计算机和消费类电子产品的三合一。通过三方面的协调统一,实现信息资源的共享和互联互通,满足人们在任何时间、任何地点通过信息关联应用来方便自己的生活。②

第二节 传播技术对媒介行业带来的巨大影响

从媒介形态的演变过程和现有的媒介技术理论中,我们能够看出技术发展对媒介、社会有着重要的影响,或多或少地改变了人们的生活。我们可以从媒体从业人员、媒体产品和组织、传媒产业以及社会文化等方面,搭建起分析新技术影响的框架。

一、对媒介从业者的影响

(一)工作方式的变化

在经历了几次技术革命洗礼后,蓬勃发展的新技术不断地改变着媒体从业人员的工作方式,新技术通常能够降低成本、提高效率,甚至能产生新的媒体形态。20世纪90年代初期,自由论坛的媒体研究中心主持了一次技术研究讲坛,对参加论坛的新闻组织主管们进行了调查。结果显示,大部分主管认为以下技术正在改变他们的新闻编辑方式:个人计算机(80%)、摄影技术(70%)、图书馆在线数据库(70%),以及移动电话和传真

---

① 斯特劳哈尔、拉罗斯:《今日媒介:理解媒介、文化与艺术(Media Now: Understanding Media, Culture, and Technology)》(影印本),清华大学出版社2004年版,第233页。
② 宫承波:《新媒体》,中国广播电视出版社2011年版,第35页。

(60%)。①

随着互联网从20世纪90年代开始的商业化用途转变与普及,网络传播成为重要的信息传播形式。媒体从业者的工作方式也由此发生了很多的变化。

1. 整合信息

在互联网新闻活动中,采访、写作、编辑、制作是相互融合,甚至是模糊的。网络新闻从业人员可以通过聊天、稿件、网友跟帖等手段创造出更有分量的新闻,这个过程融合了采访、写作和发布等活动,超越了传统记者的工作范围。② 同时,信息提供者可以利用新技术直接发布信息,这就削弱了专业媒体人的信息垄断权利,"把关人"的角色也发生了转变。除了自己采访获得的新闻素材之外,他们还要整合、编辑从多种途径(如网友互动)收集来的信息,完成对一个事件比较全面的报道。

事实上,现在很多媒体记者在寻找选题和新闻线索的时候,都会通过关键词和热点话题的搜索,在微博等平台上从网友发布的海量信息中,挖掘出具有新闻价值的内容进行报道。

2. 动态和多媒体报道

网络媒体能够即时发布信息,对新闻事件进行及时的、动态的报道。这也就对新闻从业者提出了新的要求,在工作安排上要实行24小时的滚动值班,以最快速度应对突发事件;另外,实时报道的特性也对时效性有了更高的要求,相关记者编辑在对信息的处理上要迅速准确,以免错过第一时间的信息发布。

网络新闻还具有多媒体的特性,可以组织文字、图片、音频、视频等多种形式的内容,新的后期制作技术可以提高多媒体内容的质量,更加生动地进行信息传递。

3. 工作场所

计算机和远程通信设备的集中应用打造了一个网络计算时代,记者和编辑不需要工作于同一个地点,同一个空间。通过卫星通信和远程传输技术,媒体组织的成员可以共享文件、发送信息、同步创造。分散化办公已经成为媒体组织的发展趋势。③

(二)对新闻伦理提出了更高的要求

在新技术促成的媒介环境中,技术在给新闻从业者带来更多工作上的便利的同时,也对他们的新闻伦理提出了更大的挑战。在图像中删除或添加元素,改变人和物品的位置,剪辑人的声音语言拼凑出新的语句,都让影像的真实性有了可操纵的可能。在这种

---

① 帕夫利克:《新兴媒介技术:文化和商业前景(第2版)》,周勇、张平锋、景刚译,清华大学出版社2005年版,第50页。
② 巢乃鹏:《网络媒体经营与管理》,福建人民出版社2007年版,第187页。
③ 帕夫利克:《新兴媒介技术:文化和商业前景(第2版)》,周勇、张平锋、景刚译,清华大学出版社2005年版,第10页。

情况下，人们对于新闻的信任完全建立在对于从业者的信任之上，即信任他们不会篡改实际内容以进行欺骗。[①]

另外，即使在传统的新闻业中，新闻工作者们也面临着一种两难的选择，许多新闻需要挖掘某些当事人想要保密的信息，但是这就有了侵犯公民隐私的嫌疑，为了公共利益而进行的信息挖掘，其界限应当在什么地方，这一问题从未达成十分清晰的共识。而在电子技术背景下发明的新型采访设备，将这种隐私问题带到了新的高度。

新闻伦理关乎记者获取所需要信息的方式，微型摄像机、录音机发明后，经常被用于传统器材难以搜取素材的情况中，而这种方式是否带有欺骗性与侵犯性，至今仍旧存在争议。2011年7月，默多克新闻集团下的《世界新闻报》再次陷入窃听丑闻，并最终于7月10日停刊，结束了其168年的历史。这一轰动世界的窃听案，正是电子技术时代公众隐私受到威胁的不二证明。

［背景延伸］《世界新闻报》窃听丑闻

2006年，《世界新闻报》就被爆出窃听威廉和哈里王子的手机信息，涉案记者和私家侦探被判处监禁。

2011年，英国媒体爆出，在2002年13岁女孩米莉·道勒失踪案中，《世界新闻报》曾窃听了道勒的手机语音信箱，并私自删除了信箱中的部分留言，误导了女孩的家人以为她还活着，同时干扰了警方的工作。这起窃听事件引起了英国民众的震惊与愤怒。此外，英国媒体还报道《世界新闻报》可能曾经窃听阵亡士兵家属电话。《世界新闻报》迫于压力决定于7月10日发行最后一期报纸。

二、对媒介产品的影响

（一）内容生产数字化

电脑技术的发展对传统印刷业造成了变革性的影响，文字、图片和版面都可以在电脑上进行编辑和修改，新开发出的图像编辑和页面设计软件也使出版物变得更加精美，大部分杂志和书籍都应用了数字技术，后来还出现了电子版的杂志和书籍；在电影电视领域，电子动画和数码摄影技术逐渐取代了传统的人工和胶片生产；如今，在新闻和广告行业，图片和音视频的制作基本实现了数字化生产；网络电视和在线广播的出现，也丰富了人们对媒介产品的选择。

---

① 帕夫利克：《新兴媒介技术：文化和商业前景（第2版）》，周勇、张平锋、景刚译，清华大学出版社2005年版，第128页。

(二)降低生产成本

技术的普及减少了产品制作所需的劳动力,大大降低了传媒产品的生产成本。

(三)发行成本下降与范围扩大

与媒介组织需要投入的成本下降对应,受众获取这些产品所需要付出的成本也在减少。电子报刊、电子书等数字产品的增多,使人们能够很容易地获得所需要的信息和产品;电子商务的发展更是为人们减少了时间和精力投入,消费者只要在网络上通过点击鼠标,就能订购自己想要的商品(书籍、杂志、唱片等)。

通过数字技术制作的媒介产品,如电视节目和电影等等,在发行过程中的成本也得到了明显的降低。电影的数字化发行不仅更加方便,也减少了用传统方式印制电影拷贝并在各地发行拷贝而产生的高额费用。据英国《卫报》2003年的统计,2002年电影产业中,这些费用总计高达1亿英镑,还要外加3000万英镑的运费。[①]

技术发展也为媒介产品发行范围的扩大创造了机会。通过卫星通讯技术和有线电视网络,电视节目可以在全球范围内播出;用电子技术将报纸、杂志的内容传送到世界各地,在当地进行大批次印刷,使得许多报纸和杂志可以在世界各大城市同步发行。

(四)互动性

数字技术为受众发表自己的看法提供了平台和途径,也让受众主动地参与到了媒介产品的制作过程中来。近年来有很多事件,最初的信息源都来自网络。

此外,互联网视频的发展和点播电视的普及,使观众可以在网络或电视机上选择自己想收看的节目,媒介产品的互动性正在增强。

(五)版权保护更加困难

数字技术在为媒介产品的生产和发行带来便利的同时,也使媒介产品的版权越发难以得到保护。在这个复制成本低到几乎没有、操作行为极为简单的网络环境下,包括书籍、唱片、电影,以及各种形式的数字信息,都受到了盗版侵权的影响。

在网络环境下,最常见的盗版侵权现象,一是未经授权对实体产品的数字化传播,最典型的是电影上映后网络上流传的盗版。几年前百度文库擅自收入作家的作品,引起包括贾平凹、韩寒等多位作家的联合抗议,也是非常轰动的网络侵权事件。二是传统媒体的擅自下载使用,如一些报纸、杂志等传统媒体直接将网络上的文章刊登在自己的刊物

---

① 帕夫利克:《新兴媒介技术:文化和商业前景(第2版)》,周勇、张平锋、景刚译,清华大学出版社2005年版,第222页。

上，或广播电视机构直接下载音乐或视频用在节目中①。三是互联网链接的使用，如网站未经许可就提供了其他网站的超链接，等等。

三、对传媒产业的影响

技术发展产生的影响还体现在给整个传媒产业带来的变化之上。这些影响主要体现在两个方面：一是对传媒产业结构的影响；二是传媒业收入来源的转变。

(一) 产业结构的变化

数字技术在改变传媒从业者的工作方式、传媒组织的运转形式以及媒介产品的特点的同时，也在整体上改变着传媒产业的构成格局。

随着通信、电视、计算机、网络等技术的发展，新技术的应用和开发更加简单和便利，传媒业的进入壁垒不断地降低，市场参与者也在不断地丰富。许多新公司进入这个领域之中，并且逐渐找到了一条在专业市场的小领域中与大公司竞争的路子②。Google、Facebook等公司都是从挖掘新市场开始，逐渐提升自己的市场地位。

另一方面，在新技术的影响下，越来越多的领域都被包容进传媒产业中来。为了维持市场份额和地位，保证自身的发展，传媒公司大多选择跨媒体经营，从而形成了所谓的"大媒体"格局。

"大媒体"的概念，由美国人凯文·曼尼在其著作《大媒体》中提出，描述了传媒业部分领域全面竞争的现象，传统大众传媒业、电信业、网络业都统合到"大媒体业"下③。报刊、书籍出版、广播、电视、电影、娱乐、通信、计算机、软件等原先属于不同领域的业务，在大范围整合和交融协作中形成了"大媒体"的市场格局，这体现在传媒公司的跨媒体运作上，包括经营不同的媒体内容，以及传媒公司之间的收购、合并。

新闻集团、时代华纳、迪士尼、贝塔斯曼等都采用了跨媒体融合发展的策略，将自身从单一领域扩张到多领域经营。

(二) 收入来源的变化

互联网时代的到来为传媒产品提供了更多互动的可能性，从数字电视到在线点播，以及多样繁杂的付费节目和服务，传媒业的收入也在各项业务的发展中变得更加多元化。其中最主要的变化体现在收入来源的多样化上。

从传统传媒业的发展来看，传媒产业的收入大多以广告为主，生产者将产品免费提

---

① 程洁、张健：《网络传播学》，苏州大学出版社2007年版，第168页。
② 帕夫利克：《新兴媒介技术：文化和商业前景（第2版）》，周勇、张平锋、景刚译，清华大学出版社2005年版，第14页。
③ 闵大洪：《数字传媒概要》，复旦大学出版社2003年版，第183页。

供给受众,再将集中的受众注意力出售给广告商,从而获得收益。报纸、杂志、电视和广播的主要收入,大约有60%—75%来自广告。① 在新技术环境下,受众对节目和产品有了更多的选择机会和余地,越来越多(通常质量也更高)的收费服务出现了。在传媒产业的收入来源中,广告收入的占有份额开始下降,而用户支持的收入份额正在不断增加。

四、对社会文化的影响

(一)对人际关系的影响

技术带来多重便利和享受之外,对人际交往也产生了颠覆性的影响。人们完全可以在不出家门、不与他人实际接触的情况下生活,完成各种活动。电视和网络上的娱乐节目足够填充我们的空闲时间,智能手机和无处不在的WiFi覆盖让停留在交通工具上的时间也不再无趣。人与人的接触越来越少,地铁上人人都埋头玩弄手机,回到家中大部分时间对着电脑和电视,技术带来的数字隔离已成为无法忽略和否认的事实。

而在现实生活造成人情疏远的同时,在数字技术架构的虚拟空间中,一个个虚拟社区正在兴起。虚拟社区是数码空间里的社会集合体,在计算机通信世界中在线形成,大量的虚拟社区可以覆盖全球;它们往往为了一个特定的议题而成立,有自己的游戏规则、管理方法、道德观念和行为方式。② 在成员的共同建构下,有些虚拟社区会形成独特的社区文化。

(二)对公众隐私的影响

人们在网络上进行的活动越来越多,甚至已经占据了日常生活的绝大部分,包括收发电子邮件、搜索信息、浏览网页、网上购物等。这也对公众隐私造成了一定的隐患。通过对浏览和搜索记录的抓取,互联网公司在技术上完全可以跟踪并保存每一个网民的踪迹、习惯和喜好。事实上,有许多公司也正是利用了这样的技术,针对用户的兴趣和需要投放广告,以提高广告的效果。而由此引起的关于"公众隐私权"的争论并没有因此消减。

(三)对民主进程的影响

在公共政治领域,信息技术的发展无疑促进了民主的进程,人们可以通过信息公路获得更多的信息,减少闭塞的可能性,技术和信息公路的发展实际上将社会带入了电子民主的年代。人们可以在互联网上获得有关政策方面的信息,自由发表自己的观点,提

---

① 帕夫利克:《新兴媒介技术:文化和商业前景(第2版)》,周勇、张平锋、景刚译,清华大学出版社2005年版,第17页。
② 同上,第282页。

高政治参与度；而政府也可以通过电子在线的方式为民众提供服务，包括政府动态、电子表格的下载和相关的问题解答等内容。

(四) 对社会教育的影响

在教育方面，信息高速公路的建立和覆盖在很大程度上加速了知识的普及。公共图书馆和教育机构的资源能够通过信息公路实现超越时间、空间和国界的共享，也为知识的普及提供了有效的途径。现在，包括哈佛大学、耶鲁大学、麻省理工大学等世界一流大学都分享了一些公开课的教学视频，借助互联网可以在线或下载学习，全世界的学生都有机会听到这些名校课程。

(五) 对社会分层的影响——数字鸿沟

早在信息技术如此普及之前，传播学界就出现了"知沟"理论假说。该假说认为，随着大众传媒向社会传播的信息日益增多，无论是社会经济地位高的人还是社会经济地位低的人，在知识量上都会有所增加，但是由于前者在获取信息和知识上的速度快于后者，因此随着时间推移，两者之间的"知识沟"将越来越大，而并非越来越小。[1]

数字鸿沟就是信息社会中出现的"知识沟"，越来越多的信息在网络上传播，这也就造成了不使用网络的人，在信息获取的速度和广度上远远落后于网络用户。

数字鸿沟产生的主要原因是经济水平和文化水平的差距。以互联网为代表的新兴信息通信技术在普及应用和发展中出现了不平衡的现象，发达国家与落后国家、发达地区和落后地区之间会由于在基础设备、技术水平上的差异而造成巨大的知识鸿沟。互联网的利用程度与国家的富裕程度一般成正比，因此这种差异往往受到经济状况的影响。[2]

2015年7月，中国互联网络信息中心发布了《第36次中国互联网络发展状况统计报告》。根据该报告数据显示，城镇地区与农村地区的互联网普及率分别为64.2%、30.1%，相差34.1个百分点。人口结构方面，10—40岁人群中，农村地区的互联网普及率比城镇地区低15—27个百分点。[3]

实际上，随着技术的进一步发展，数字鸿沟究竟是会缩小还是继续扩大，现在并没有十分明确的答案。但是国家可以采取一定的举措来缩小不同地区、人群之间的数字鸿沟，比如提供必要的数字传播途径、加强网络使用技能的指导，从而减少网络和数字技术使用的障碍。

---

[1] 宫承波：《新兴媒介》，中国广播电视出版社2012年版，第96页。
[2] 程洁、张健：《网络传播学》，苏州大学出版社2007年版，第275页。
[3] 中国互联网络信息中心：《第36次中国互联网发展状况统计报告》，http://www.cnnic.net.cn/hlwfzyj/hlwxzbg/hlwtjbg/201507/P020150723549500667087.pdf。

思考与研讨题

1. 试从媒体从业人员、媒体产品和媒介组织、媒介产业以及社会文化等方面分别举例说明新传播技术带来的新变化。
2. 在媒介融合的趋势下,电子媒介经营管理面临哪些挑战?举例分析如何应对。

第二章 电子媒介组织

■ **本章要点**

1. 媒介组织的定义
2. 媒介组织的属性
3. 电子媒介组织结构的类型选择和发展方向
4. 电子媒介组织文化

伴随着人们物质生活水平的提高所带来的精神文化创作与需求的繁荣,网络、影视等方面的技术革新与突破,以及国家政策对产业的重视与扶持,我国的文化经济呈现出前所未有的光明气象,不论是事业单位抑或是民营企业,都在质量和数量上有了长足发展。在这些发展变化中,媒介经营管理理念与模式的变化是我们的重要研究内容。那么,我们该从什么角度重新认识电子媒介经营管理?这种管理的性质如何?它又有哪些现代化的管理模式与类型呢?

经营管理,是对一定的对象而言的,在传媒领域内,这个对象就是各式各样的媒介组织。因此,认识媒介组织,就是我们研究媒介经营管理时的前提条件和最佳起点。

第一节 媒介组织的定义与属性

一、媒介组织的定义

顾名思义,媒介组织的定位落点是"组织",而条件是"媒介的"。

我们知道,组织即为英文中的 Organization。关于组织的定义有很多,美国管理学界较早普遍接受的一种定义是:"所谓组织,是有意识调整了的两个人或更多人的行为或各种力量的系统。"[1]

那么,如何理解"媒介"呢? 传播学研究中的媒介有两个基本含义:(1)信息传递的载体、渠道、中介物、工具或技术手段;(2)从事信息的采集、加工制作和传播的社会组织,即传媒机构。[2] 显然,这两种含义的共同之处就是将媒介与信息内容区分开来,媒介只是作为一种中间桥梁而存在于传播者和受传者之间。它们的区别则在于:当我们把媒介理解为载体、渠道、中介物、工具或技术手段时,它是作为一个环节、一个概念而存在的;当我们把媒介理解成为传媒机构时,它具有了社会属性,人类活动被标志出来,媒介成为社会信息传播模型的重要组成部分,因而具有了人文的、经济的等更丰富的社会意义。

> **关键术语**
>
> 媒介组织是专门从事信息生产和大众传播活动,以平衡和满足社会需求的单位或机构。

可见,当我们将媒介理解为传媒机构时,我们所表达的实际意思就是说:媒介是组织,关于信息传播活动的组织。因此我们可以说:媒介组织,是专门从事信息生产和大众传播活动,以平衡和满足社会需求的单位或机构。而本书所提及的电子媒介组织,则是特指广播、电视、电影、互联网等媒介组织,以及媒介融合背景下的全媒体组织。

这就是说,我们在狭义的层面上可以将媒介等同于大众传播机构。那么,作为一种机构,媒介必然具有一定的组织形态。这就使得我们可以从组织学的理论建构和认识视角上来理解媒介,形成一个综合性、交叉性的媒介组织研究领域。对媒介组织的研究,一方面是媒介经营管理研究的一个组成部分,另一方面又是从组织学视角独立进行的。所以,媒介组织与以往的媒介管理研究既有相似又有不同:二者都以媒介机构及其活动为分析对象,但媒介组织于大处着眼、从整体出发,看重媒介作为组织的种种整体结构与综合文化,而媒介管理则要从结构往内容的更深处看去,明确结构中每一环、每一步的新闻生产、财务管理等细节性的具体活动。

二、媒介组织的属性

关于媒介组织属性的讨论,可以从本质属性和体制属性两个层面展开。

(一)本质属性

国内学者对于媒介组织本质属性的探讨,可以追溯到上世纪末。周鸿铎教授在20世纪90年代提出"传媒双重属性说",即大众传媒具有经济属性和政治属性这双重属性,

---

[1] 转引自朱国云:《组织理论:历史与流派》,南京大学出版社1997年版,第191页。
[2] 郭庆光:《传播学教程》,中国人民大学出版社2005年版,第147页。

这一大胆界定为当时的媒介产业化改革提供了重要的理论依据和支持。"双重属性说"让人们认识到媒介组织除了具有宣传工具的政治属性之外,也与生俱来地具有自身盈利和促进国民经济发展的经济属性。

黄升民教授于 1999 年在其专著《国际化背景下的中国媒介产业化透视》一书中,对大众传播媒介组织的本质属性做了更加细致的分析,提出大众传播媒介"具有信息组织、利益组织和控制对象三重属性"。其中,信息组织是源属性,利益组织和控制对象是派生属性。简单地说,媒介组织既是采集和传递信息的服务机构,又是从事产品经营的"企业",同时还是社会管理者(政府)极为重视的一个控制对象和管理工具。但是,媒介首先是作为信息组织而存在,正因为信息附带利益的特性以及信息隐含意识形态的特性,使得媒介的信息组织这一源属性派生出利益组织和控制对象这两个派生属性。为了表征这三个属性之间的关系,黄升民教授进一步提出了"产业平衡器"模型,媒介组织处在经济利益和社会控制之间不断调试,寻求最佳平衡点,并由此外化出不同的组织形态,比如我国计划经济时期实行的编委会集体领导下的总编辑负责制就是完全的受控对象,而现代的报业集团通常以董事会为核心,下设编委会和经济工作委员会,这就是媒介组织的属性向利益组织倾斜的结果。

因此,媒介经营管理所追求的目标之一,就是在信息组织、经济组织和受控对象三重属性间取得平衡,在社会效益、经济效益和政治边界的三重目标间取得共赢。

(二)体制属性

1. 政党媒介

政党媒介是指隶属于政党,以执行政党的宣传任务为主要职责的大众传播媒介。从新闻史来看,政党媒介始于政党报刊。在国内外的新闻史上,政党报刊是与政治斗争紧密联系在一起的。

以美国为典型,美国的政党报刊时期为 1775—1872 年。在独立战争时期,"爱国派"和"效忠派"都有属于自己党派的报刊,利用自己的报刊发表言论来支持或者反对独立战争;在美国建国初期,对于政治体制的诸多问题,争论中相对保守的联邦党和比较开明的民主共和党形成了新的两大党派报刊的局面;南北战争时期,全国报纸在是否废除奴隶制问题上形成两种主要的政治倾向,有支持政府废奴政策的《纽约时报》等政党报刊,也有反对政府立场的《纽约先驱报》等报纸。[①]

中国政党报刊始于 1895 年前后康有为、梁启超在维新变法中创办的报纸,经历了封建政权、资产阶级政权和无产阶级政权。中国报业发展至今,政党报刊一直占据主导地

---

① 彭晓妍:《中国政党报刊主导地位原因浅析》,《华商》2008 年第 15 期,第 88 页。

位,并未如同美国报业那样很快就实现从政党报刊到大众报刊的转型。以至于随后出现的广播和电视,都和党报一样,明确提出广播电视是党和政府的喉舌,并且按照行政区划和行政级别设立广播台和电视台,分为国家级、省级、市级和县级,每一级政府配备有各自专属的喉舌。

政党媒介作为政党的隶属组织,其与生俱来的职能就是宣传政党的路线、方针、政策,作为政党的传声筒,成为政党利益的代言人。政党报刊原本就是社会转型的产物,因而在社会转型的过程中风起云涌,成为政治斗争的有力武器,也成为社会转型重要的推动者。

2. 公共媒介

公共媒介是指不以赢利为目的,致力于公共服务的大众传播媒介。公共媒介是"社会公器",不是私人财产。公共媒介是社会公众的代言人,主要承担公共信息发布、公众政治参与、舆论监督、社会教育等公共职能。因为非营利性,所以公共媒介多半不播出商业广告,其运作经费除了来自政府之外,也接受个人或团体捐助,部分国家是向用户收取费用取得。国外知名的公共媒介有英国的BBC、美国的NPR、日本的NHK等。

3. 商业媒介

商业媒介是指以赢利为目的大众传播媒介。从新闻史来看,商业媒介的雏形始于廉价报刊。世界上第一家成功的廉价报纸是1833年由本杰明·戴在纽约创办的《太阳报》。廉价报纸的特点是:(1)政治上标榜独立,不受制于某个党派;(2)经济上自主经营,不依赖政府或政党的津贴;(3)读者对象为平民大众;(4)内容上注重地方、社会新闻;(5)形式上文字通俗,版面活泼,可读性强;(6)经营上完全商业化。美国的广播从诞生之日起就是商营而非公营,随后美国确立起以商营为主导的广播电视体制,区别于英国和日本的公私双轨体制。

商业媒介一个最大的特征就是刊登或播出广告。所以广告主的诉求会牵引商业媒介的受众诉求,衡量广告价值的标准和尺度在于收视/听率,因而受收视/听率驱动,就成为商业媒介的另一个特征。商业媒介将媒介内容视为商品,将受众视为商品,因而常常因为过于娱乐化、模式化和庸俗化而受到质疑。由于商业媒介尤其是免费收看的广播电视所占用和消耗的是公共资源,频谱资源不能归私人垄断,因而它们在追求赢利的同时,也必须承担相应的公共职能。各个国家政府都会对商业媒介的公共职能进行强制性保障,例如美国的联邦通讯委员会(FCC)就要求美国的商业广播必须播出维持性节目(sustaining program),并且每周必须保证儿童教育节目的播出时间,以此来平衡赢利和公共职能之间的矛盾。

我国的媒介体制经历了政党媒介产业化的转型,"事业单位,企业化管理"的改革机制,使我国的媒介组织在体制属性上变得多元化,既要承载党和政府的喉舌功能,又要自力更生,在市场竞争中谋求生存发展。由于单纯公共媒体的缺位,我国的媒介组织还需要同时承担舆论监督、促进公众政治参与和社会教育等公共服务的职能。这种三重属性兼而有之的复杂现象,构成了我国媒介经营管理的独特景象,成为解决我国媒介经营管理实践问题的理论起点。

第二节　媒介组织的特征

周鸿铎教授认为,媒介组织"是通过一定的制度和运营机制联系起来的人的集合体,这个集合体是一个社会系统,具有系统的一般特征和功能"。[①]这是从系统论的角度出发,意思是说,媒介组织作为一个机构,它首先是一个系统,应该在具备了"系统"的全部关键词(包括制度、运营机制、人等)这一基础上才能发展出自己独具一格之处。因此,媒介组织作为组织机构的一般特征,与它区别于其他组织机构的行业特征之间,存在一种由表及里、由外到内、由大到小的关系。

在这个理解上延展开来,我们首先将媒介组织放在社会环境之中,可以根据组织机构的一般特征来推断媒介组织的一般特征。那么,媒介组织作为一种正式组织,具有以下基本特征:

第一,组织属于社会系统的构成部分,在与社会其他机构的有机联系中实现价值。社会是一个有机联系、相互作用的整体,任何组织机构都是社会系统的一个组成部分,无法独立于社会之外存在。对于媒介组织尤其如此:一方面,组织之间的联系是通过信息的沟通与交流发生和维持的,媒介组织本身就是作为信息的载体而存在的,所以这种相互关联是媒介组织得以存在的意义;另一方面,媒介组织本身也是社会的一部分,它的建立和运行要符合法律法规的要求,它要有经济力量的进入,它还要进入各行各业和人们生活的方方面面实现媒介的价值。

第二,组织以管理者(政府权威部门)与服务对象(社会公众)的双重认可为成立的必要条件。

第三,组织是有意识、有目的、有筹划、有准备地建立起来的。媒介组织的活动不能单单等同于信息传播行为,因为早期的新闻活动或许是人们无意识的行为,现代的信息传递方式中也还有许多非组织的人际传播等。所以,媒介组织的建立是信息传播活动发展到一定程度、产生了社会分工的必要条件和需求之后的结果,是人类有意识地选择和努力的结果。

---

① 周鸿铎:《媒介经营与管理总论》,经济管理出版社 2005 年版,第 146 页。

第四,建立起来的组织有明确的运行目标。宏观来说,人类之所以选择某一种行业分工,便是因为产生了某方面的需求,因此,各个行业和领域的机构组织一定是为满足某种需求而存在的。微观来说,任何组织机构都需要制定短期、中期、长期的目标以保证组织的生产与发展。媒介组织因信息的商品化而诞生,其目标就是为大众提供信息、编辑信息,并在这个过程中不断发展壮大。

第五,围绕目标形成一定的组织结构。"组织"一词,源于织布,经线纬线相互交错、结构而行,方成组织。不同组织会根据自身的情况,按照不同方式结构,媒介组织的结构方式则通常要在一般的经营因素之外,更多考虑"党管媒体"的实现方式。

第六,根据目标与结构形成相应的规章制度。与一般组织一样,媒介组织要遵循的规则首先是法律法规和社会公共道德,其次是行业的通行法则和基本价值信条(新闻行业自律就是这样产生的),最后才是组织机构内部的相关规章制度。

第七,有依照规章制度进行生产活动的职业工作者。职业工作者的意思是,从事这项活动的人掌握某行业专门的职业技能,从事专门的工作,以此作为自己的主要谋生工具。

……

这些特征基本适用于全部的组织机构,那么,媒介组织在这些组织机构之中的独特之处何在呢?通过观察身边的新闻活动,我们至少可以得出以下几条新闻媒介组织的独特的行业特征:

第一,以效率和时效为生命。效率对任何一个行业来说都是非常重要的,但是它对媒体而言则是生命的源泉,尤其是新闻业。新闻,是信息的艺术,也是时间的艺术。

第二,媒介组织至少采用一种固定的媒介渠道进行信息传播,并以此为生。传媒可以说是内容生产与传播渠道结合最紧密的行业,从报纸杂志到广播电视,再到互联网、新兴媒介,传媒行业生产内容的分类基本上等同于渠道的分类,每一个媒介组织都应有自己对应的内容与渠道定位,并至少从事一种内容生产或渠道经营以维持机构的生产。

第三,媒介的生产实际上是"选择"而非"创造"。无论是新闻事实的传递,还是影像内容的表达,媒介组织所生产出来的传媒产品本质上都是信息的组合,媒介组织并不能生产信息本身,它只是将信息加工为信息产品。正是由于媒介组织的这一特性,使不同媒介之间以不同的编辑方针为基础,在受众眼前编织了一张信息网。除了我们看得见的一面,媒介组织还在无形中织起了另一面庞大的"暗网"世界。因此,我们尤其要谦虚地对待自己所掌握的信息,审慎地下结论、做判断。

当然,媒介组织也有正式与非正式之分,我们在本书中所探讨的经营管理对象以正式组织为主。对于那些自发的、内聚的、不稳定的非正式媒介组织而言,并不具有代表意义。

第三节　电子媒介组织结构

一、组织结构定义

钱德勒曾说过:"企业的经济威力的源泉在于其组织结构。"① 合理的组织结构是组织目的实现的基本物质保障。理论界对于组织结构的定义众说纷纭,比较有代表性的有:

> **关键术语**
>
> 媒介组织结构是指一个媒介组织内部的运行及其活动的正式排列。

哈罗德·孔茨(1955)认为"组织意味着一个正式有意形成的职务结构或职位结构"②;阿诺德和菲尔德曼(1986)在他们合著的《组织行为学》中指出,"组织结构是指一个组织内部的运行及其活动的正式排列"③;卡斯特和罗森茨韦克(1970)认为"组织结构是一个组织中的各构成部分或各个部分之间所确立的关系形式"。同时他们强调在看待一个组织的结构时,不能把它和职能隔离开来,尽管它们是独立的,应该把静态的结构和动态的过程结合起来。④ 德鲁克认为并不存在一种唯一正确或者普遍适用的组织结构,他概括了组织结构必须满足的一些必要条件:明确性、经济性、远景方向、决策、稳定性、适应性、永存性和自我更新。⑤ 国内学者王征认为:"组织结构就是指组织内各要素的排列组合方式,也就是组织各部及各层次之间所建立的一种人与事、人与人的互相关系;它是人们实现组织目标的手段。"其内容包括纵向层次结构、横向结构和组织机制。⑥ 邹再华则把组织结构定义为"一个组织内各构成要素之间所确立的关系形式。或者说,是一个组织内各要素的排列组合方式"⑦。组织结构定义的三个关键要素是:(1)组织结构决定了正式的报告关系,包括层级数量和管理者的管理跨度;(2)组织结构确定了单个的人如何组合部门,部门如何组合成组织;(3)组织结构包含了一套系统,以保证跨部门的有效沟通、合作与整合。⑧

在上述定义的基础上,王冬冬在其博士论文中将组织结构定义梳理总结如下:组织结构是指组织内部一种相对稳定的关系模式,它既表现为静态的结构形式,又体现在动态的组织活动之中。组织结构模式是由组织的战略、环境、技术等决定的,其中包含了组

---

① 小艾尔弗雷德·D.钱德勒:《看得见的手——美国企业的管理革命》,商务印书馆1987年版,第26—43页。
② 哈罗德·孔茨、海因茨·韦里克:《管理学》,经济科学出版社1998年版,第125—136页。
③ 阿诺德、菲尔德曼:《组织行为学》,邓荣霖等译,中国人民大学出版社1990年版,第69页。
④ 弗莱蒙·卡斯特、詹姆斯·罗森茨韦克:《组织与管理——系统方法与权变方法(第四版)》,傅严等译,中国社会科学出版社2000年版,第37—46页。
⑤ 德鲁克:《管理:任务·责任·实践》,孙耀君译,中国社会科学出版社1987年版,第125页。
⑥ 王征:《组织理论与机构改革》,行为科学杂志社1980年版,第37—38页。
⑦ 邹再华:《华莎——巨变时代的企业管理》,中国经济出版社1999年版,第89页。
⑧ John Child. *Organization*. New York: Harper &. Row. 2004: pp.41—48.

织内部的指挥系统和沟通网络,也包含了组织成员在不同层次的责权系统中的地位和互相关系。而电视媒体组织结构主要指电视媒体内部的指挥系统和沟通网络,以及该媒体从业人员在不同层次的责权系统中的地位和相互关系。它包括电视媒体正式报告关系、部门的组合情况、管理跨度、规范化和集权的程度等。[1]

二、电子媒介组织流程

电子媒介必须在具体的任务环境下,搭建能够实现组织战略的高效运作的结构体系,才能提升自身的核心竞争力。这一结构体系应当包括制播执行载体资源、完成其战略目标的流程,以及为执行这一流程而建立的报告关系和控制秩序。据此,我们可以明确在设计电子媒介组织结构的过程中,应该考虑组织结构的状态要素、组织流程和组织任务之间的相互影响关系。所以,在设计电子媒介组织结构之前,我们首先需要弄清楚电子媒介的组织流程。下面就以电视为例,介绍一下媒介组织流程。

研究电视媒体的组织结构应该围绕电视媒体生产营销的过程进行。而探讨电视媒体的组织流程,则需要了解由电视媒体的集合共同构成的电视产业的产业环节。为此,我们首先要了解一下电视产业链的基本结构。在王冬冬博士论文中的"电视媒体产业价值链模型"以及吴克宇的《电视媒介经济学》中的"电视产业环节链"[2]的基础上,我们绘制了图2—1,希望能描述新技术条件下电视产业链的全貌。

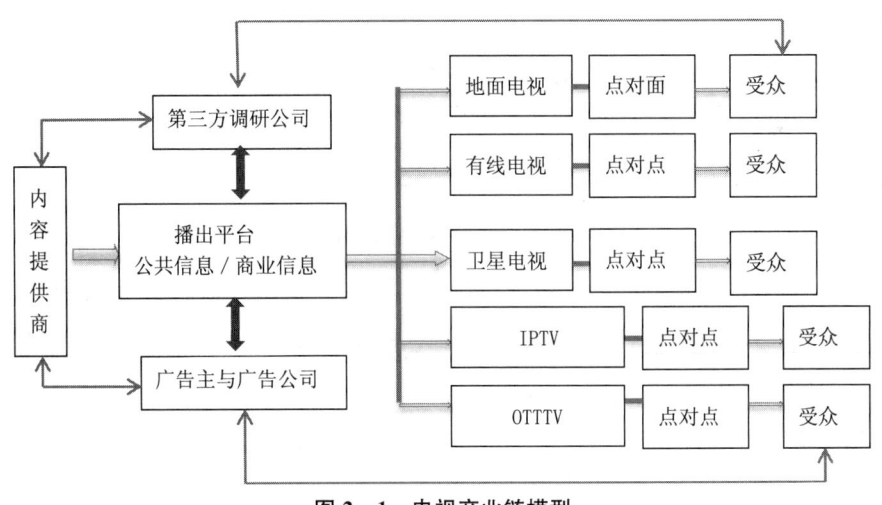

图2—1 电视产业链模型

在这个模型中,内容供应商可以是影视制作公司、节目发行公司、独立制片人,也可以是电视台自己。在中国,境内媒体的内容供应商主要还是电视台本身。广告公司与客户是电视台的重要收入,关系着电视台经营与运作的经济命脉。在激烈竞争的媒介

---

[1] 王冬冬:《电视媒体的组织结构设计研究》,2008年哈尔滨工业大学博士论文,第28—29页。
[2] 吴克宇:《电视媒介经济学》,华夏出版社2004年版,第104页。

市场中，广告资源成了买方市场，广告经营显得非常重要。2007年流行的从客户需要出发逆推策划节目，更加强调广告客户与节目的伙伴关系。

第三方调研公司，目前主要有AC尼尔森与CSM，通过提供收视数据，帮助电视台和广告商做监测和预测，成为决定节目生存和资金投放的依据。[①]

播出平台是所有环节中最重要的一环，无论是意识形态属性还是产业属性的实现，都要通过播出平台，它承担着收集受众注意力的重要职能。这个环节必须拥有国家颁发的播出许可。取消四级办台后，目前中国的播出平台主要由央视、各省级台、各城市台与少量限制范围播出的外资台及网络媒体构成。

下一个环节是传输平台，现在大部分掌握在与电视台有紧密姻亲关系的有线网络手中。随着广电总局的下一步发展规划，家庭可以直接接收的无线网络和卫星网络也将更多被使用。而借着信息产业发展的东风，电信类、IT类企业也日益介入媒介产业，如当前流行的IPTV就是电信运营商凭借自己所搭建的网络平台，将触角深入媒介产业的传输平台环节，并与上下游环节进行合作的典型案例。传统电视媒体也在以内容供应商的身份积极介入IPTV、手机电视等业务。OTTTV(Over the Top TV)则是借助运营商的网络服务，向各类视频终端（电视、电脑、pad、手机等）传输IP、视频和互联网应用的融合服务。

受众处于产业价值链的终端，在业界高喊"内容为王"的时代，受众的偏好仍旧是最重要的。数字电视系统平台的所有者，已经把受众数据库作为大力发展的一块内容，希望直接掌握受众资源，使其成为独有增值点。传统电视的有线网络状态下，产业链中流动的价值，主要由广告来支付，而数字电视时代，价值流则一直流到最终端。

三、电子媒介组织结构模式

从世界媒介发展历史的角度来看，媒介组织的结构变化是以所有权与经营权的关系变化为基础的，我国也不例外。新中国成立初期的媒介活动中，媒介组织结构形式多以方便进行政治宣传的直线结构为主，而现在则已经在不同类型的组织领域里形成了各不相同的组织结构。借鉴企业组织结构的有关知识，我们将这些不同形态的媒介组织主要运用的结构模式归纳为：直线职能型、事业部型、区域式、矩阵式和混合式。

（一）直线职能型组织结构

直线职能型组织结构在我国是非常普遍的一种媒介组织结构形式，它指的是在社委会、董事会等的领导下，按照职能划分部门，形成从上到下的逐级领导的结构方式。

直线职能型结构的优点在于鼓励各个部门的规模经济，使命令通达，提高作业效率，

---

① 王冬冬：《电视媒体的组织结构设计研究》，2008年，哈尔滨工业大学博士论文，第90—91页。

但缺点是对外界环境的适应能力不足。因此,这一模式适用于产品比较单一的中小型企业或者集团下属规模不大的子公司。就我国传媒行业的现状而言,由于这种结构能够打破传统电视媒体各个栏目与频道之间的事业部机制,所以常见于因制播逐渐分离而诞生的各类电视内容生产公司,比如光线传媒。另外,新兴媒介由于其强大的交互性、个性化特征,吸引了一大批内容生产者,这些中小型影视公司也大多是采用这样的组织结构模式,比如北京万合天宜影视文化有限公司。

光线传媒自成立之日起,就建立了现代的媒介产业化流水线生产体系,变传统的节目、频道事业部机制为生产流程中的直线职能制。各个生产环节分别组成不同的工作组,各工作组同时操纵多档节目,使各个工作组和环节在集中式、规模化生产中得到专业磨炼。这种生产方式在实现规模化生产的同时,也保证了多档节目的质量稳定、品质一致和风格统一。①

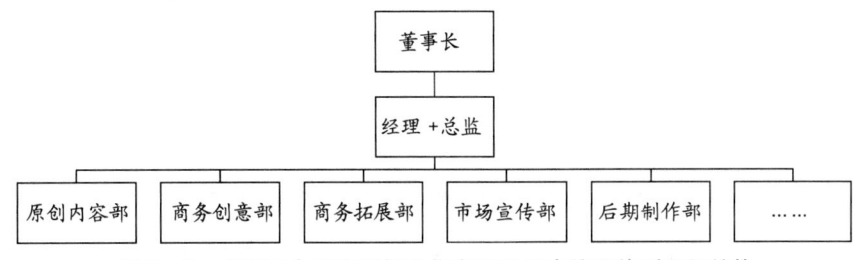

图 2-2　北京万合天宜影视文化有限公司直线职能型组织结构

关于境外商业电视的组织结构,王冬冬指出,综合其对境外各有影响的商业电视媒体的考察,它们基本上采取的都是这种直线型的职能制组织结构。虽然有些大的电视传媒集团在其较高的层级层面上看,由于它们牵涉的业务较多,呈现出事业部结构的状态,但从每个具体电视台的层面来看,其内部的组织结构还是属于职能式的。图 2-3 就是一个典型的美国中型市场商业电视台组织结构图。②

(二)事业部型组织结构

事业部型组织结构是将组织按照产品划分成若干独立核算、自负盈亏的事业部进行经营管理的结构。在这种结构中,每个事业部都是相对独立的个体,因为自负盈亏而拥有较大的自主经营权,从而在中层管理者与组织总部之间形成适度分权。这种模式的优缺点皆在于分权与集权问题,适合旗下拥有不止一个品牌的现代化大型企业。

由于事业部制非常适合于品牌培育和分散风险,所以它是现代媒介组织中较为常见的一种结构类型。采用这种结构形式的国内外媒介集团包括时代华纳、横店影视城以及我国大部分的省级报业集团(如广州日报报业集团)。

---

① 周鸿铎:《媒介产业案例分析》,中国纺织出版社 2005 年版,第 127 页。
② 王冬冬:《电视媒体的组织结构设计研究》,2008 年,哈尔滨工业大学博士论文,第 52-53 页。

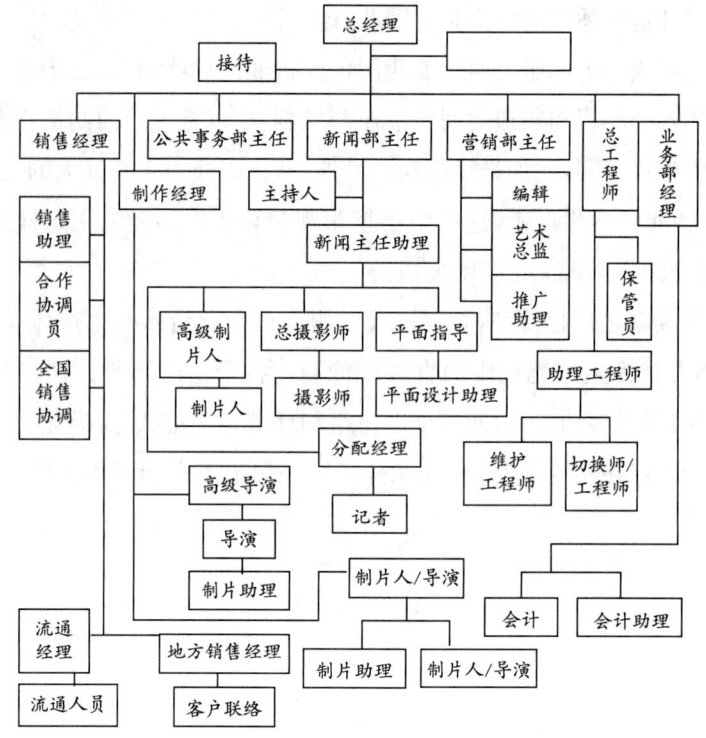

图 2—3 美国中型市场商业电视台组织结构图

以香港星岛报业集团为例,该报业集团以《星岛日报》和《英文虎报》为核心企业,另控股 34 家子公司、参股 9 家子公司,并以《星岛日报》的报名,同步在美加、澳洲、欧洲和港台等国家和地区发行 11 个版本的英文或中文报纸。①

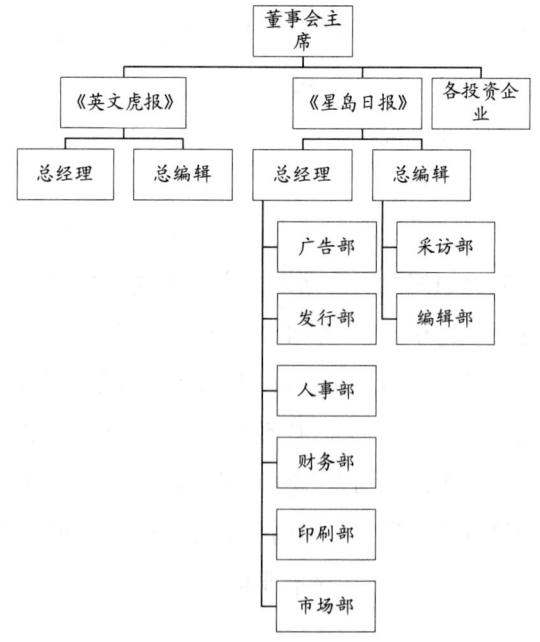

图 2—4 香港星岛报业集团事业部型分权结构

---

① 胡正荣:《外国媒介集团研究》,北京广播学院出版社 2003 年版,第 90—91 页。

(三)区域式组织结构

区域式组织结构指的是以地区为依据划分组织的管理、运行的范畴,将每个地区当做一个完整的作业单位。这种结构实际上是事业部型组织结构的变形。二者的区别在于划分子单位的标准不同:事业部型根据产品划分,

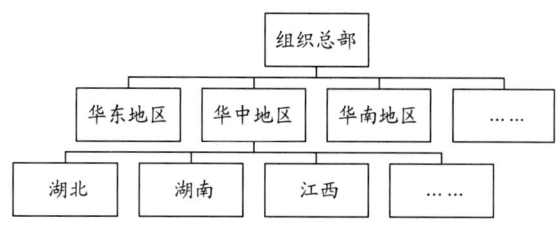

图 2-5 区域式组织结构模型

区域式根据地域划分。在这种结构中,地区的子单位也拥有较大的独立决策权,因而能够实现因地制宜的经营策略。

这种方式通常应用于全国性媒体组织,实现方式是划分不同区域,形成区域分公司、区域代理或办事处、记者站等,其基本架构是总公司下辖华东、华中、华南等几大区域,每个大区域又下辖几个省份。区域式媒体组织的代表包括新华社等。

(四)矩阵式组织结构

矩阵式组织结构是事业部型和直线职能型的结合与变形,采用的是纵向直线职能与横向事业部结合(纵横结合)的组织模式(见图 2-6)。这种组织形式既能够避免事业部制的各自为战、分散资源,又能够对直线职能制进行再次整合与分工,能够实现各个直线职能部门的资源共享最大化,有利于组织领导人对全局的把控。但是,在这种结构中的事业部没有相应独立的财务、资源等裁决权,容易导致各部门之间过度纠缠,管理程序复杂且效率低下等问题。

矩阵式组织结构注重多元效果,因而能够显著提高中等规模企业的生产效率和品牌创立效果,在既要求媒介内容制作的专业水平,又要求尽量盘活部门资源使之快速适应环境变化和品牌发展需求的时候,通常是最佳选择。因此,矩阵式组织结构最适合于由直线职能型结构的小型公司向事业部型组织结构的大型企业过渡的阶段。过小的公司没有必要将组织机构复杂化,而大型企业的巨大生产量将会导致矩阵型结构湮没在无数繁琐的沟通事务中,严重阻碍生产效率。

当然,矩阵式组织结构的"事业部"可以根据媒介组织类型而调整为频道、栏目、报社或杂志社。

(五)混合式组织结构

最后一种混合式组织结构属于扁平式组织结构,它是在总部下面设置与各个事业部平行的内容生产、后期技术、人力资源、财务或法律等职能部门,结合了前几种组织结构

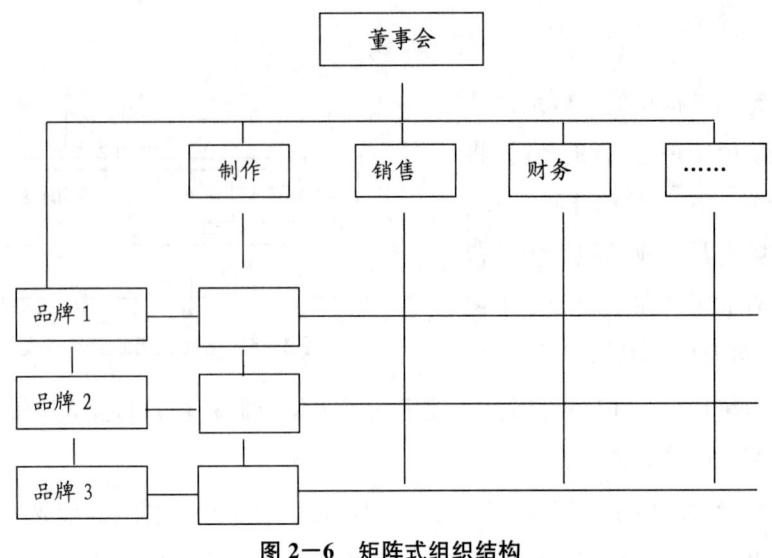

图 2—6 矩阵式组织结构

的特点,形成因时因地制宜的结构方式。这是一种混合型的结构模式,虽然这种结构中也是事业部与职能部门并存的,但是事业部下属另有一套自己的生产制作班底,与公司的职能型部门之间是平行运作、关系平等的。

这种结构控制力强,通常是不同类型的媒介组织机构根据自身的发展情况和现状特点而自行设计产生的,没有标准的模式,没有通用的板块,组织结构的形成和运用通常是借鉴了事业部型、直线职能型以及矩阵式组织结构的特点与优势,对经济环境变化、业务性质流转以及地域、时间的适应能力非常强,因此能够将组织的效率和效益因时、因企业制宜地提高到最佳状态。

企业之所以产生这种根据职能和事业部、职能和地区,或事业部和地区自主结合的模式需求,一方面是因为企业规模扩大,经营范围随之拓展,单一的结构模式已经不能有效地控制生产环节,不能顺利实现企业目标;另一方面则是因为社会环境在不断变化,经济全球化程度日益加深,跨国公司日渐壮大和增多,全球区域内的扩张成为大型企业的目标和共识。所以,需要在各个不同区域同时强调自己的产品和职能的传媒巨头就必须创造出独特的组织结构方式来。

可见,混合型的组织结构方式是新近兴起、适用于超大型媒介组织的。采用这种结构方式的企业包括迪士尼集团、维亚康姆公司、新闻集团以及我国的广电传媒(如湖南广电集团旗下子公司)等。

就迪士尼公司而言,如果你对它的认知还只是动画电影和游乐园,那么你就 OUT 了。实际上,迪士尼从 1995 年起就致力于收购 ABC 等大型的内容生产公司或者渠道供应商,它早就从一个优势的内容提供者成长为一个庞大的复合型媒介帝国,旗下拥有电视网、影视娱乐制作、互联网集团、主题公园与游乐场、消费型产品五大块主打业务。在五大业务板块之下的丰富内容更令人惊叹：

迪士尼电视网包括广播电视网、ESPN 和 ABC 有线电视网集团三大部分，其中广播电视网覆盖了包括 ABC 电视、ABC 娱乐电视集团、ABC 新闻频道、ABC 旗下电视台、试金石电视公司、博伟电视公司、迪士尼电台等在内的 12 个子部门或公司；ESPN 包括经典、新闻等多个频道，以及同品牌的杂志、电台、网站等多项业务部门；而 ABC 有线电视网集团则运行着包括迪士尼国际频道、迪士尼动画频道、生活时代娱乐服务公司、A&E 电视网等 8 个子公司或业务部门。

迪士尼影视娱乐板块下辖沃尔特·迪士尼电视动画部、长篇动画部，迪士尼电影公司、试金石电影公司、巨幕电影公司，以及博伟旗下的戏剧集团、国际公司、音乐集团等。

迪士尼互联网集团负责迪士尼公司旗下的 ABCNews.com, Movies.com, Disney.com, FamiliFun.com, ESPN.com 等 19 家品牌网站。

迪士尼主题公园与游乐场则运行了迪士尼世界、迪士尼游轮、迪士尼区域娱乐中心、阿纳海姆运动公司、幻想工程公司以及覆盖了东京、香港、巴黎等地的迪士尼乐园等数个子公司。

迪士尼旗下的消费产品子公司则包括迪士尼特许经营、迪士尼零售公司、迪士尼出版社和迪士尼互动公司。

此外，迪士尼还拥有诸如迪士尼国际等子公司，专门来负责和运作公司国际业务管理、品牌宣传等方面的事务。[①]

相比庞大的迪士尼帝国这样的媒介巨鳄，我国的媒介组织规模要有限得多。但是也有不少集团已经进入了混合型组织结构的发展阶段，比如上海文化广播影视集团和湖南广电集团。其中，上海文广集团是一个拥有广播电视、新闻网站、报纸杂志、互动电视、宽频电视等多种媒体，拥有以故事片、电视剧、动画片为主的影视制作、发行、放映体系，拥有一批高水平的文艺院团、体育俱乐部，拥有东方明珠、大剧院、国际会议中心等 12 处标志性文化建筑的大型新闻文化传媒集团。[②]

选用何种类型的组织结构形式与企业的规模有着密切的关系。虽然也存在一些例外，但一般来说，直线职能型结构模式比较适用于小型公司，而矩阵型模式比较适合小型向中型过渡的阶段，事业部型、区域式适合于较大的媒介组织，混合型组织结构则是媒介组织的规模和经营范围进一步扩大的结果了。

四、媒介融合背景下媒介组织结构的发展方向

任何企业组织的发展都不能脱离其生存的客观环境，当组织处于复杂的动态环境中

[①] 彭祝斌：《中外媒介经营管理案例分析》，湖南大学出版社 2006 年版，第 343 页。
[②] 屠忠俊：《现代传媒业经营管理》，华中科技大学出版社 2007 年版，第 293 页。

且必须迅速作出反应时,它需要有机的结构、创新的文化和非常规的技术的综合性组织支撑。媒介组织所处的外部经济环境、技术环境与资源环境的变化,共同推动了不同媒介间的相互融合。媒介融合的概念最早由美国马萨诸塞州理工大学教授浦尔提出,他认为"媒介融合"就是各种媒介呈现出一体化多功能的发展趋势。2010年1月13日,国务院常务会议决定加快推进"三网融合",并提出了阶段性的目标:2010—2012年重点开展广电和电信业务双向进入试点;2013—2015年全面实现"三网融合"发展,并建立新的体制、机制和新型监管体系,切实推进中国的信息化。要额外说明的是,虽然这里的"媒介融合"图景更多的是指向产业层面的融合,但这必将催促媒介融合在中国加快脚步,从资源整合迈向平台整合,将原来泾渭分明的报纸、广播、电视、互联网甚至手机纳入其中,兴起一场中国传媒产业史无前例的"媒介融合"。深度的媒介融合必然带来媒介组织、技术、文化等一系列内部管理体系的调整与更新,媒介组织结构的科学性将直接影响媒介融合效果。

(一)增强媒介组织的战略弹性

在这一问题上,张红梅在其论文《媒介融合背景下媒介组织战略弹性的构建》[1]中指出,媒介融合背景下,可以通过增强媒介组织资源弹性与协调弹性来增强媒介组织的战略弹性。在其论文中,张红梅还阐述了增加媒介组织资源弹性的方法路径,现将其观点提炼如下:

1. 培养复合型与学习型的媒介人才,增强媒介组织的人力资源弹性

弹性人才资源首先具有复合纵深的知识结构。内化的知识体系最容易进行资源的转换。在媒介融合时期,对于媒介管理者而言,它表现为对不同媒介的传播特点与传播效果的把握;对于记者来说,它表现为多种技术工具的综合性的运用。"背囊记者"的出现即体现了媒介融合时期对多媒体记者的需求。"背囊记者"的特点是能综合运用各种传播工具,既能为报纸供稿,又能为广播、电视以及网络提供报道素材。其次是敏感度。敏感度是建立在内在知识体系基础上的一种应变能力与辨别能力,包括对媒介发展趋势的敏感度、对信息价值判断与取向的敏感度以及对受众市场的敏感度。

2. 优化新闻资源的开发与配置体系,增强媒介组织的新闻资源弹性

首先是新闻信息资源。弹性的新闻信息资源即深度开发的新闻信息资源。一般而言,新闻信息采集是传统媒体的强项,信息资源开发得越深入,各个媒体融合利用得越充分,则越容易实现新闻信息资源的价值。其次为受众资源。受众资源是一种有形的、可

---

[1] 张红梅:《媒介融合背景下媒介组织战略弹性的构建》,《新闻界》2009年第2期,第63—65页。

转换的资源形式,它决定了媒介融合变革的方向与进程。提升受众资源弹性即是建立认知、管理受众资源的系统,促进潜在受众向目标受众转移,促进受众从细分到整合,从而在媒介融合的进程中,能够根据市场的需要,有针对性地实现受众资源的调整与增值。

3. 增强媒介组织中的协调弹性

(1) 构建具有适应性的水平网络式组织结构,克服结构体系惯性,增强媒介组织的结构弹性

媒介融合时期,媒介产品内容的改变必然引起媒介组织结构与工作流程的变化。随着传播格局的转型,传统媒介角色定位正逐步向信息管理者转变,水平网络式组织结构将更有利于信息集中处理的多媒体平台的运作。如美国甘奈特报业集团为了适应媒介产品生产流程的变化,在组织架构中进行了相应的调整,以甘奈特信息中心取代新闻编辑室的原有部门设置(如城市、经济、体育等新闻采编部门),而是将其分为七个功能部:数字部(以数据库为基础快速搜集新闻和信息)、公共服务部(媒介监督)、社区对话部(原评论专栏的延伸,帮助实现"传—受"交流和"受—受"交流)、本地新闻部、内容定制部(为小众市场定制专门信息)、数据部(发布生活类"有用"信息)以及多媒体内容制作部。[①]

(2) 建设创新型的媒介企业文化以增强文化弹性

创新型企业文化是一种开放的文化,是兼容并包、适应新环境、创造新市场的文化。媒体本身是创意产业的平台,在媒介融合的环境下,创新型企业文化能发挥更大的参与性与兼容性。因此,媒介企业要开发与保护员工的创新性思维,并通过组织和制度将创新型企业文化落到实处。

(3) 建立市场主导型的技术创新机制,使技术创新与组织战略高度整合,增强企业技术弹性

媒介融合是以新兴媒介技术的发展为支撑的,它诞生了大量丰富的渠道终端,为小众市场的获取提供了技术上的可能性,而技术问题又是目前困扰媒介融合进程的一个重要因素。只有技术创新与媒介整体战略相一致,才能最大限度地发挥技术创新与技术整合的优势。

(二) 项目团队化和组织虚拟化

陈卓在其论文《试论媒介融合进程中媒体组织重构的路径》[②]中提出了媒介融合进程中媒体组织重构的两条关键性现实路径:项目团队化和组织虚拟化。现将其观点提炼如下:

---

① 蔡雯:《媒介融合趋势下如何实现内容重整与报道创新——再论"融合新闻"及其实施策略》,《新闻战线》2007年第8期,第42页。
② 陈卓:《试论媒介融合进程中媒体组织重构的路径》,《国际新闻界》2010年第4期,第95—98页。

1. 项目团队化

为了适应环境的变化，媒体组织必须简化组织结构层级和为受众提供信息服务的程序，将不同层级中提供同类报道的新闻工作者或服务同类受众的不同部门的新闻工作者集合在一起，有效弥补个体能力的局限，从而在组织内形成各类跨部门的新闻报道项目团队，打破媒体组织部门的界限，把那些掌握着不同媒介技能、为不同媒体提供新闻作品的新闻工作者集聚在一起。新闻报道项目团队不同于媒体部门和报道小组，团队成员之间虽有一定的分工，但彼此之间的工作关联程度高，相互间的协作性强。

组建跨部门、跨媒体的报道项目团队，可以充分调动并有效利用媒体组织内的现有资源，使原来因媒介或部门设置而孤立的工作单元为了共同的目标进行重组。这既不会从根本上破坏现有的媒体组织框架，又能对资源的重新配置进行"实验"，测试媒体组织结构调整的可能。在固态化的组织结构和动态化的新闻报道之间，采用项目团队的业务作业，实现了岗位责任制和动态化管理的较好结合。

2. 组织虚拟化

虚拟组织是存在于不受传统组织规制和有形结构束缚的空间中的组织，它用网络链条取代有形的基础设施，让传统意义上实体存在的部门概念化地存在于网络空间中，"是一种试图躲避通常会出现在传统组织中的僵化层级和边界的组织形式"[1]。媒体组织的虚拟化，既是部门设置的虚拟，也是新闻工作者身份归属的虚拟与模糊。传统组织是借助有形的结构来支撑自己的，而虚拟组织则是通过由互联网和其他系统组成的信息网络运行的。

在媒体组织的重构进程中，可以通过团队作业与虚拟融合来实现业务流程的进一步优化，这有助于克服传统团队成员面对面工作中的一些局限性。首先，凭借虚拟组织的支撑，无须花费过多的时间就能将团队成员聚集在一起展开新闻报道；其次，虚拟团队能节约成员之间面对面沟通的成本和时间。

团队运作与组织虚拟化虽是媒体组织重构路径中的关键步骤，但完成这两点并不意味着重构起完全适应融合新闻生产的组织。媒介融合是以全方位的技术运用和所有形态的媒介融合来整合新闻传播，建立新的采编流程。这部分内容将在内容生产管理的章节中详细论述，此处不再赘述。

---

[1] 约翰·查尔德：《组织：当代理论与实践》，刘勃译，华夏出版社2009年版，第239页。

第四节　媒介组织文化

组织文化和企业文化之间有着千丝万缕的联系，但严格地说，组织文化只是企业文化最主要的构成部分。人们对文化的理解是抽象、多元和非确定的，因而媒介组织文化的界定其实非常困难，大致可以理解为：在一个媒介组织的核心价值体系的基础上，因其组织结构和管理方式而形成的共同的行为方式和认知理念。所有的组织都体现着相应的组织文化，但并不是所有的企业都形成了完整的企业文化。

> **关键术语**
>
> 媒介组织文化是指在一个媒介组织的核心价值体系的基础上，因其组织结构和管理方式而形成的共同的行为方式和认知理念。

一、组织文化理论

组织文化有其独具的特性和功能，并在实践中渐渐为人们所认知，从而形成了丰富的组织文化理论。在这些理论中，组织文化与企业文化往往是混为一体的，所以掌握其中最主要的几种企业文化理论，是我们认识媒介组织文化的前提。

在企业文化的相关研究中，比较常见但非正式的组织文化理论包括强文化与弱文化等。而比较正式且著名的理论则包括埃德加·沙因的组织文化理论、7S框架、卓越企业文化论等。

所谓"强文化与弱文化"理论，指的是一个媒介组织的企业文化得到员工认同的强弱程度。这种理论是对组织内部关于价值观的一致性程度的考察，因为它认为员工在价值认知上与公司保持一致的程度越高，则公司文化越是强势，反之则是弱势。在强文化的组织中，员工会因为高度认同组织的发展战略、价值观等文化因素而表现出较高的积极性、主动性，但是这种一致性也需要适度，并非越强越好。埃德加·沙因则把组织文化描述为"一套基本假设——一个特定组织在学会处理适应外界和整合内部问题时，发明、发现或发展出来的假设——这些已经被实践证明行之有效，因而被认为是正确恰当，也因此被传授给新进成员，作为理解、思考和感觉那些难题的正确方法"[①]。应该说，遵循某些特定的行为规范、思维模式和价值准则，是除了产品、名称等物质成果和外在形式之外，在组织与组织间作出区别的一个高级因素。在这种组织文化理论中，我们可以瞥见传播学中对组织群体行为规范的范式，组织中的最初成员总是会达成一些思维习惯、言行举止方面的共识，然后以这种约定俗成的规则作为群体相处的规则，并在以后的发展中以此界定新进成员是否能够融入群体，这是传播学研究得出的一种行为规律。

---

① 转引自李红艳：《媒介组织学》，中国传媒大学出版社2007年版，第280页。

另外不得不提的是 7S 框架。这种组织文化模型的结构性最强，在组织文化建构或组织文化分析时最为实用。它将企业（组织）分为 7 个以 S 开头的领域——战略、组织结构、系统、风格、技术、员工和共有价值，进而得出能够使之相互关联、共同作用的核心价值，以此建构或认识一个企业的文化性质和内容。在这些因素中，共有价值是核心，围绕着共有价值才能衍生出某一个媒介组织所特有的组织结构、系统类型、战略方法和管理风格等其他因素。显然，这种理论是实用型研究的结果。

除了从传播学学术视角和媒介经济实用主义出发，我们还可以从人与文化的角度理解组织文化。某种程度上来说，每个企业（媒介组织）都有自己的价值标准、行为方式和话语习惯，而这些都是由其内部的无数个体的言行观念共同作用的结果。反过来说，媒介组织这个整体对于个体成员的涵化效应也在每天发生，员工的思维与行为总是潜移默化地受到来自公司整体氛围和其他同事的表现的影响。这其中，同事的行为对员工存在着我们看不见的激励作用。

当然，影响组织文化形成的因素包括外部环境和组织内部因素两个部分。外部的政治、经济、社会等大环境是前提，组织所属的行业领域是重要影响因素，而内部的组织结构、组织规模、管理层的风格等也都有重要的作用。

另外，我们在研究企业文化的时候，不能忽视企业的发展阶段。同一个企业，在不同阶段可能会经历企业文化从无到有的变化，也可能会经历企业文化风格的巨大转变，我们在对媒介组织进行经营管理或研究这些经营管理活动时，也要注意从纵向的角度考察这种变化，这是非常有趣的事情。

二、媒介组织文化

针对媒介组织文化的相关理论还比较少，其中以 1992 年德国的新闻学教授齐格弗里德所提出的洋葱模式影响力较大。

该模式把媒介组织比喻为可以从外到里层层剥开的洋葱，分成角色尺度、作用尺度、结构尺度和标准尺度四个部分，分别对应媒介的演绎功能（社会属性）、话语方式、组织机构和媒体系统本身（媒介成长史、历史文化环境等）。也就是说，这是一个由外到内梳理媒介组织与社会、与自身的关系的理论体系，也是一个由特殊到普遍的媒介组织个体、媒介行业的理论体系。

在我国，媒介组织文化中最为基础、最为鲜明的一点其实是"党管媒体"，在这个基础之上不同媒体又形成了不同的文化氛围。比如，互联网行业的技术工作者被戏称为"程序猿"，出自《南方周末》的记者大多一副忧国忧民的文人情怀，出自《北京青年周刊》的记者则飞扬着一种时尚的风采……这些都是媒介组织文化的外在表现。

在媒介组织文化中受到最多关注的当属凤凰卫视，其组织文化中最有特色的一点便是人本文化，即员工至上：凤凰给予员工一定的期权分红以实现经济奖励，以"三名主义"（名主持人、名记者、名评论员）为立台方针以实现对员工的精神激励，对新人采用教练式引入方法以带动自我鼓励……事实上，凤凰卫视的组织文化是随着其规模的发展而不断变化的，只不过以人为本等理念一直贯穿始终。在凤凰早期（1996—2000年），它所树立的是一种"弱文化"的组织文化，彼时的凤凰还没有建立起强烈的"凤凰气质"，而是依托一批来自北京广播学院的人，以个人的理念单独作战，打造"广院电视台"等方面的战略和机制实践。在此基础上，凤凰在招揽人才的同时将眼光投向了重大事业和特别报道，在2001年至2006年间逐渐打开内地的新闻市场。这时的凤凰是一种"名事造名人"的文化，原先所依托的个人已经升为管理者，他们的风格进入管理层，展现在大众眼前的是新锐的面孔、新锐的视角和新锐的观点。2007年到现在，凤凰的"三名战略"大获成功，并不再似从前一般"一招见效"，而凤凰自身也成长为一个大型的传媒集团，它的"以人为本"要向以每一个员工为本转变，更为重视的是全部栏目与节目在质量与风格上的"凤凰印记"。

思考与研讨题

1. 什么是媒介组织？
2. 媒介组织有哪些基本特征？它与一般组织有什么区别？
3. 你如何看待媒介组织不同类型与结构的优劣？
4. 你认为影响组织文化的因素有哪些？
5. 经济、政治、文化的发展都和技术进步息息相关，请试着分析技术与媒介组织形态变迁之间的关系。

第三章 媒介内容产品

■ **本章要点**

1. 媒介内容产品的属性
2. 电子媒介内容产品的特征
3. 新技术条件下电子媒介内容产品的生产转型方向

市场化经营的广播电视产业不仅承担舆论宣传的社会责任,还成为市场经济下一个活跃的经济单元。媒介产品是一种特殊的商品,既符合市场的规律进行商品的生产,又是社会"公器"需要符合公共利益,媒介内容产品的多元属性同媒介的多元属性相一致。信息技术的日新月异,深刻影响着高度依赖传播技术的媒介内容产品的生产过程。本章将介绍和分析媒介内容产品的属性、特征以及信息技术对媒介内容产品生产的影响。

第一节 媒介内容产品的多元属性

与媒介组织的多元属性相对应,媒介内容产品也具有多元属性。卜彦芳在其论文《传媒信息的价值传播模式》中,将媒介内容产品的属性梳理和总结为三种,分别是宣传属性、商品属性和公共属性。这与媒介组织属性中的政党媒介、商业媒介和公共媒介正好形成对应。

一、宣传属性

宣传属性也被称作政治属性、意识形态属性。历来我国的

> **关键术语**
>
> 媒介产品是指媒介根据市场的需求,生产能满足媒介消费者需求的产品和服务。广义的媒介产品包括平面媒体版面(含广告版面)、电子媒介节目和广告时段。狭义的媒介产品则不包括广告版面和广告时段。

传媒产品就被认为是带有意识形态的政治产品。具有宣传属性的传媒产品一直以来都是党和政府的喉舌，作为舆论宣传的工具引导正确的价值观念。广播电视媒体的作用和力量能使党的纲领路线、方针政策、工作任务和工作方法最迅速、最广泛地同群众见面。新闻传媒产品的喉舌功能，使它能够为某个阶级、阶层、政党和集团的根本利益服务，从而具有政治属性。[1] 这与传播者的身份是分不开的。传播者作为传媒信息的生产者，在生产过程，价值观和意识形态不可避免地会对其产生影响。传媒信息作为传播者的代言工具，自然要承担起体现传者意图与价值倾向的任务。正是宣传属性的存在，使得传媒信息与其他社会信息有很大的不同。[2]

对于任何一个国家的媒体而言，思想引导和舆论引导都是必须承担的责任，以维护社会的稳定和有序发展，也就是我们所说的"以科学的理论武装人，以正确的舆论引导人，以高尚的精神塑造人，以优秀的作品鼓舞人"。

二、商品属性

一直以来，广播电视媒体都被看作是党和国家的宣传工具，传播活动仅仅是一种政治行为或者从属于政治的传播行为，媒体是事业而不是产业，所以人们很少提及其商业性的一面。随着传媒产业化进程的加深，传媒内容产品的商品属性越来越突出。媒介产品的商品属性指的是媒介产品是由商业性质的媒介公司制作出来的产品，其内容、形式、数量以及买主（消费者）也都是由媒介公司所决定的。媒介产品的生产、销售为的是实现公司的利益最大化。和土地、水资源一样，媒介产品也是具有稀缺性的，比如某个政要的独家电视采访、某某明星复出的第一次登台表演等，新闻类产品的稀缺性则更加明显，时效性极强的新闻是"易碎品"，过时的新闻等于"明日黄花"，因此独家的、即时发生的新闻产品往往会成为"抢手货"。加入WTO后，我国媒介产业在市场经济中扮演越来越重要的角色，2012年度仅国产电视剧的交易额就突破了100亿元。

传媒产品具有商品的基本属性即价值和使用价值，内容产品作为精神产品凝聚了传媒工作者的劳动价值，满足人们日益增长的精神文化和信息需求。但是承认传媒产品的商品属性并不等同于传媒产品必然是商品，一些特殊的传媒产品如新闻就不能称其为商品。有偿新闻就违背了经济规律。有偿新闻实质是媒体出卖了报道权，人为地剥离了新闻的使用价值，不是真正向消费者提供产品，只是对少数人有用，违背了等价交换的原则，侵害了消费者的利益。传媒产品"高初始成本、低复制成本"的特点，使得规模经济和范围经济成为传媒产业的普遍特征。2012年最火爆的电视剧《甄嬛传》仅通过出售版权

---

[1] 李松龄：《传媒产品的商品属性及其价值特征》，《湖南大众传媒职业技术学院学报》2005年11月，第11页。
[2] 卜彦芳：《传媒信息的价值传播模式》，载郑保卫主编《媒介产业全球化·多样性·认同——第七届世界传媒经济学术会议论文集》，中国传媒大学出版社2007年版，第250页。

的方式便获得了接近 2 亿元的收入。乐视网以 2000 万元购得《甄嬛传》的视频网站独播权，创造了网络版权的纪录，而《甄嬛传》的热播已经为网站带来了超过 35 亿次的播放量，轻松吸金过亿。

三、公共属性

美国著名经济学家萨缪尔森认为，公共产品是指"每一个人对这种产品的消费，都不会导致他人对该产品消费的减少"。受众在对传媒产品进行消费即意义的解读过程，具有非排他性和非竞争性等公共物品的特征，所以内容产品也是公共物品或准公共物品，具有公共属性。

排他性是指阻止一些人使用该产品的可能性；竞争性是指一个人对该物品的使用减少了其他人对该物品的使用。广播电视的内容产品是通过电波直接从生产领域进入消费领域的，打开电视机就可以看到电视节目，打开收音机就可以听到广播节目。当我们在使用、消费广播电视节目时，是无法阻止其他受众同时收看、收听的，当我们观看、收听节目时也不会妨碍其他受众的意义消费。

随着技术和传媒产业的发展，内容产品的公共属性也在发生改变，如付费电视的出现就使得电视节目的消费具有一定程度的排他性。事实上，所有公共物品的公共性程度都是相对可变的，因为从时间上看，公共性程度具有历史阶段性，从空间上看，公共物品效用的覆盖范围也是相对有限的。所以，严格来说，传媒信息产品是一种准公共物品，即处于公共物品和私人物品中间的产品或服务，兼有私人物品和公共物品的性质。[1]

相对于一般产品或者商品，传媒内容产品的属性无疑是特殊而复杂的，技术的进步、体制的变迁也使得内容产品的属性在不同时期有不同表现。在传统的社会主义计划经济中，内容产品作为舆论宣传工具，只强调其宣传属性，不能作为商品生产和商品交换，广播电视节目是作为免费产品提供给广大的受众消费。市场经济的发展让内容产品的生产、消费成为社会经济活动，技术的进步也使部分内容产品获得新的排他性，内容产品从公共物品逐渐演化为准公共物品，强化了内容产品的商品属性。

不同种类的内容产品在三种属性上也会有不同的体现，可能某种属性会体现得更加明显，比如新闻节目的宣传属性更加突出，科教节目的公共属性更明显，而娱乐节目的商品性则更浓。对于内容产品三种属性的理解，可以帮助我们更好地掌握内容产品的本质，为广播电视节目内容的经营管理提供科学的依据。

---

[1] 卜彦芳：《传媒信息的价值传播模式》，载郑保卫主编《媒介产业全球化·多样性·认同——第七届世界传媒经济学术会议论文集》，中国传媒大学出版社 2007 年版，第 250 页。

第二节 电子媒介内容产品的特点

一、精神产品

相对于一般物质产品，传媒内容产品不仅是物质生产，更是一种精神产品。作为信息传播的载体，人们在消费内容产品时，不仅仅是消费信息，还有其包含的内容、文化和意义，内容产品的价值也体现为传播主体之间以及传播主体与客体之间的精神关系。

作为精神产品的传媒内容，是一种看不见、摸不着或者看得见、摸不着的无形产品，形态上的不同让内容产品在生产、消费过程中有着不同于一般物质产品的特点。高运甲在其论文《根据精神产品双重属性正确发展文化市场》中将精神产品区别于一般物质产品的特点总结如下[①]：

1. 精神产品不可能像物质产品那样精确地计算出社会必要劳动时间。在通常情况下，物质生产是能精确地计算出社会必要劳动时间的，但精神产品的生产却不然。这是因为精神产品的生产由于受到生产者的生活体验、知识累积和客观环境的影响，它所需要的社会必要劳动时间是很难精确计算的。

2. 精神产品并不像物质产品那样能够实现普遍的等价交换。因为，识别内容产品的标准并不是像物质产品那样简单、划一，而是受到消费者的文化素养、兴趣爱好和社会习惯的影响。

3. 精神产品不像物质产品那样，同样的产品具有同样的使用价值，而是因消费者的主观条件不同，具有不同的使用价值。

二、二元市场

传媒产品的特殊性导致传媒市场与一般产品的市场有所不同：一般产品的价值实现只通过"一元产品市场"，传媒产品却运作在"二元市场"。1989 年，著名传媒经济学家罗伯特·G.皮卡德提出传媒产品二元市场的概念，"从经济角度看媒介产业与众不同之处在于它在一个双重（二元）产品市场中运作。它生产一种产品，但却参与两个性质迥异的市场——产品市场与服务市场。这两个市场相互作用、相互影响，产品在一个市场的表现都会影响它在另外一个市场的表现"[②]。

一般的物质产品在售卖时，产品和服务是一体的，但是对于传媒产品，服务和产品却

---

① 高运甲：《根据精神产品双重属性正确发展文化市场》，《改革与理论》1995 年第 4 期，第 10 页。
② 罗伯特·G.皮卡德：《媒介经济学：概念与问题》，赵丽颖译，中国人民大学出版社 2005 年版，第 13 页。

是分离的，因此传媒产品参与两个市场：产品市场和广告市场。在产品市场，媒体将新闻、广播电视节目等信息产品提供给受众，满足受众的精神需求。这个过程受众不需要支付货币，但是媒体却获得比金钱更珍贵的资源。在广告市场，媒体将受众以及由此产生的注意力和影响力售卖给广告主，获得经济回报。这也是传媒产业普遍的"二次售卖"盈利模式：第一次售卖的是内容产品，受众是消费者；第二次售卖的是受众，被广告主所消费。内容产品的消费者是受众，服务的消费者是广告主，广告主并不消费内容产品，通过这一过程实现了传媒价值的增值。

三、价值二重性

内容产品是商品，所以具有商品的基本属性——价值和使用价值。由于传媒产品具有宣传属性、公共属性等多种属性，相较于一般产品，内容产品的价值和使用价值之间的形态、关系更加复杂。一般来说，对同一商品的生产者或消费者来说，不能同时占有商品的使用价值和价值，商品生产者向消费者让渡使用价值以换取价值，消费者为得到使用价值而支付价值。但是，传媒信息产品不仅对受众具有使用价值，对传播者也具有使用价值，这主要表现在传播者可以通过传媒信息宣传自己的主张，通过议程设置引导受众，在潜移默化中影响受众对事物价值的判断，告知对己有利的信息，排斥、批判对己不利的信息等。这根源于传媒信息的宣传属性。①

第三节　信息技术对电子媒介内容产品生产的影响

技术的革新、运用对传媒领域并不陌生，以互联网、数字技术为代表的新技术已经从传统媒体单纯的媒介生产过程渗透到终端内容的生产和消费过程，并且成为一切信息传媒形态的技术基础，在不被受众所熟知的"内容生产"环节产生颠覆性的变革。

一、内容多屏分发

数字技术和网络技术，不仅降低了内容的生产成本，还为内容在不同传媒形态之间自由流畅地转换提供了条件——无论是平面媒体、电子媒介、网络媒体，还是其他媒体形式。新兴媒介的出现让传统媒体与新的内容形式结合，嬗变出广播电视新的内容产品。

加拿大学者麦克卢汉说："媒介总是以叠加的方式向前发展的，新媒介的出现并不代表旧媒介的消亡。"如果能很好地利用新兴媒介的优势，则可以为广播、电视的发展提供

---

① 卜彦芳：《传媒信息的价值传播模式》，载郑保卫主编《媒介产业全球化·多样性·认同——第七届世界传媒经济学术会议论文集》，中国传媒大学出版社2007年版，第251页。

更多的播出渠道。比如,陕西广播电视台成立后,将原先两台的陕视网、金号网合并组建了陕西网络广播电视台,利用现有的网络资源优势,建立具有权威性、公信力和网民基础的网络广播、视频互动传播平台,为广大听众与观众提供关于陕西及国内发生的重大活动、事件的直播或报道。①

与新兴媒介博弈的传统媒体已经深谙用户需求的重要性,通过传统媒体与新兴媒介的有机配合,可以把这种复杂多元的需求加以放大、引导和满足,所以广电媒体与新兴媒介在内容融合层面,并不是简单的内容复制,而是利用新兴媒介的特有形式,充分发挥内容创意的核心竞争力。

海量的内容资源和强大的节目制作能力是广电媒体的根本优势,建构数字化、网络化的信息资源聚合平台和传播平台,为广播电视优质的内容资源提供更多的出口,丰富的内容产品可以根据不同平台的传播特性,通过数字科技被制作成更符合用户需要的节目内容,这将成为广电媒体另一个未来可期的获利来源。

【案例】江苏网络广播电视台发力新兴媒介视频业务②

2010年12月28日江苏网络广播电视台正式开播,是江苏省广电总台在新兴媒介视频领域的积极拓展。

作为集广播、电视、网络、手机为一体的全新播出平台,江苏网络广播电视台主要负责互联网视频节目服务,其中包括时政类视听新闻节目转载服务,文艺、娱乐、科技、财经、体育以及电影、电视剧、动画片等节目制作、汇集、播出服务,社会团体文化活动、体育赛事等组织活动的实况视音频直播服务。在定位上,江苏网络广播电视台首次提出"聚力资讯、互动江苏"的口号,在省广电总台现有节目资源的基础上,大力整合本土新闻、视听资讯,致力将其打造成江苏乃至全国具有一定知名度和影响力的新兴媒介门户。

江苏网络广播电视台独家打造的全新视听平台"幸福TV",配置了国际最先进的视音频解码技术,视频非常清晰、流畅。而在更新速度上,江苏网络广播电视台也非常及时,特别是江苏卫视《非诚勿扰》等王牌节目,基本上电视里节目刚刚结束播出,网上视频就同步更新完毕。高质量的视频画面,流畅的播放,几乎同步的更新速度,让江苏网络台成为越来越多的网友观看《非诚勿扰》的网络首选。

除了"幸福TV"外,江苏网络广播电视台还拥有资讯、直播、点播、独家访谈、手机电视、观众俱乐部六大特色频道以及汽车、房产、情感、法治、时尚五大产业频道。其中,被誉为江苏网络广播电视台"标杆"频道的"独家访谈",主要致力于打造明星专访、草根秀、

---

① 高扬:《利用新兴媒介拓展广播电视空间》,《青年记者》2013年第20期,第56页。
② 根据搜狐视频电视传媒频道《江苏网络广播电视台开播　发力新兴媒介视频业务》,http://tv.sohu.com/20101229/n278576232.shtml 整理。

热点评论、电影资讯、潮流时尚等独家原创视频节目,成为江苏网络广播电视台自办节目的输出平台。

二、价值补偿方式多元化

长期以来,广播电视媒体的经营性收入主要依靠广告,有线电视收视费和其他收入只占很小的部分。随着新兴媒介对广告市场的瓜分,对广告过度依赖的广播电视媒体在经营管理中面临很大的风险,广播电视的盈利模式和产业链条急切需要调整和改善。新兴媒介业务的开发,为广播影视开辟了新的经济增长点和巨大的发展空间:经营模式由单一走向多元,由以广告主付费为主转变为以用户付费为主。随着科技的发展,未来付费电视、精准营销、电视购物、互动电视等也将成为广播电视业务的新领域。

以数字电视为例。青岛、杭州完成有线电视数字整体转换后,家庭电视变成多媒体信息平台,2005年收入比上年分别增长35.5%和59.3%。上海文广的IP电视、手机电视、宽频网络电视和付费电视等新兴媒介业务收入增长迅速,目前已占集团总收入的2%,未来5年内,新兴媒介业务收入将占集团总收入的10%以上。国内多家研究机构的分析报告预测,我国直播卫星发射后,直播卫星产业在5—10年内将形成3000万至5000万用户的规模,带动相关产业收入达到上千亿元,增加大量的就业岗位。新兴媒介业务的发展,直接改变了整个广电行业盈利模式单一问题,推动广播影视产业升级,推动广电建立多元化盈利模式,极大地拓展了广播影视的未来发展空间,使广播影视成为充满生机和活力的朝阳产业,成为文化产业发展的领头羊。数字电视业务将以标准清晰度的节目质量、海量的节目内容、多媒体的形式为用户提供更为丰富的电视服务。①

【案例精选】常熟电视台的多元化经营策略②

2010年8月,常熟广电总台把原有的广告经营中心与数字传媒中心合并,成立新的产业发展中心,把挖掘传统资源与发展新兴媒介统一起来。建设本地最大的音视频新闻信息网上资料库;利用网站加强广播电视节目与受众的双向互动,拓展广电业务咨询、办理、查询、服务、反馈网络化;积极开发数字电视EPG业务等广告发布平台,大力拓展手机电视、移动电视等新兴视听媒介业务,积极打造适应三网融合的新老媒体产业链整合平台,逐步形成音视频、网络、纸质媒体、移动终端服务等全媒体经营的产业模式。

常熟广电总台运用多种手段进行创新营销,线上线下、台内台外密切合作,从单纯卖

---

① 朱虹:《新兴媒介对广播影视发展的机遇与挑战——在BIRTV2006第二届数字新兴媒介高峰论坛上的讲话》,《广播电视信息》2006年第9期,第29页。
② 杨怡芳:《产业拓展,多元经营:县级台的广告经营策略——以常熟电视台为例》,《视听界》2011年第5期,第82—83页。

广告、打折扣,到利用广电的影响力进行活动营销、品牌营销,是县级台增加营收的方向。从各地城市台的探索看,超越传统广告经营的产业模式主要有活动经济、销售分账、TV团购、节目产业链、自制终端、产品代理等,力图把观众变成电视媒体的消费者。

2008年,常熟台引进"TV团购"销售模式,与苏宁电器、五星电器、交家电商场等单位深入合作,为市民带来了实惠,为商家带来了销售量。"TV团购"从电器逐步扩展到电脑、建材、家具、汽车等众多领域,实现了媒体、企业、消费者多方共赢。

除商业活动外,还有社会活动。2010年,常熟台共策划举办社会活动60多场(次),如与央视联合录制"中华情·诗意牡丹"晚会,与东方卫视合作直播"中超足球赛",策划并直播"'赢在常熟'全国大学生创业大赛颁奖盛典"、"同在阳光下"慈善文艺晚会等。此类活动的举办,充分整合了广电媒体的资源,调动了企业参与活动的积极性,挖掘了这部分在城市台广告经营中普遍难以撬动的广告资源,拓展了广告经营空间。2010年,常熟台通过活动带动创收近1000万元,直接产生活动效益500多万元,取得了良好的社会效益和经济效益。

三、版权保护

在电脑、手机等终端上方便、快捷地观看电视节目已经成为很多人生活的一部分,但是网络世界中,让人眼花缭乱的内容产品有多少是通过版权交易获取的,我们不得而知。由于传媒产品具有低成本、高利润的可复制性特点,盗版现象一直难以避免,在我国这一现象尤其严重。进入新兴媒介时代,媒体的传播途径、传播方式多元化,让传统媒体很难预测经过数字化后的内容通过什么渠道和方式被传播了出去,这给广电媒体的数字版权保护带来了极大的难度。

相较于一般的物质产品,传媒产品作为商品生产和经营更需要严格的产权保护,但是传统版权的逐一授权模式在互联网环境下受到了挑战,面对海量作品的传播,要让网络上传播的每一部作品事先都获得授权几乎不可能。以中央人民广播电台为例,本身就是一个独立版权单位,大量的作品版权需要保护和定价;此外,互联网音视频内容与版权的关系最为密切,给版权工作提出了新课题。[1]

新兴媒介环境中的版权侵权表现为:1.直接的侵权者为数众多,权利人难以追究所有侵权者的责任。这在音乐作品和电影作品被"自由"下载的情况下,尤为明显。2.几乎所有的侵权资料都存在于各种各样的网络服务器之中,都是通过新兴媒介在侵权者之间进行传输。[2] 数字化的内容产品很容易被拷贝复制,受众可以随意拷贝或下载任何自己

---

[1] 刘春理:《新兴媒介时代的广播节目版权保护与管理》,《中国广播电视学刊》2011年第3期,第35页。
[2] 中广互联:《新兴媒介传播与版权保护》,http://www.sarft.net/a/17971.aspx。

所需要的信息,这都给版权保护造成了困难。

在新兴媒介环境下,版权法遭遇了意外的困境,甚至面临生存还是死亡的挣扎。一方面,新兴媒介信息技术和网络技术使传播成本接近于零,获取的便利使收费成为争议性问题;另一方面,新兴媒介需要运行大量的作品和思想信息,版权的财产权保护期限也为经营者获取经营信息制造了巨大的障碍。[1]

不仅版权保护很困难,受害方想要维权也很不容易。数字化之后的作品,改编和销毁都十分容易,这就造成版权所有者要想取证比传统媒体困难很多,而在维权上,如何判定侵权者的非法所得,如何衡量侵权者给版权方带来的财产损失,目前都是一件很难界定的事情,这也从另一方面,纵容了侵权者的侵权行为。[2]

"这是一个最好的时代,这是一个最坏的时代。"对于传统媒体来说,在新兴媒介时代,想保护好自己的数字版权,的确不是一件轻松的事情。

【案例精选】奥运的新兴媒介版权保护[3]

2008年奥运会,国际奥委会在百年奥运的历史上首次将互联网、手机等新兴媒介作为独立转播机构,与传统媒体一起列入奥运会的转播体系,新兴媒介的转播权益作为一项独立的权益,受到国际奥委会及全球新兴媒介转播机构的关注。

为全面打击非法转播奥运赛事的侵权行为,履行国际承诺,国家版权局、工业和信息化部、国家广播电影电视总局下发了《关于严禁通过互联网非法转播奥运赛事及相关活动的通知》,要求各地对未经许可通过互联网非法转播奥运赛事及相关活动的行为进行重点打击。同时,对互联网和移动平台非法转播奥运赛事行为的打击工作,已被列为"2008年打击网络侵权盗版专项行动"的重点内容。

2007年12月18日,中央电视台获得北京奥运会新兴媒介转播权益之时,就郑重承诺了北京2008年奥运会新兴媒介版权保护责任,制定了详细的奥运新兴媒介版权保护细则和操作措施。

在具体的操作方面,央视国际网络有限公司总经理汪文斌介绍,主要有三个方面:第一,采取版权保护措施将新兴媒介传播的地域范围严格限制在中国大陆和澳门地区,为此,央视国际建成了IP地址信息库、数字版权管理平台(DRM)以及视频指纹识别保护技术平台;第二,抽调专门力量,对我国境内的网站盗版情况进行监看、取证,和广电总局网络监管中心联合组建了奥运版权保护联合监控队伍,对未经授权非法转播、超越授权内容范围的转播等侵权盗版行为进行重点监控;第三,采取法律保护手段,对违法违规不良

---

[1] 徐瑄:《新兴媒介时代的版权问题》,《新闻战线》2012年第10期,第68页。
[2] 谭涛:《从"iPad维权第一案"看新兴媒介时代的数字版权隐忧》,http://www.cqtantao.com/post/246.html,2011-04-25。
[3] 王斌:《奥运新兴媒介版权保护之路》,http://news.titan24.com/titan/1/media/08-08-08/98234.html。

传播行为进行有效打击。

此外,百家新兴媒介签署《奥运新兴媒介版权保护北京宣言》。央视网、上海文广、搜狐、新浪、腾讯、网易、酷6网、PPStream、UUsee、PPlive九家新兴媒介企业组建"奥运新兴媒介版权保护行动小组",全力为北京奥运的新兴媒介传播工作保驾护航。

思考与研讨题

1. 什么是媒介产品?
2. 媒介产品有哪些基本特征?它与一般物质产品有什么区别?
3. 新的传播技术给媒介产品带来哪些新变化?

第四章 电子媒介监管政策与法规

■ **本章要点**
1. 电子媒介的监管体系
2. 电子媒介准入监管
3. 电子媒介内容监管
4. 电子媒介广告监管
5. 电子媒介版权监管

第一节 电子媒介的监管体系

一、监管和监管体系

本书中的监管对应的英文单词是"regulation"。由于监管是一个立体的、多层次的结构,虽然我们所涉及的主要是政府部门的监管,但是,我们认为,近些年来技术和市场一直处于快速变化的状态,政府监管也面临着诸多的挑战和困难,社会化的监管日益重要。我们因此也认为,政府在电子媒介的监管当中,应该更多地发挥各个层次的监管力量,构建一个合理高效的监管体系。

典型的例子,就是政府对互联网媒体的监管,难以实施像过去对广播电视媒体那样的监管模式,除了技术上的难度之外,互联网的开放性和分布性都让集中监管变得非常困难甚至不可行。因此,政府对互联网媒体的监管必须要结合社会各个层面的监管力量,包括国际组织、行业组织、企业、民间团体乃至消费者个人,共同参与到这个监管的进程中,这样的模式更加有弹性,

关键术语

监管,指政府设置(出台)规定进行限制的制度安排。

也更有效率。

我们现在所说的监管体系,就是政府必须要从上至下,构建一个多层次、多主体参与的监管结构和模式。假如政府坚持采用一刀切的集中管理模式,要么有扼杀市场活力和产业发展的危险,要么就是难以履行监管职责,无法达成监管目标,导致市场失控的后果。因此,要搭建一个灵活高效的监管体系,目的是营造一个健康有序的市场和产业发展的环境,用现在流行的话来说,就是政府在构建一个好的产业生态系统的过程中,哪些该管,由谁来管,如何管,这就是监管体系需要发挥的作用。

如前文所述,电子媒介主要有两类:一类是传统电子媒介,包括电影和广播电视;另一类就是新兴电子媒介,主要包括网络音视频,又称为互联网视听节目服务。目前,这两类电子媒介有着十分明显的融合趋势,相互之间有较强的替代性,相对而言,主要是用户的习惯决定了用户的选择。总体来说,年轻的用户更倾向于选择新兴的电子媒介。许多内容都会跨平台发行,提供给各种电子媒介的渠道。因此,政府的行政监管也相应地有着融合的趋势,许多监管工作可以合并,监管部门也需要加强协调,同时呼吁有更多的社会团体和行业组织加入监管工作,以提高监管的成效。

> **关键术语**
>
> 监管体系,指政府从上至下地构建起来的一个多层次、多主体参与的监管结构和模式。

二、电子媒介行政主管部门

2013年国务院做出机构改革和职能转变的决定,合并国家新闻出版总署和国家广电总局,设立新的国家新闻出版广电总局。这一决定很大程度上反映了传媒业融合发展的趋势,在监管层面上也面临着许多需要整合的职能。

根据2013年7月国务院办公厅下发的《国家新闻出版广电总局主要职责内设机构和人员编制规定》,国家新闻出版广电总局的主要职责如下:

(一)负责拟订新闻出版广播影视宣传的方针政策,把握正确的舆论导向和创作导向。

(二)负责起草新闻出版广播影视和著作权管理的法律法规草案,制定部门规章、政策、行业标准并组织实施和监督检查。

(三)负责制定新闻出版广播影视领域事业发展政策和规划,组织实施重大公益工程和公益活动,扶助老少边穷地区新闻出版广播影视建设和发展。负责制定国家古籍整理出版规划并组织实施。

(四)负责统筹规划新闻出版广播影视产业发展,制定发展规划、产业政策并组织实施,推进新闻出版广播影视领域的体制机制改革。依法负责新闻出版广播影视统计工作。

（五）负责监督管理新闻出版广播影视机构和业务以及出版物、广播影视节目的内容和质量，实施依法设定的行政许可并承担相应责任，指导对市场经营活动的监督管理工作，组织查处重大违法违规行为。指导监管广播电视广告播放。负责全国新闻记者证的监制管理。

（六）负责对互联网出版和开办手机书刊、手机文学业务等数字出版内容和活动进行监管。负责对网络视听节目、公共视听载体播放的广播影视节目进行监管，审查其内容和质量。

（七）负责推进新闻出版广播影视与科技融合，依法拟订新闻出版广播影视科技发展规划、政策和行业技术标准，并组织实施和监督检查。负责对广播电视节目传输覆盖、监测和安全播出进行监管，推进广电网与电信网、互联网三网融合，推进应急广播建设。负责指导、协调新闻出版广播影视系统安全保卫工作。

（八）负责印刷业的监督管理。

（九）负责出版物的进口管理和广播影视节目的进口、收录管理，协调推动新闻出版广播影视领域"走出去"工作。负责新闻出版广播影视和著作权管理领域对外及对港澳台的交流与合作。

（十）负责著作权管理和公共服务，组织查处有重大影响和涉外的著作权侵权盗版案件，负责处理涉外著作权关系和有关著作权国际条约应对事务。

（十一）负责组织、指导、协调全国"扫黄打非"工作，组织查处大案要案，承担全国"扫黄打非"工作小组日常工作。

（十二）领导中央人民广播电台、中国国际广播电台和中央电视台，对其宣传、发展、传输覆盖等重大事项进行指导、协调和管理。

（十三）承办党中央、国务院交办的其他事项。

根据上述职责，国家新闻出版广电总局设22个内设机构，与电子媒介比较相关的有：

（一）电影局

承担电影制片、发行、放映单位和业务的监督管理工作，组织对电影内容进行审查。指导、协调全国性重大电影活动。指导电影档案管理、技术研发和电影专项资金管理。承办对外合作制片、输入输出影片的国际合作与交流事项。

（二）电视剧司

承担电视剧制作的指导、监管工作，组织对国产电视剧、引进电视剧和对外合拍电视剧（含动画片）的内容进行审查。指导、调控电视剧的播出。

(三)传媒机构管理司

承担广播电视播出机构和业务、广播电视节目制作机构、广播电视节目传送、有线电视付费频道、移动电视业务的监督管理工作。指导和监督管理广播电视广告播放。

(四)网络视听节目管理司

承担网络视听节目服务、广播电视视频点播、公共视听载体播放广播影视节目内容和业务的监督管理工作。指导网络视听节目服务的发展和宣传。

(五)版权管理司

拟订国家版权战略纲要和著作权保护管理使用的政策措施并组织实施,承担国家享有著作权作品的管理和使用工作,对作品的著作权登记和法定许可使用进行管理。承担著作权涉外条约有关事宜,处理涉外及港澳台的著作权关系。组织查处著作权领域重大及涉外违法违规行为。组织推进软件正版化工作。

(六)进口管理司

承担出版物、广播电视节目的进口管理。依法管理境外新闻出版广播影视机构在华设立办事机构。对境外广播电视节目的引进、播出和中外广播电视节目合作的制作、播出,以及卫星电视接收设施、境外卫星电视节目的落地和接收进行监督管理。

三、融合监管的挑战

对于政府的行政监管部门来说,电子媒介的监管主要包括准入监管和内容监管两个部分。媒介融合趋势对行政监管带来的挑战也主要反映在这两个方面。

(一)准入监管

对于准入监管,由于融合业态的模糊性,一些服务机构利用技术优势,跨平台提供服务,这样的服务很难严格定性,因此,是否超范围违规经营,对于监管部门来说,是有争议的。例如,一些厂商提供的机顶盒可以安装上网络视频的应用,并连接到电视机上,通过互联网实现OTT的所谓网络电视的功能,这项服务很大程度上替代了传统广播电视的功能,广电总局对此类业务的监管就处于尚未完全明确的过程中。不同的终端,不同的网络,不同的技术,实现的是类似的服务。目前,广电总局采用分类管理的监管模式,不过,融合的业态依然给准入监管带来了挑战。

(二)内容监管

对于内容监管,融合趋势带来的主要挑战在于,同样的内容发行到不同的平台,由于平台的特殊性,对内容的要求和审查是不尽相同的。例如,目前我们可以允许互联网平台用户上传内容分享，上传的内容只需要网站内部进行审核即可上线发布，这在传统的广播电视平台是无法做到的，技术上也不能实现；另外，互联网平台可以快速引进国外影视剧或者微电影等只在互联网上发行的内容，有些网站甚至号称是与国外的电视台同步播放，它可以做到提前引进国外影视剧的网络版权，快速进行内部审看和添加字幕等简单后期制作，就可以上线发行，这些未经广电总局审查过的影视剧在传统的电影和广播电视平台上是不允许放映和播放的。区别平台进行内容审查的监管过程，给互联网平台带来很大的优势，它可以更高效地提供更多的内容。目前，传统的平台已经感受到巨大的挑战，监管部门也在研究，可能会进一步加强对互联网平台的内容监管。

对电子媒介的监管，政府和社会的共同参与是一个很重要的趋势。实际上，电子媒介是文化产业发展和文化建设的一个重要平台，政府历来十分重视其发展，互联网视听节目服务的业态仍在发展当中，政府监管部门不宜过度干预，阻碍其发展，而是应该持相对开放的监管态度，在发展过程中解决问题，更多地依靠社会力量来进行综合监管，这样的监管可以维护行业各方的积极性，营造一个良好的行业监管环境，吸引更多的资金和人才投入。总之，监管的目的是为了更好地发展，而不是管死。

第二节　广播电视业监管政策与法规

我国的广播电视业是从 20 世纪 80 年代改革开放之后才迅猛发展起来的。那时，国家的财力和物力相当有限，为了加快我国广播电视业的发展，广播电视最初实行了推进社会化发展的所谓"四级办"发展方针，即"四级办广播，四级办电视，四级混合覆盖"，这一政策鼓励从中央到县级的四个行政层级的政府都可以根据需要开办广播电台和电视台，并将发射信号进行四级混合覆盖，最大限度地扩大信号覆盖的范围。应该说，"四级办"政策在当时让我国的广播电视事业得到了飞速的发展和普及，而且，这一政策还允许各类企事业单位投入资金建设对内的广播电视发射和接入系统，或开办对内的广播电台和电视台，这种灵活的社会化发展模式极大地推动了建设广播电视基础设施的政府和社会的资金投入。很快，广播电视的技术体系就发展起来，各种模式的信号传输方式，包括卫星、无线和有线的广播电视技术，也在不断地发展成熟之中。

但是，广播电视的大发展也带来了许多问题。为了治理广播电视业的问题，"重点解决擅自建台、重复建台和乱播滥放的总量"，中央下发了 37 号文件《关于加强新闻出版广播电视业管理的通知》，政府重新加强了对广播电视业的监管。紧接着 1997 年 8 月，国务院发布《广播电视管理条例》，这一条例成为我国广播电视业的基本制度。1999 年，国务院办公厅转发了 82 号文件《关于加强广播电视有线网络建设管理的意见》，其主要内容就是：网与台分离，有线与无线合并，停止四级办台。此后，主管部门逐步停止了社会开办的广播电台和电视台,收紧了广播电视业的开办资格。这时,"四级办"的发展方针也就被取消了。

我们今天看我国的广播电视市场,必须要理解曾经的"四级办"发展方针,尽管这一政策早已取消,但目前广播电视市场的格局,包括传输市场和节目市场,都与"四级办"政策有着一定的关系。另外,随着近几年宽带互联网和移动互联网的迅猛发展,基于互联网流媒体技术的视听节目服务模式正方兴未艾,对传统的广播电视业构成了挑战。我们认为,为了应对所谓"大视频"融合市场所形成的威胁,传统广播电视的"四级办"模式必须要做出改变,同时,对应的广播电视的监管体系也需要进行相应的调整。

一、准入许可

改革开放30多年以来,我国的广播电视已经进入了相对成熟的发展阶段。由于广播电视节目服务的普及,它已经成为政府宣传工作的主要工具。因此,政府对广播电视业的监管十分严格,要开办广播电台和电视台,开展广播电视节目服务,必须要得到政府的行政许可。

最新的政策是广电总局于2004年发布的第37号令《广播电台电视台审批管理办法》,由于我国实行的是"局台合一"的传统广播电视管理体制,这一办法事实上确立了我国政府办广播电视的制度基础。

第二条　本办法所称广播电台、电视台是指采编、制作并通过有线、无线、卫星或其他方式向社会公众播放广播电视节目的广播电视播出机构(含广播电视台、教育电视台、广播影视集团、总台、具备独立法人资格的广播电台、电视台分台等)。

第三条　国家广播电影电视总局(以下简称广电总局)负责制定全国广播电台、电视台的设立规划,确定广播电台、电视台的总量、布局和结构,负责全国广播电台、电视台的设立审批和监督管理工作。县级以上地方广播电视行政部门负责本行政区域内广播电台、电视台的管理工作。

第四条　国家禁止设立外资经营、中外合资经营和中外合作经营的广播电台、电视台。

第五条　广播电台、电视台原则上由县、不设区的市以上广播电视行政部门或经批准的广播影视集团(总台)设立,其中教育电视台可以由设区的市、自治州以上教育行政部门设立。

在开办频道或栏目方面,有如下的规定:

第二十二条　广播电台、电视台频道可区分为公益性频道和经营性频道两类。允许两类频道按照各自不同的特点和目标要求,从机构设置上适当分开,采用相应的组织管理方式和生产经营方式。具体管理办法另行制定。

第二十三条　广播电台、电视台可以跨地区合办经批准设立的广播电视频道或栏目。

第二十四条　合办广播电视频道及栏目，应由该频道或栏目所属广播电台、电视台向本级广播电视行政部门提出申请，经逐级审核后，由广电总局审查批准。

第二十五条　县级广播电视台原则上不自办电视频道，其制作的当地新闻和经济类、科技类、法制类、农业类、重大活动类专题、有地方特色的文艺节目以及广告等，在本省、自治区、直辖市行政区域内公共频道预留时段中插播。

另外，广电总局于2003年下发了1190号文件《广播电视有线数字付费频道业务管理暂行办法》，制定了有线电视付费频道的发展政策和监管措施。不过，由于各种原因，付费电视在我国并没有如预期那样发展起来，因此，这个政策现在也基本上被束之高阁了。2004年，国家广电总局发布了第35号令《广播电视视频点播业务管理办法》，对视频点播业务的监管作出了规定。不过，与付费频道类似，由于互联网的快速发展，广播电视视频点播业务只是昙花一现，此政策也基本失效了。那么，关于有线数字付费频道和广播电视视频点播业务的具体政策，我们就不在这里说明了。

2004年，广电总局发布了第32号令《广播电视站审批管理暂行规定》，对所谓的"广播电视站"的审批管理作出了具体的规定。自从不允许社会力量开办广播电台和电视台以来，监管部门还是给予一些有条件的社会力量可以对内开办少量的节目服务，但仍需要得到审批和受到严格监管。

第二条　省级广播电视行政部门根据国家广播电视发展规划和当地广播电视发展的实际情况，制定本辖区内广播电视站的规划和布局，负责本辖区内广播电视站的审批和日常管理工作。

第三条　市辖区、乡镇以及企事业单位、大专院校可申请设立广播电视站。

每个申请单位只能设立一个广播电视站，并只能在广播电视行政部门核定的区域范围内播出广播电视节目。

第五条　申请设立广播电视站，须由申请单位向当地县级以上广播电视行政部门提出申请，逐级审核同意后，报省级广播电视行政部门审批。

第七条　广播电视站应按规定转播好中央、省级和当地的广播电视节目。条件具备的，应与当地区域性有线广播电视传输覆盖网联网。

广播电视站不得称广播电台、电视台，不得接收、传送境外电视节目，不得在转播节目中插播自办节目和广告，不得将广播电视站出租、转让、承包给其他单位或个人。

第八条　广播电视站可自办广播节目，通过有线方式传输。

市辖区、大专院校和国有或国有控股特大型企业设立的广播电视站确有需要,可在公共频道中插播少量自办的本单位新闻、专题以及广告等电视节目,通过有线方式传输。

乡镇设立的广播电视站不得自办电视节目。

2004 年,广电总局发布了第 34 号令《广播电视节目制作经营管理规定》,对制作经营广播电视节目的准入许可进行了具体的规定。总体上,我们对非时政新闻类节目向国内的社会力量做了开放,这一政策在很大程度上鼓励了多种社会力量和资金参与到广播电视节目市场,极大地繁荣和发展了我国的广播电视节目市场,特别是电视剧和综艺娱乐节目的市场。

对外资的参与,我们的政策经历了一个从试行开放到停止开放的转变,从 2004 年国家广电总局、商务部发布的第 44 号令《中外合资、合作广播电视节目制作经营企业管理暂行规定》,到 2009 年的第 59 号令《关于废止〈中外合资、合作广播电视节目制作经营企业管理暂行规定〉的决定》,也就是说,目前在广播电视节目方面,我们对外资是不开放的。

《广播电视节目制作经营管理规定》中的相关条款有:

第四条　国家对设立广播电视节目制作经营机构或从事广播电视节目制作经营活动实行许可制度。

设立广播电视节目制作经营机构或从事广播电视节目制作经营活动应当取得《广播电视节目制作经营许可证》。

第五条　国家鼓励境内社会组织、企事业机构(不含在境内设立的外商独资企业或中外合资、合作企业)设立广播电视节目制作经营机构或从事广播电视节目制作经营活动。

第二十一条　取得《广播电视节目制作经营许可证》的机构应严格按照许可证核准的制作经营范围开展业务活动。

广播电视时政新闻及同类专题、专栏等节目只能由广播电视播出机构制作,其他已取得《广播电视节目制作经营许可证》的机构不得制作时政新闻及同类专题、专栏等广播电视节目。

[延伸阅读]"限娱令"[①]

(记者白瀛)广电总局近日下发《关于进一步加强电视上星综合频道节目管理的意见》,提出从 2012 年 1 月 1 日起,34 个电视上星综合频道要提高新闻类节目播出量,同时对部分类型节目播出实施调控,以防止过度娱乐化和低俗倾向,满足广大观众多样化多

---

① 《广电总局下发加强电视上星综合频道节目管理意见》,http://www.gov.cn/jrzg/2011－10/25/content_1977909.htm,2011.10.25。

层次高品位的收视需求。

意见重申,电视上星综合频道是以新闻宣传为主的综合频道,要扩大新闻、经济、文化、科教、少儿、纪录片等多种类型节目播出比例。意见提出,从2012年1月1日起,每个电视上星综合频道每日6:00至24:00新闻类节目不得少于2小时;18:00至23:30必须有两档以上自办新闻类节目,每档新闻节目时间不得少于30分钟;各电视上星综合频道还要开办一个弘扬中华民族传统美德和社会主义核心价值体系的思想道德建设栏目。据悉,从9月1日起,各频道已开始陆续推出思想道德建设栏目。

意见提出,对节目形态雷同、过多过滥的婚恋交友类、才艺竞秀类、情感故事类、游戏竞技类、综艺娱乐类、访谈脱口秀、真人秀等类型节目实行播出总量控制。每天19:30至22:00,全国电视上星综合频道播出上述类型节目总数控制在9档以内,每个电视上星综合频道每周播出上述类型节目总数不超过2档。每个电视上星综合频道每天19:30至22:00播出的上述类型节目时长不超过90分钟。广电总局还将对类型相近的节目进行结构调控,防止节目类型过度同质化。

意见要求各广播电视播出机构要坚持把社会效益放在首位,坚持社会效益和经济效益的有机统一,建立科学、客观、公正的节目综合评价体系。意见明确提出"三不",即不得搞节目收视率排名,不得单纯以收视率搞末位淘汰制,不得单纯以收视率排名衡量播出机构和电视节目的优劣。

[延伸阅读]"一剧两星"政策[①]

4月15日,总局召开2014年全国电视剧播出工作会议。会上宣布,自2015年1月1日开始,总局将对卫视综合频道黄金时段电视剧播出方式进行调整。具体内容包括:同一部电视剧每晚黄金时段联播的卫视综合频道不得超过两家,同一部电视剧在卫视综合频道每晚黄金时段播出不得超过两集。

总局此次电视剧播出方式调整的主要目的在于进一步均衡卫视综合频道的节目构成,强化综合定位,优化频道资源,丰富电视剧荧屏。

2004年,国家广电总局发布了第33号令《广播电视节目传送业务管理办法》,对经营广播电视节目传送业务的机构的监管作出了具体的规定:

第二条 本办法所称广播电视节目传送业务,是指利用有线方式从事广播电视节目传输和接入服务的活动。

第四条 国家对广播电视节目传送业务实行许可制度。

---

① 《总局对卫视综合频道黄金时段电视剧播出方式进行调整》,http://www.sarft.gov.cn/articles/2014/04/15/20140415092456480543.htm,2014—04—15。

第五条 利用有线方式从事广播电视节目传送业务,须按本办法规定领取《广播电视节目传送业务经营许可证》。

利用无线、微波、卫星等其他方式从事广播电视节目传送业务,应当按照国家有关规定办理相关审批手续。

第六条 下列机构可以申请《广播电视节目传送业务经营许可证》:

(一)经广电总局批准设立的广播电视播出机构;

(二)经广电总局批准设立的广播影视集团(总台)及所属机构;

(三)拥有有线广播电视网络经营权的国有或国有控股机构。

第七条 禁止外商独资、中外合作、中外合资机构从事广播电视节目传送业务。

从上面的规定可以看出,我国对有线电视领域加强了监管和许可管理,原则上只允许政府以及国有资本参与有线电视业务的投资和经营,不再允许外资参与。

二、内容审查制度

我国对广播电视节目内容有着严格的审查制度和相关的政策,不同类型的节目有着相应的审查管理办法,相关的制作和播出机构都有自我审查的义务和责任,同时还要接受政府监管和社会监督。

根据《广播电视管理条例》:

第三十二条 广播电台、电视台应当提高广播电视节目质量,增加国产优秀节目数量,禁止制作、播放载有下列内容的节目:

(一)危害国家的统一、主权和领土完整的;

(二)危害国家的安全、荣誉和利益的;

(三)煽动民族分裂,破坏民族团结的;

(四)泄露国家秘密的;

(五)诽谤、侮辱他人的;

(六)宣扬淫秽、迷信或者渲染暴力的;

(七)法律、行政法规规定禁止的其他内容。

第三十三条 广播电台、电视台对其播放的广播电视节目内容,应当依照本条例第三十二条的规定进行播前审查,重播重审。

第三十九条 用于广播电台、电视台播放的境外电影、电视剧,必须经国务院广播电视行政部门审查批准。用于广播电台、电视台播放的境外其他广播电视节目,必须经国务院广播电视行政部门或者其授权的机构审查批准。

向境外提供的广播电视节目,应当按照国家有关规定向省级以上人民政府广播电视行政部门备案。

第四十一条 广播电台、电视台以卫星等传输方式进口、转播境外广播电视节目,必须经国务院广播电视行政部门批准。

关于电视剧,由于电视剧的社会影响力巨大,政府对电视剧的审查管理非常严格,因此,其目前的管理政策和模式与电影管理基本一致,总体上说,政府对制作机构进行许可证管理,对作品内容实行审查管理,其中类似的规定我们在电影管理部分将做详细论述,在这里就不再赘述了。有关的规定有:

《电视剧管理规定》(国家广播电影电视总局令第 2 号)

《广播电视节目制作经营管理规定》(国家广播电影电视总局令第 34 号)

《中外合作制作电视剧管理规定》(国家广播电影电视总局令第 41 号)

《境外电视节目引进、播出管理规定》(国家广播电影电视总局令第 42 号)

《电视剧内容管理规定》(国家广播电影电视总局令第 63 号)

[案例精选]《武媚娘传奇》回炉修改得到受众认可①

新华网北京 1 月 21 日电(记者周玮) 新闻出版广电总局副局长田进 21 日在京就电视剧《武媚娘传奇》被回炉重新剪辑作出回应,称该剧修改播出后"得到了广大受众的认可"。

当日在国务院新闻办公室举行的新闻发布会上,田进说,《武媚娘传奇》去年 12 月 21 日在湖南卫视播出之后,新闻出版广电总局收到不少观众的投诉,反映这部剧存在一些不利于未成年人健康成长的画面,还有一些其他方面的问题。

"广电总局依法负有监管的责任。接到群众的投诉之后,我们就对这部剧进行了检查,发现确实存在没有修改到位的问题。新闻出版行政部门依法依规作出了相应的处罚,并且依法责成播出机构和制作机构修改到位后方可播出。"他说。

"修改播出后,我们也注意到引起了媒体特别是网络的热议,两个方面的看法都有。修改播出后,实际上是得到了广大受众的认可,当然网络也有一些炒作。"田进说,"我们的文艺作品、电影电视剧要弘扬中国核心价值观念,传递真善美,传递正能量。"

与电影一样,除了审查制度之外,社会比较关注的还有节目分级体系的问题,这个问题我们同样将在电影部分进行简短的分析。

三、进出口贸易政策

由于文化差异和贸易政策方面的考虑,我国的广播电视节目的进出口贸易一直没有

---

① 《新闻出版广电总局:〈武媚娘传奇〉回炉修改得到受众认可》,http://news.xinhuanet.com/2015-01/21/c_1114081485.htm,2015.1.21。

明显的扩大趋势,引进的节目类型主要是动画片和纪录片,以及主要来自港台地区的电视剧,近些年来,国产剧的崛起使得引进的海外电视剧数量有下降的趋势。而国家推行的"文化走出去"的基本政策也在推动着我国广播电视节目走出国门,近年来,具有中国文化特色的纪录片和电视剧也被卖到了欧美等海外市场。

在赴国外开办广播电视方面,国家广电总局于2002年发布了第12号令《赴国外租买频道和设台管理暂行规定》,确立了这方面的相关审批政策。

第四条　中央和省级广播电视播出机构可申请从事赴国外租买频道和设台业务。

第七条　广播电视机构赴国外租买频道和设台,可以采取独资或与国内外其他机构合资、合作的形式。

第十一条　赴国外租买频道和设台,应遵循"以我为住、对我有利"的原则,优先转播和使用中国广播电视节目。租买的频道、频率、时段和所设台播出的节目中,中国广播电视节目须占主要比例。

在境外卫星电视频道的落地管理方面,国家广电总局于2004年发布了第27号令《境外卫星电视频道落地管理办法》,这一政策主要针对于境外人士。

第二条　国家广播电影电视总局(以下简称广电总局)负责对境外卫星电视频道落地实行归口管理,对境外卫星电视频道落地实行审批制度。

第三条　经广电总局批准,境外卫星电视频道可以在三星级以上涉外宾馆饭店、专供境外人士办公居住的涉外公寓等规定的范围及其他特定的范围落地。

那么,最重要的,在境外电视节目的引进播出方面,2004年,国家广电总局发布了第42号令《境外电视节目引进、播出管理规定》。

第二条　本规定适用于境外电视节目的引进、播出活动。境外电视节目是指供电视台播出的境外电影、电视剧(电视动画片)(以下称境外影视剧)及教育、科学、文化等其他各类电视节目(以下称其他境外电视节目)。

不引进时事性新闻节目。

第三条　国家广播电影电视总局(以下称广电总局)负责境外影视剧引进和以卫星传送方式引进境外其他电视节目的审批工作。

省级广播电视行政部门受广电总局委托,负责本辖区内境外影视剧引进的初审工作和其他境外电视节目引进的审批和播出监管工作。

地(市)级广播电视行政部门负责本辖区内播出境外电视节目的监管工作。

第四条　未经广电总局和受其委托的广播电视行政部门审批的境外电视节目,不得引进、播出。

第五条　引进境外影视剧和以卫星传送方式引进其他境外电视节目，由广电总局指定的单位申报。

第八条　引进境外影视剧和以卫星传送方式引进其他境外电视节目，由引进单位向省级广播电视行政部门提出申请。

第十七条　经批准引进的其他境外电视节目，应当重新包装、编辑，不得直接作为栏目在固定时段播出。节目中不得出现境外频道台标或相关文字的画面，不得出现宣传境外媒体频道的广告等类似内容。

总体上，随着国产广播电视节目质量的提升，引进的境外节目已经呈现下降趋势，另一方面，大量的境外广播电视节目通过互联网被引进或传播到国内（因为目前互联网视听节目服务的内容审查和监管政策相对宽松），甚至是国外足球或篮球重大比赛的直播也越来越多地通过互联网来进行，加之网络引进的高效率和低门槛，这也让传统的广播电视引进模式退居次要位置。

第三节　电影业的监管政策与法规

电影自发明以来一直广受大众的欢迎。电影的发展也经历了数字化、网络化的历程。目前在我国，商业运作的电影院已经基本实现了数字放映和数字发行，3D 和 Imax 等最新电影技术大行其道，电影放映的技术也带动着电影制片业的发展。总体来说，电影数字化的趋势已经不可改变，这些技术的变化很大程度上影响着我国电影业近 30 年的辗转起伏。

最近几年，中国电影市场风云变幻，形势喜人，票房纪录连创新高，整个产业的发展也是速度惊人，电影的市场运作和制作水准均已达到或接近国际领先水平。根据国家广电出版总局发布的数字，2013 年，中国电影票房收入达到 217 亿元，超过日本成为全球第二大电影市场，仅次于美国。

中国电影市场在 20 世纪最后的几年里经历了一段时间的低潮期，有技术方面的因素，人们普遍认为，VCD 和盗版的盛行让人们不愿意花钱去电影院了，但是，美国大片《泰坦尼克号》却在 1998 年大放异彩，不得不让人疑惑，电影的问题绝不仅仅存在于技术变化的层面。这时，电影业的低谷让政府主管部门开始尝试进行一定程度的开放准入和放宽行政许可的门槛，让民间资本和外资有机会进入电影业发展，这一系列的配套政策为近几年来中国电影业的蓬勃发展奠定了政策环境的基础。

2001 年，国务院发布《电影管理条例》第 342 号令，这是目前我国电影业的最高行政法规，是制定电影相关政策和条例的原则性规定。

一、准入许可

根据《电影管理条例》第五条：

国家对电影摄制、进口、出口、发行、放映和电影片公映实行许可制度。未经许可，任何单位和个人不得从事电影片的摄制、进口、发行、放映活动，不得进口、出口、发行、放映未取得许可证的电影片。

目前，我国电影政府主管部门管理下发有六种许可证：
- 《摄制电影许可证》
- 《摄制电影片许可证（单片）》
- 《中外合作摄制电影片许可证》
- 《电影片公映许可证》
- 《电影发行经营许可证》
- 《电影放映经营许可证》

前3种许可证是针对于电影制作的准入许可；第4种许可证是颁发给经过政府审查通过后许可在我国境内公映的电影片；最后2种许可证是针对于电影的发行和放映环节，通常是颁发给电影发行单位和放映单位。

2004年，广电总局和商务部联合下发了第43号令，即《电影企业经营资格准入暂行规定》。这一规定的出台正是在我国电影业处于低谷，整体电影市场面临美国大片冲击的困难时期。这一政策的基本目标体现在其第一条：

为了充分调动社会力量，加快发展电影产业，培育市场主体，规范市场准入，增强电影业的整体实力和竞争力，促进社会主义电影业繁荣，满足广大人民群众的精神文化生活需求，根据《中华人民共和国中外合资经营企业法》《中华人民共和国中外合作经营企业法》《电影管理条例》，制定本规定。

首先，我们简单介绍一下电影制片单位的准入制度。根据第43号令第二章第五条：

国家允许境内公司、企业和其他经济组织（不包括外商投资企业）设立电影制片公司。申请设立电影制片公司，由境内公司、企业和其他经济组织向广电总局提出申请。

实际上，主管部门针对不同基础和阶段的制片单位进行分类管理。具体来说，包括：

已取得《摄制电影许可证》的境内公司、企业和其他经济组织（不包括外商投资企业）联合设立电影制片公司……

这是传统的电影制片单位引入民间资本的情形。

第一次进入电影制片行业的,需要设立公司并申领单片的许可证:

未取得《摄制电影许可证》的境内公司、企业和其他经济组织(不包括外商投资企业),首次拍摄电影片时须设立影视文化公司,由影视文化公司申请领取《摄制电影片许可证(单片)》。

另外,引入外资可建立合资制片公司,根据第六条:

允许境内公司、企业和其他经济组织(以下简称中方)与境外公司、企业和其他经济组织(以下简称外方)合资、合作设立电影制片公司(以下简称合营公司)。申请设立合营公司,由中方向广电总局提出申请。

在权利和义务方面,根据第43号令第七条:

按照本规定第五条、第六条,取得《摄制电影许可证》的电影制片公司,依照《电影管理条例》享有与国有电影制片单位同等的权利和义务。

这些政策说明,我国在电影制作领域给予国内非国有资本完全的开放,对外资一定程度的开放。换句话说,在我国,只要有钱,拍电影已经没有任何政策门槛。我们认为,这样相对开放的政策,很大程度上决定了今天我国电影业的空前繁荣。

接下来,我们看看电影的发行和放映环节。

关于电影发行,目前对国产电影的发行向民间资本开放,根据第43号令第十条:

鼓励境内公司、企业和其他经济组织(不包括外商投资企业)设立专营国产影片发行公司。

对于进口大片的发行,目前并没有开放,仍然由国有发行公司专营,这是根据第43号令第十六条:

电影进口经营业务由广电总局批准的电影进口经营企业专营。进口影片全国发行业务由广电总局批准的具有进口影片全国发行权的发行公司发行。

目前,对于进口大片的管理,电影进口业务由国家指定中国电影集团公司影片进口分公司负责,电影发行业务由中国电影集团公司影片发行公司和华夏电影发行有限责任公司共同负责。主管部门将颁发《电影发行经营许可证》给取得电影发行资格的公司。

在电影放映环节,目前的电影产业政策有比较大的开放力度,允许民间资本和外资进入,这也是为了吸引更多的资本投入参与到我国的电影放映业务中。根据第43号令第十五条:

鼓励境内公司、企业和其他经济组织及个人投资建设、改造电影院。经营电影放映业务,须报县级以上地方电影行政管理部门批准,到所在地工商行政管理部门办理相关手续。外商投资电影院依照《外商投资电影院暂行规定》管理。

取得电影放映资格的电影院将获得《电影放映经营许可证》。另外,在电影院线的建设方面,政策对民间资本开放,对外资限制,根据第十二条:

允许电影院线公司以紧密型或松散型进行整合。鼓励以跨省院线为基础,按条条管理的原则重新整合。不允许按行政区域整体兼并院线。院线整合报广电总局审批。鼓励境内公司、企业和其他经济组织(不包括外商投资企业)投资现有院线公司或单独组建院线公司。

今天在我国,电影院线已经成为一种普遍的电影放映经营模式。关于外资投资电影院的情况,我们将在后面进行介绍。

应该说,电影发行和放映领域的开放政策激活了这一领域的投资,为我国电影放映基础设施的数字化改造提供了充足的资金,也为中国整个电影业的发展奠定了基础。今天,我国的电影基础设施已经达到甚至超过发达国家的水平,与这一系列的开放政策不无关系。

二、内容审查制度

2001年国务院颁布的《电影管理条例》确立了我国电影审查制度的基础。根据《电影管理条例》:

第二十四条　国家实行电影审查制度。

未经国务院广播电影电视行政部门的电影审查机构(以下简称电影审查机构)审查通过的电影片,不得发行、放映、进口、出口。

第二十六条　电影制片单位应当依照本条例第二十五条的规定,负责电影剧本投拍和电影片出厂前的审查。

电影制片单位依照前款规定对其准备投拍的电影剧本审查后,应当报电影审查机构备案;电影审查机构可以对报备案的电影剧本进行审查,发现有本条例第二十五条禁止内容的,应当及时通知电影制片单位不得投拍。具体办法由国务院广播电影电视行政部门制定。

第二十七条　电影制片单位应当在电影片摄制完成后,报请电影审查机构审查;电影进口经营单位应当在办理电影片临时进口手续后,报请电影审查机构审查。

在电影审查方面,广电总局下发了一系列相关的重要政策和规定:

2003年，国家广电总局下发了《关于调整重大革命和历史题材电影、电视剧立项及完成片审查办法的通知》；

2004年，国家广电总局颁布实施了第31号令《中外合作摄制电影片管理规定》；

2006年，国家广电总局颁布实施了第52号令《电影剧本（梗概）备案、电影片管理规定》。

根据第52号令：

第二条 国家实行电影剧本（梗概）备案和电影片审查制度。未经备案的电影剧本（梗概）不得拍摄，未经审查通过的电影片不得发行、放映、进口、出口。

第四条 国家广播电影电视总局（以下简称广电总局）负责电影剧本（梗概）备案和电影片审查的管理工作。

广电总局电影审查委员会和电影复审委员会负责电影片的审查。

省级广播影视行政部门（以下简称省级广电部门），经申请可以受广电总局委托，成立电影审查机构，负责本行政区域内持有《摄制电影许可证》的制片单位摄制的部分电影片的审查工作（以下简称属地审查）。

关于电影剧本（梗概）备案：

第五条 持有《摄制电影许可证》的电影制片单位和在地市级以上工商部门注册登记的各类影视文化单位（以下简称影视文化单位）摄制电影片，应在拍摄前将电影剧本（梗概）送广电总局或相应的实行属地审查的省级广电部门备案。

联合摄制电影片的，应当由其中的一个单位提前办理备案手续。

具体的操作方面，有如下的规定：

第十九条 实行属地审查的省级广电部门认为必要时，可以将送审影片提交广电总局电影审查委员会审查。

制片单位对省级广电部门的审查决定有异议的，可以向广电总局电影审查委员会申请重审。

第二十条 联合摄制的电影片，由办理备案手续的制片单位按照本规定送相应的电影审查机构审查。

2010年2月，国家广电总局下发了《关于改进和完善电影剧本（梗概）备案、电影片审查工作的通知》。该通知的目的主要在于：

目前，根据中央的统一部署，全国电影管理体制的划转工作已全部到位，这对理顺电影管理体制，加速电影产业化更好更快的发展，提供了良好的条件。为充分发挥省级广播影视行政部门（以下简称省级广电部门）的积极性，更好地履行电影管理职能，规范行政审批程序和环节,为电影制片单位提供更加便捷高效的服务。

该通知希望进一步明确管理职责:

广电总局负责全国电影剧本(梗概)备案、影片审查的管理工作,广电总局电影审查机构负责影片的终审。

各省级广电部门负责本行政区域内电影剧本(梗概)备案、影片初审的管理工作,并成立相应的管理机构和电影审查机构,具体负责本行政区域内电影剧本(梗概)备案的上报、批复和影片的初审、上报。实行属地审查(吉林、广东、浙江、陕西、湖北省和北京市)的省级广电部门和电影审查机构负责本行政区域内电影剧本(梗概)备案的上报、批复和影片的初审、部分影片的终审。

本书不再赘述具体的电影审查程序,大家可参考相关的政策法规的具体规定。最后,我们想澄清的一点是,电影审查制度与近年来社会讨论很多的电影分级体系并不完全相同,前者更多属于政府监管的范畴,而后者多纳入社会监管或行业管理的工作。当然,二者有一定的关联性,有的时候,人们把它们混为一谈,容易带来不必要的误解,也对发展我国的电影产业没有好处。我们更倾向于认为,电影审查有法定的强制性,是电影获得放映和发行的政府许可的前提,这是个大前提,此后才有所谓的分级的问题。而这个工作更多是与电影从业者的社会责任有关,与保护未成年人有关。当然,根据许多国家的经验,政府可以发起或参与建立分级体系的工作,而分级也没有那么高的强制性,更多是依靠社会或行业组织来监督管理。因此,审查和分级是两个步骤,它们之间并没有必然的联系。

[案例精选]姜文《一步之遥》过审调侃:大家坐好位置别动①

姜文四年磨一剑的《一步之遥》好事多磨,在历经片子未过审、首映礼取消等波折后,12日18:50,片方确认影片终于过审,顺利拿到龙标,将于18日如期公映。不过目前该片首映礼日期仍无消息。

昨天,姜文也给媒体发来消息,调侃起这段经历:"大家坐好位置别动,厨子老姜马上要揭锅,好饭带着锅气儿,就要端上来啦!"而距离上映只有不到一周时间,目前最大的考验是如何按期将修改后的拷贝送到影院。昨天有业内人士曝光了一份院线收到的"硬盘接收紧急通知"称:"为保证影片《一步之遥》的如期上映,有可能采取由发行人员直接运送硬盘的方式。因人员运送,此次送盘计划只涉及30个省43个城市,未在范围内的影院自行选择周边相近的城市取盘。"这种"人肉快递"方式,在两年前《一代宗师》上映时也曾采用过。

---

① 《京华时报》,2014年12月15日。

另一值得关注的就是影片为应对此次审查做出的删减。12月11日晚,那英通过微博晒《一步之遥》剧照,并爆料称:"突然接到《一步之遥》电话,去怀柔重新配音改台词……葛大爷教我的几个动作表情全删啦!"可以看出,影片至少修改了部分台词,并删除了部分镜头。

《一步之遥》如期上映,引发连锁反应,首当其冲的是在线选座。以微信电影票为例,12月13日在线选座将正式开启。(记者聂宽冕)

三、国家文化扶持政策

中国电影市场的渐入佳境,国家文化政策的扶持力度不断增强,带动了中国电影的贸易和投资方面的发展。在电影业务的各个环节,政府都加大力度地进行了开放,我们在这里进行简单的介绍。

根据《电影管理条例》的第四章"电影进口出口"有以下相关的规定:

第三十条 电影进口业务由国务院广播电影电视行政部门指定电影进口经营单位经营;未经指定,任何单位或者个人不得经营电影进口业务。

第三十一条 进口供公映的电影片,进口前应当报送电影审查机构审查。

第三十五条 举办中外电影展、国际电影节,提供电影片参加境外电影展、电影节等,应当报国务院广播电影电视行政部门批准。

具体来说,在电影的制作、发行和放映环节,根据《电影企业经营资格准入暂行规定》:

第六条 允许境内公司、企业和其他经济组织(以下简称中方)与境外公司、企业和其他经济组织(以下简称外方)合资、合作设立电影制片公司(以下简称合营公司)。申请设立合营公司,由中方向广电总局提出申请。

第九条 允许境内公司、企业和其他经济组织(以下简称中方)与境外公司、企业和其他经济组织(以下简称外方)合资、合作设立电影技术公司,改造电影制片、放映基础设施和技术设备。

在外资投资电影业方面,根据《外商投资电影院暂行规定》:

第三条 外商不得设立独资电影院,不得组建电影院线公司。

第四条 外商投资电影院应当符合以下条件:

(一)符合当地文化设施的布局与规划;

(二)注册资本不少于600万元人民币;

(三)有固定的营业(放映)场所;

（四）中外合资电影院，合营中方在注册资本中的投资比例不得低于51%；对全国试点城市：北京、上海、广州、成都、西安、武汉、南京市中外合资电影院，合营外方在注册资本中的投资比例最高不得超过75%；

（五）合资、合作期限不超过30年；

（六）符合中国有关法律、法规及有关规定。

该规定的附件中加入针对港澳地区的合作：

自2004年1月1日起，允许香港、澳门服务提供者在内地以合资、合作的形式建设、改造及经营电影院。允许香港、澳门服务提供者拥有多数股权，但不得超过75%。

此后，该规定又陆续出台了两个补充规定，主要内容是：

自2005年1月1日起，允许香港、澳门服务提供者在内地以合资、合作或独资的形式建设、改造及经营电影院。

自2006年1月1日起，允许香港、澳门服务提供者在内地设立的独资公司，在多个地点新建或改建多间电影院，经营电影放映业务。

中国自2001年正式加入WTO以来，根据所签署的服务贸易相关协定，在电影领域主要是进口国外影片和电影院的投资领域，作出了一定的开放。之后，自2003年以来，中央政府与香港和澳门特区政府分别签署了一系列的CEPA协议，即《内地与香港关于建立更紧密经贸关系的安排》及《内地与澳门关于建立更紧密经贸关系的安排》，其中，在视听服务贸易方面，包括电影领域，对港澳特区扩大了开放范围，制定了一系列的政策。例如，将内地香港合拍片和港产片逐步放开引进，当作国产片对待，不再占进口影片的配额。

这些政策为香港和澳门电影的发展提供了市场空间，也为内地电影产业的发展提供了智力、经验和资金。今天，内地与港澳电影产业的融合发展已经深入且卓有成效，中国电影的质量和市场规模在近十多年间有了显著的提升。在一定的程度上，我们可以说，这一系列对外开放的电影政策为我国电影产业的改革和蓬勃发展奠定了制度基础。

第四节 互联网视听节目服务业的监管政策与法规

随着我国宽带网络和流媒体技术的发展和成熟，互联网视听节目的业务大行其道，有的人也把它称为"网络视频"，这样的服务在近十年来发展迅猛，已经成为互联网产业发展的核心领域之一。互联网视听节目服务是一种融合性的业务模式，显然，它挑战并冲击着传统的广播电视业以及其他的许多媒体和娱乐业务模式。

对于这类新型的业务模式，相关的政策不断地发展和稳定下来，政府的监管也是从无到有并不断地加强。2006年，美国的YouTube网站以16.5亿美元被谷歌公司收购，这一交易让网络视频和视频分享网站信心大增，大量资本陆续涌入到这一领域，我国也不例外。在所谓的"网络电视"或"网络视频"领域，我国的产业发展与欧美国家基本同步，在某些领域甚至是领先的，这既有市场规模的因素，也有政府在准入和版权方面的监管相对放松的原因。

在2002年到2005年最初的这段发展时期，随着宽带网络建设的推进和点对点网络传输技术的成熟，新型的网络电视软件和视频分享网站开始出现，很快占据了大量用户和市场，政府对这一领域并没有明确的监管政策，而且这一行业的进入门槛不高，于是，互联网上出现了大量的雷同软件和网站提供与网络视频有关的服务，包括各大门户网站也纷纷进入该领域，最多时数量超过一百个。

随着网络视频的影响日益增大，广电总局于2004年出台了第39号令《互联网等信息网络传播视听节目管理办法》，这一政策要求各类网络视听节目服务商需要政府许可，拿到牌照才可运营。可是，当时的各类服务商均没有牌照，实际上这一政策并没有强制实行，此后许多服务商才逐步申请取得许可证。在2005年到2008年这段时间，网络视频领域经历了一段竞争和整合的阶段，由于业务同质，竞争激烈，很多中小服务商烧完了钱逐步退出市场，最后仅剩下不超过10家的主流服务商。2008年，广电总局又出台了第56号令《互联网视听节目服务管理规定》，对网络视频行业加强监管，严格规范许可证管理，同时，进一步规定国有资本在这一领域的主导权。此后，网络视频进入了新的发展阶段，移动互联网开始逐步发展起来，网络视频服务也从粗放的经营模式向追求服务质量和内容正版化等方向发展。

网络视频，也可称为互联网视听节目服务，这种新型的电子媒介形态，今后很可能成为大视频产业业务发展的主流模式。因此，我们需要对其相关政策有所了解，下面我们进行简单的介绍。

一、准入许可

下面，我们对几个相关术语加以解释，看看在广电总局出台的政策中，是怎样界定的。首先，根据第39号令《互联网等信息网络传播视听节目管理办法》：

第二条 本办法适用于以互联网协议（IP）作为主要技术形态，以计算机、电视机、手机等各类电子设备为接收终端，通过移动通信网、固定通信网、微波通信网、有线电视网、卫星或其他城域网、域网、局域网等信息网络，从事开办、播放（含点播、转播、直播）、集成、传输、下载视听节目服务等活动。

本办法所称视听节目（包括影视类音像制品），是指利用摄影机、摄像机、录音机和其它视音频摄制设备拍摄、录制的，由可连续运动的图像或可连续收听的声音组成的视音频节目。

第39号令是从广义上定义了利用各种信息网络提供的各种形式的视听节目相关服务，后来，业内所称的"互联网电视"或"网络电视"也属于其中，现在也有人将所有这些都归入到所谓"网络视频"的大框框当中。

根据第56号令《互联网视听节目服务管理规定》：

第二条　在中华人民共和国境内向公众提供互联网（含移动互联网，以下简称互联网）视听节目服务活动，适用本规定。

本规定所称互联网视听节目服务，是指制作、编辑、集成并通过互联网向公众提供视音频节目，以及为他人提供上载传播视听节目服务的活动。

由于三网融合的发展趋势，第56号令简化了定义，直接给出了主流的服务形态，即互联网视听节目服务的界定。

关于准入制度，第39号令强调了这一产业的许可证管理的政策：

第四条　国家对从事信息网络传播视听节目业务实行许可制度。

第七条　外商独资、中外合资、中外合作机构，不得从事信息网络传播视听节目业务。经广电总局批准设立的广播电台、电视台或依法享有互联网新闻发布资格的网站可以申请开办信息网络传播新闻类视听节目业务，其他机构和个人不得开办信息网络传播新闻类视听节目业务。经广电总局批准设立的省、自治区、直辖市及省会市、计划单列市级以上广播电台、电视台、广播影视集团（总台），可以申请自行或设立机构从事以电视机作为接收终端的信息网络传播视听节目集成运营服务。其他机构和个人不得开办此类业务。

第56号令进一步明确和规范了许可制度以及许可证的管理：

第七条　从事互联网视听节目服务，应当依照本规定取得广播电影电视主管部门颁发的《信息网络传播视听节目许可证》（以下简称《许可证》）或履行备案手续。

未按照本规定取得广播电影电视主管部门颁发的《许可证》或履行备案手续，任何单位和个人不得从事互联网视听节目服务。

互联网视听节目服务业务指导目录由国务院广播电影电视主管部门商国务院信息产业主管部门制定。

第九条　从事广播电台、电视台形态服务和时政类视听新闻服务的，除符合本规定第八条规定外，还应当持有广播电视播出机构许可证或互联网新闻信息服务许可证。其中，以自办频道方式播放视听节目的，由地（市）级以上广播电台、电视台、中央新闻单位提出申请。

从事主持、访谈、报道类视听服务的，除符合本规定第八条规定外，还应当持有广播电视节目制作经营许可证和互联网新闻信息服务许可证；从事自办网络剧（片）类服务的，还应当持有广播电视节目制作经营许可证。

未经批准，任何组织和个人不得在互联网上使用广播电视专有名称开展业务。

根据第56号令第八条关于申请许可证应具备的条件第一项：

第八条　申请从事互联网视听节目服务的，应当同时具备以下条件：

（一）具备法人资格，为国有独资或国有控股单位，且在申请之日前三年内无违法违规记录；

我们可以看出，监管政策进一步收紧了准入门槛，这是为了强调这一领域的国有资本的主导权。

二、内容审查制度

在对互联网视听节目服务提供商的内容监管方面，广电总局也一直在进行调整和完善，这是一个新兴的监管领域，由于监管范围广、难度大，一般认为，单纯依靠政府的力量是很难完全做到全面的内容审查的。

第39号令提出的内容管理制度是比较严格的，但是，似乎并没有完全地落实。

第十七条　用于通过信息网络向公众传播的新闻类视听节目，限于境内广播电台、电视台、广播电视台以及经批准的新闻网站制作、播放的节目。

用于通过信息网络向公众传播的影视剧类视听节目，必须取得《电视剧发行许可证》、《电影公映许可证》。

第二十条　持证机构应建立健全节目审查、安全播出的管理制度，实行节目总编负责制，配备节目审查员，对其播放的节目内容进行审查。

第二十三条　利用信息网络转播视听节目，只能转播广播电台、电视台播出的广播电视节目，不得转播非法开办的广播电视节目，不得转播境外广播电视节目。

利用信息网络链接或集成视听节目，只能链接或集成取得《信息网络传播视听节目许可证》机构开办的视听节目，不得链接或集成境外互联网站的视听节目。

互联网视听节目服务有时效强、更新快的特点，这就决定了对其内容不可能像传统的电影电视剧那样进行全面的、专门的审查，政府监管部门没有力量和资源做这样的审查工作，除了缺乏可行性之外，很可能这样的审查也是没有必要的和没有效率的。因为传统的影视剧要在传统渠道发行，本身就需要审查，那么，其他的大量内容，包括引进的专门在互联网上发行的国外影视剧，或者是所谓的"微电影"或"微视频"，即用户自行上传的内容，这部分视听节目更新快，引进的影视剧有时是与国外同步播放的，时效性也很强，政府很难做到全面的播出前审查。因此，结合服务商的自审和社会监管，才是对互联网视听节目服务监管的有效补充和加强。

因此，第56号令也做了指导性的政策引导和更灵活的管理：

第十五条　鼓励国有战略投资者投资互联网视听节目服务企业；鼓励互联网视听节目服务单位积极开发适应新一代互联网和移动通信特点的新业务，为移动多媒体、多媒体网站生产积极健康的视听节目，努力提高互联网视听节目的供给能力；鼓励影视生产基地、电视节目制作单位多生产适合在网上传播的影视剧（片）、娱乐节目，积极发展民族网络影视产业；鼓励互联网视听节目服务单位传播公益性视听节目。

互联网视听节目服务单位应当遵守著作权法律、行政法规的规定，采取版权保护措施，保护著作权人的合法权益。

第十七条　用于互联网视听节目服务的电影电视剧类节目和其它节目，应当符合国家有关广播电影电视节目的管理规定。互联网视听节目服务单位播出时政类视听新闻节目，应当是地（市）级以上广播电台、电视台制作、播出的节目和中央新闻单位网站登载的时政类视听新闻节目。

未持有《许可证》的单位不得为个人提供上载传播视听节目服务。互联网视听节目服务单位不得允许个人上载时政类视听新闻节目，在提供播客、视频分享等上载传播视听节目服务时，应当提示上载者不得上载违反本规定的视听节目。任何单位和个人不得转播、链接、聚合、集成非法的广播电视频道、视听节目网站的节目。

第二十一条　广播电影电视和电信主管部门应建立公众监督举报制度。公众有权举报视听节目服务单位的违法违规行为，有关主管部门应当及时处理，不得推诿。广播电影电视、电信等监督管理部门发现违反本规定的行为，不属于本部门职责的，应当移交有权处理的部门处理。

我们可以看出，第56号令并没有在内容审查方面做出具体的安排，只是说明需要符合相关的管理规定，在著作权和版权保护方面做了进一步的强调。从中可以看出，政府部门对这一领域的监管还处在摸索当中，有可能会进一步收紧，例如，对引进影视剧的管理近年来就有逐渐加强的趋势。2014年9月，国家新闻出版广电总局下发了《关于进一步落实网上境外影视剧管理有关规定的通知》，其中有如下规定：

二、网上播出的境外电影、电视剧，应依法取得新闻出版广电部门颁发的《电影片公映许可证》或《电视剧发行许可证》等批准文件，并取得著作权人授予的信息网络传播权。

未取得《电影片公映许可证》或《电视剧发行许可证》的境外影视剧一律不得上网播放。

三、依法取得国家新闻出版广电总局颁发的《信息网络传播视听节目许可证》，且许可项目含有"第二类互联网视听节目服务第五项：电影、电视剧、动画片类视听节目的汇集、播出业务"的网站，可以引进专门用于信息网络传播的境外影视剧。

各网站只能引进用于本网站播放的境外影视剧，也可在本网站播放的同时，在符合版权要求的情况下，销售给其他具有影视剧播放资质的持证网站播放。各网站不能引进境外影视剧专门销售给其他网站播放。

单个网站年度引进播出境外影视剧的总量，不得超过该网站上一年度购买播出国产影视剧总量的30%。

……

五、国家新闻出版广电总局负责制定用于信息网络传播的引进境外影视剧的总体规划。引进专门用于信息网络传播的境外影视剧的网站，应当将本网站年度引进计划于上一年度年底前经省级新闻出版广电局初核后，向国家新闻出版广电总局申报（中央直属单位所属网站直接向总局申报），包括拟引进影视剧的名称、集数、产地、著作权人、内容概要等信息，以及该网站上一年度购买国产影视剧的相关证明。

国家新闻出版广电总局于每年2月20日前，将各网站申报的符合总体规划要求的拟引进境外影视剧相关信息，在"网上境外影视剧引进信息统一登记平台"上发布，供相关网站查询。

各网站如对本网站年度引进专门用于信息网络传播的境外影视剧的计划有调整，可于每年8月份将调整后的引进计划报总局，总局每年9月30日前将调整后的拟引进境外影视剧相关信息，在"网上境外影视剧引进信息统一登记平台"上发布。

六、依照"网上境外影视剧引进信息统一登记平台"发布的相关信息，各网站按年度引进计划与著作权人签订引进协议，签约后，将引进专门用于信息网络传播的境外影视剧的样片、合同、版权证明、剧情概要等材料，报所在地省级新闻出版广电部门进行内容审核，审核通过的发给《电视剧发行许可证》（注明专用于信息网络传播），同时标明版权起止日期。中央直属单位所属网站引进的境外影视剧报国家新闻出版广电总局进行内容审核。

专门用于信息网络传播的境外影视剧的内容审核标准，按照电影、电视剧内容审核相关规定执行。

三、进出口贸易政策

随着视频网站的高成长和正版化工作的推进，有大量的境外影视剧，主要是美剧、韩剧和港台影视剧等,被服务商引进到境内,在互联网上传播。这一领域最近几年呈现高速发展的态势。

目前,引进境外影视剧的互联网版权只需要进行版权的交易,通过海关完成进出口手续就完成了版权的贸易。政府部门对这一领域尚未出台明确的监管规定,但已经有迹象显示,主管部门希望加强对这一领域的监管。例如,对于引进的影视剧,引进的服务商需要到广电总局进行备案。另外,服务商需要按照一定的要求对引进影视剧进行后期加工和处理,以及必要的删减,以符合我国对内容的审查要求。同时,限制服务商引进的内容不得超过购买总内容的比例,也就是国产内容需要占足够的比例。

总之,互联网视听节目的进出口今后将继续呈现活跃和繁荣的趋势,拉动影视制作业的投资和贸易,这也必将带动国内影视业的发展和提高,而政府的监管也会在某些方面进一步加强,以求在推动发展我国的文化软实力的同时维护我国的政治稳定和意识形态的主导权。

第五节　广告业的监管政策与法规

到这一节为止,我们已经介绍完我国对电子媒介行业的监管政策,主要是针对于准入制度和内容审查制度。随着我国电子媒介行业的产业经营和商业发展的不断深入,尤其是互联网视听节目服务业本身就是以民营经济模式发展起来的,政府对电子媒介行业的财政投入逐步减少,在某些产业环节的监管有所放松,这些政策一方面刺激和推动了电子媒介行业的迅猛发展,另一方面也对传统的广播电视媒体单位带来了巨大的挑战。所有的电子媒介企事业单位都需要参与到市场竞争当中,完全依靠政府的财政拨款越来越难以维持商业化部门业务的运转。其中,最主要的市场收入来源就来自于与电子媒介相关的广告,这也是现代电子媒介商业模式当中最重要的特点和元素。下面我们将简要地说明我国的《广告法》和电子媒介广告监管方面的内容。

一、《广告法》简介

在我国,《广告法》是指导广告和传媒公关行业发展的基本法律和制度性文件,现行的《广告法》是在 1994 年颁布并于 1995 年开始施行的,至今已有 20 余年之久。早在 1987 年,国务院就发布了《广告管理条例》;2005 年,国家工商行政管理总局发布了第 18 号令《广告管理条例施行细则》。这一系列的法律法规构成了指导我国广告业健康快速发展的政策和制度基础。

2014 年 2 月,国务院法制办公室发布了《广告法》修订草案的征求意见稿,向全社会公开征求意见，引起了社会各界的强烈反响和广泛讨论。现行的《广告法》已经施行了20余年，出现了大量的新问题和新矛盾，《广告法》急需修订和完善：一方面是新问题，这是新技术和新市场所带来的新趋势所引起的，特别是以数字技术和互联网所代表的新的传播手段和用户行为的出现，造就了全新的广告形态和业态，新的广告形态和模式也为广告监管带来了新的挑战；另一方面是新矛盾，新的问题可能引发新的矛盾，广告的新形态和新模式在发展过程中必然要经过一个过程，在发展成熟之前必然会出现许多认识上的和监管上的难题，消费者在新的广告模式当中也有一个接受和理解的过程，这个发展过程必然会带来许多风险和挑战，广告业者和消费者之间会产生各种各样的问题，而消费者作为相对弱势的一方，其权益的保护也是一个难题。例如，新的数字广告形态会搜集用户信息用于定向广告的发布，这里面有泄露用户隐私的风险，在这方面，政府的监管还并不完善。应该说，在全世界的范围内，隐私保护还是一个有争议的难题。当然，还有就是新形态的垃圾广告和欺诈性广告的问题，这也是监管部门面临的巨大挑战之一。

《广告法》的修订是当务之急，不过，其难度也是非常大的。我们这里仍然就现行的《广告法》的主要内容，特别是与电子媒介相关的内容做简单的介绍。

首先，《广告法》中关于广告和广告业者的相关定义是：

第二条　广告主、广告经营者、广告发布者在中华人民共和国境内从事广告活动，应当遵守本法。

本法所称广告，是指商品经营者或者服务提供者承担费用，通过一定媒介和形式直接或者间接地介绍自己所推销的商品或者所提供的服务的商业广告。

本法所称广告主，是指为推销商品或者提供服务，自行或者委托他人设计、制作、发布广告的法人、其他经济组织或者个人。

本法所称广告经营者，是指受委托提供广告设计、制作、代理服务的法人、其他经济组织或者个人。

本法所称广告发布者，是指为广告主或者广告主委托的广告经营者发布广告的法人或者其他经济组织。

对广告的总体要求有：

第三条　广告应当真实、合法，符合社会主义精神文明建设的要求。

第四条　广告不得含有虚假的内容，不得欺骗和误导消费者。

第五条　广告者、广告经营者、广告发布者从事广告活动，应当遵守法律、行政法规、遵循公平、诚实信用的原则。

二、广告监管

我们知道,新技术、新市场为电子媒介和广告公关与营销产业带来了新的业态和模式,其中许多活动有多方参与,利益关系复杂,为监管者带来了巨大的挑战。一方面,政府监管部门不希望在不成熟的情况之下就仓促出台监管政策,害怕会阻碍新兴业态的发展;另一方面,业态的发展尚未成熟,即使出台相关的监管政策,也很难做到科学和有效,甚至是难于落实的。因此,在一些新兴的广告营销领域,政府并没有出台专门的监管措施,仍然还是依照《广告法》的指导来进行监管。不过,在新兴广告领域难免会出现一些真空或模糊地带,特别是在健康和食品领域,会为社会带来风险,给监管部门带来挑战。

现有的《广告法》和相关条例的广告监管规定,我们在这里就不再赘述了。而在传统的广播电视领域,广电总局出台了第61号令《广播电视广告播出管理办法》,下面我们以此为重点做一些介绍。

对于广告的界定:

第三条 本办法所称广播电视广告包括公益广告和商业广告(含资讯服务、广播购物和电视购物短片广告等)。

这里面将一些咨询服务类节目归类为广告,说明我们的广播电视节目当中已有许多实质为"广告"的赞助商内容,如无相关的披露,这些做法都有违反《广告法》的嫌疑。更大的问题在于,有些赞助商信息夹杂在时政新闻类节目中,这就涉嫌成为所谓的"有偿新闻",这种做法是需要严格监管和打击的。

在广告内容的监管方面:

第十条 时政新闻类节(栏)目不得以企业或者产品名称等冠名。有关人物专访、企业专题报道等节目中不得含有地址和联系方式等内容。

第十一条 投资咨询、金融理财和连锁加盟等具有投资性质的广告,应当含有"投资有风险"等警示内容。

第十二条 除福利彩票、体育彩票等依法批准的广告外,不得播出其他具有博彩性质的广告。

很明显,上述第十条对时政新闻类节目的商业化倾向有约束和限制的意图。不过,我们认为,仅仅从节目形式上进行限制是不够的,因为现在广告赞助商往往更喜欢隐含的和软性的宣传手法,这样的限制并不能降低此类做法对消费者构成的潜在风险。后面两条还在两个敏感领域提出了具体的监管规范和要求。

在广告播出方面也有大量具体的规定:

第十四条　广播电视广告播出不得影响广播电视节目的完整性。除在节目自然段的间歇外，不得随意插播广告。

第十五条　播出机构每套节目每小时商业广告播出时长不得超过12分钟。其中，广播电台在11：00至13：00之间、电视台在19：00至21：00之间，商业广告播出总时长不得超过18分钟。

在执行转播、直播任务等特殊情况下，商业广告可以顺延播出。

第十七条　播出电视剧时，可以在每集（以45分钟计）中插播2次商业广告，每次时长不得超过1分30秒。其中，在19：00至21：00之间播出电视剧时，每集中可以插播1次商业广告，时长不得超过1分钟。

播出电影时，插播商业广告的时长和次数参照前款规定执行。

第十八条　在电影、电视剧中插播商业广告，应当对广告时长进行提示。

第十九条　除电影、电视剧剧场或者节（栏）目冠名标识外，禁止播出任何形式的挂角广告。

以上列出了我们认为比较重要的条款，可以看出，第61号令做出的规定可谓详细而具有针对性，这也是由于我国传统广播电视市场的竞争激烈，播出机构为争取广告客户的许多做法影响了观众的收视体验，引起了社会的争议和反感，因此，广电总局加强了对播出机构的广告监管和对违规机构的处罚力度，应该说取得了很好的成效。同时，随着新兴互联网视听节目服务的普及，传统的广播电视机构发现，过多的广告只会赶走更多的观众，过去客厅里的电视已经不再是必须要打开的了，而失去了收视强制的传统广播电视机构则面临着更巨大的挑战。

2011年底，国家广播电影电视总局出台了第66号令《〈广播电视广告播出管理办法〉的补充规定》，即大家所称的"限广令"，其内容是：

一、第十七条修改为："播出电视剧时，不得在每集（以四十五分钟计）中间以任何形式插播广告。播出电影时，插播广告参照前款规定执行。"

二、删除第十八条。

三、本补充规定自2012年1月1日起施行。

"限广令"的出台对电视台是极大的挑战，因为许多电视台的主要广告收入就来源于电视剧的插播广告。不过，禁止电视剧的广告插播，可以提升观众的收视体验，长期来看，是有利于电视台的发展和品牌树立的。

三、广告与电子媒介的商业模式

我们都知道，广告已经成为电子媒介的主要收入来源，也成为其商业模式的重要组成部分。如前所述,广告相关的技术和市场已经产生了根本性的变化,传媒、广告、公关、营销等行业正在进行着深度整合。随着消费者的注意力越来越难以获取,电子媒介面临着如何让用户看广告的挑战。强制用户看广告的时代基本过去,现在,服务商都在研究更有针对性的、有目标的广告,让用户主动看广告,喜欢看广告,以提升广告的接受度和传播效果。下面,我们就此挑战来看看电子媒介商业模式的一个新趋势。

首先,我们看看《广告法》中的一条:

第十三条　广告应当具有可识别性,能够使消费者辨明其为广告。

大众传播媒介不得以新闻报道形式发布广告。通过大众传播媒介发布的广告应当有广告标记,与其他非广告信息相区别,不得使消费者产生误解。

2012年6月,广电总局下发了《关于开展"打击新闻敲诈、治理有偿新闻"专项行动的通知》,治理新闻机构及其工作人员以新闻报道形式发布广告,搞有偿新闻、有偿不闻的行为,规范新闻采访活动秩序,清除新闻工作中存在的不正之风。要求严格执行各项管理规定,严肃查处违法违规行为。其中部分条款如下:

(一)广播电视新闻类节目的采访、编辑、播出等任何环节,广播电视机构及其工作人员不得以任何方式向节目涉及任何方面、个人收取任何费用。

(二)广播电视新闻类节目工作人员不得从事或参与营利性活动,不得在企业或其他营利性组织中兼职取酬。

(三)新闻报道与广告必须严格区别,新闻报道不得收取任何费用,不得以新闻报道形式为企业或产品做广告。

(四)新闻报道与赞助必须严格区分,不得利用采访和新闻报道拉赞助。

为什么要有这样的规定呢?因为在新的媒体环境下,"植入广告"大量出现,而某些所谓的"市场信息",其实质为"有偿新闻",或者说是一种以新闻形态包装的广告。我们认为,无论是"植入广告"还是"有偿新闻",其形式相似,而本质不同在于是否进行透明的信息披露,是否让消费者有机会识别。我们知道,现在有些影视剧大量植入广告,在显著位置标明赞助商信息,这并不违法,还成为一种商业模式。大家有讨论、有争议,但并无太多异议。植入广告并不违法,但是,当植入广告应用于公益性的春晚则是另一个角度,引起了大量的讨论,其原因除了与晚会的公益性质不符之外,更关键的问题还在于相关信息没有进行及时和有效的披露,这种模式让观众和消费者很容易产生误解。

另外的一个所谓的"有偿新闻",则是政府监管和打击的新闻从业行为,其本质是一种变相的"广告"。这种广告违反了《广告法》第十三条,对消费者构成潜在的侵权法律风险,同时可能发展为新闻腐败行为。我们认为,在时政新闻领域植入广告信息是不适合的，除了消费者不习惯、难以接受之外，更可能引发新闻腐败行为。不过，在其他信息内容发布领域，如文化娱乐和体育领域，可以适度植入商业信息或赞助内容（只要配套有赞助信息的披露制度和监管措施），这很可能是电子媒介商业模式的一种新的方向。

所以，我们认为，电子媒介的时政新闻部门仍然不应该与广告部门有直接沟通，这也是避免时政新闻节目与商业发展产生联系，以保持其客观、公正和中立的新闻态度，预防"有偿新闻"的产生。不过，其他类型的部门，特别是科教文化体育娱乐类节目部门，则可引导并鼓励与相关的社会团体和商业机构进行深度合作，开发新的合作模式，大量引进商业赞助。只要把握主导权，合理制定游戏规则，及时透明披露相关信息，接受社会监督，努力开创多赢的局面，我们认为，这将是一个好的发展前景。

第六节　电子媒介版权

> **关键术语**
>
> 版权，指文学、艺术、科学作品的作者对其作品享有的权利（包括财产权、人身权）。

我们知道，"版权"是个法律概念。这个概念在很大程度上决定着发展传媒产业乃至文化产业的财产和交易制度的基础。版权属于知识产权的范畴，电子媒介行业的产品和服务的大部分价值均包含在版权作品当中，做好版权的保护和开发工作，很大程度上决定了电子媒介行业的长期发展。随着我国电子媒介行业的迅速发展，以及国际文化贸易的日益扩大，严格实施版权监管工作，进一步加强版权保护，建设合理优化的版权交易制度和灵活规范的版权市场体系，已经成为电子媒介行业实现长期可持续发展的基本政策保障。

我国政府非常重视知识产权保护的工作，已经制定了相对完善的版权法律体系，并根据产业发展的需要，有步骤地打击盗版，通过严格行政执法等手段教育从业者和消费者，改变整个社会的版权意识，逐步加大执行版权行政监管工作的力度。版权管理是一项巨大而复杂的社会工程，单纯依靠行政监管是远远不够的，现有的版权管理体系还包括社会团体、商业机构和企事业单位的参与，需要借助于现代信息技术和管理模式，实现版权价值的最大化。在我国，国家版权局是国家著作权行政管理部门，主管全国的著作权管理工作。

我国政府加入了基本上所有的关于版权的国际公约，其中最主要的是著名的《世界版权公约》和《伯尔尼保护文学和艺术作品公约》（后来成为世界知识产权组织管理的《世界知识产权组织版权条约》）。我国在1990年颁布了第一版的《著作权法》，后又于2001年和2010年进行了两次修正。

目前，我国已制定颁布的与著作权管理相关的法律法规主要有：

- 《中华人民共和国著作权法》(2010)
- 《广播电台电视台播放录音制品支付报酬暂行办法》(2009)
- 《信息网络传播权保护条例》(2006)
- 《著作权集体管理条例》(2004)
- 《中华人民共和国著作权法实施条例》(2002)
- 《计算机软件保护条例》(2001)
- 《实施国际著作权条约的规定》(1992)
- 《最高人民法院关于审理涉及计算机网络著作权纠纷案件适用法律若干问题的解释》(2006)
- 《最高人民法院关于审理著作权民事纠纷案件适用法律若干问题的解释》(2002)

一、《著作权法》简介

我国现行的《著作权法》于 2010 年做了最后的修正。关于著作权和版权，根据《著作权法》附则中的第五十七条：

第五十七条　本法所称的著作权即版权。

在我们讨论的问题中，以及非法律专业的普通语境下，我们都将著作权和版权认为是可互换的同义词，其对应的英文单词都是"copyright"。通常，我们没有必要去深究这两个词的细微差异。

著作权是公民的一项基本权利，根据《著作权法》：

第二条　中国公民、法人或者其他组织的作品，不论是否发表，依照本法享有著作权。

关于著作权人及其权利，《著作权法》有以下规定：

第九条　著作权人包括：
（一）作者；
（二）其他依照本法享有著作权的公民、法人或者其他组织。

第十条　著作权包括下列人身权和财产权：
（一）发表权，即决定作品是否公之于众的权利；
（二）署名权，即表明作者身份，在作品上署名的权利；
（三）修改权，即修改或者授权他人修改作品的权利；
（四）保护作品完整权，即保护作品不受歪曲、篡改的权利；
（五）复制权，即以印刷、复印、拓印、录音、录像、翻录、翻拍等方式将作品制作一份或者多份的权利；

（六）发行权，即以出售或者赠与方式向公众提供作品的原件或者复制件的权利；

（七）出租权，即有偿许可他人临时使用电影作品和以类似摄制电影的方法创作的作品、计算机软件的权利，计算机软件不是出租的主要标的的除外；

（八）展览权，即公开陈列美术作品、摄影作品的原件或者复制件的权利；

（九）表演权，即公开表演作品，以及用各种手段公开播送作品的表演的权利；

（十）放映权，即通过放映机、幻灯机等技术设备公开再现美术、摄影、电影和以类似摄制电影的方法创作的作品等的权利；

（十一）广播权，即以无线方式公开广播或者传播作品，以有线传播或者转播的方式向公众传播广播的作品，以及通过扩音器或者其他传送符号、声音、图像的类似工具向公众传播广播的作品的权利；

（十二）信息网络传播权，即以有线或者无线方式向公众提供作品，使公众可以在其个人选定的时间和地点获得作品的权利；

（十三）摄制权，即以摄制电影或者以类似摄制电影的方法将作品固定在载体上的权利；

（十四）改编权，即改变作品，创作出具有独创性的新作品的权利；

（十五）翻译权，即将作品从一种语言文字转换成另一种语言文字的权利；

（十六）汇编权，即将作品或者作品的片段通过选择或者编排，汇集成新作品的权利；

（十七）应当由著作权人享有的其他权利。

著作权人可以许可他人行使前款第（五）项至第（十七）项规定的权利，并依照约定或者本法有关规定获得报酬。

著作权人可以全部或者部分转让本条第一款第（五）项至第（十七）项规定的权利，并依照约定或者本法有关规定获得报酬。

下面，我们特别针对电子媒介重点加以介绍。

关于著作权归属有如下条款：

第十五条　电影作品和以类似摄制电影的方法创作的作品的著作权由制片者享有，但编剧、导演、摄影、作词、作曲等作者享有署名权，并有权按照与制片者签订的合同获得报酬。

电影作品和以类似摄制电影的方法创作的作品中的剧本、音乐等可以单独使用的作品的作者有权单独行使其著作权。

第十七条　受委托创作的作品，著作权的归属由委托人和受托人通过合同约定。合同未作明确约定或者没有订立合同的，著作权属于受托人。

关于著作权许可使用和转让合同有这样的条款：

第二十四条　使用他人作品应当同著作权人订立许可使用合同,本法规定可以不经许可的除外。

许可使用合同包括下列主要内容：

(一)许可使用的权利种类；

(二)许可使用的权利是专有使用权或者非专有使用权；

(三)许可使用的地域范围、期间；

(四)付酬标准和办法；

(五)违约责任；

(六)双方认为需要约定的其他内容。

第二十五条　转让本法第十条第一款第(五)项至第(十七)项规定的权利,应当订立书面合同。

权利转让合同包括下列主要内容：

(一)作品的名称；

(二)转让的权利种类、地域范围；

(三)转让价金；

(四)交付转让价金的日期和方式；

(五)违约责任；

(六)双方认为需要约定的其他内容。

第二十六条　以著作权出质的,由出质人和质权人向国务院著作权行政管理部门办理出质登记。

第二十七条　许可使用合同和转让合同中著作权人未明确许可、转让的权利,未经著作权人同意,另一方当事人不得行使。

第二十八条　使用作品的付酬标准可以由当事人约定,也可以按照国务院著作权行政管理部门会同有关部门制定的付酬标准支付报酬。当事人约定不明确的,按照国务院著作权行政管理部门会同有关部门制定的付酬标准支付报酬。

第二十九条　出版者、表演者、录音录像制作者、广播电台、电视台等依照本法有关规定使用他人作品的,不得侵犯作者的署名权、修改权、保护作品完整权和获得报酬的权利。

对于电子媒介行业来说,版权交易越来越重要而普遍,包括版权的国际贸易,因此,依法进行著作权的许可使用和转让,是行业长期持续发展的基础和保证。政府监管部门应该提供版权市场发展和完善的制度基础,建设良好的市场交易环境,提倡尊重版权的社会风气，倡导遵守《著作权法》的行为。

特别的，对于广播电台、电视台播放方面，《著作权法》有以下条款：

第四十三条　广播电台、电视台播放他人未发表的作品，应当取得著作权人许可，并支付报酬。

广播电台、电视台播放他人已发表的作品，可以不经著作权人许可，但应当支付报酬。

第四十四条　广播电台、电视台播放已经出版的录音制品，可以不经著作权人许可，但应当支付报酬。当事人另有约定的除外。具体办法由国务院规定。

第四十五条　广播电台、电视台有权禁止未经其许可的下列行为：

（一）将其播放的广播、电视转播；

（二）将其播放的广播、电视录制在音像载体上以及复制音像载体。

前款规定的权利的保护期为五十年，截止于该广播、电视首次播放后第五十年的12月31日。

第四十六条　电视台播放他人的电影作品和以类似摄制电影的方法创作的作品、录像制品，应当取得制片者或者录像制作者许可，并支付报酬；播放他人的录像制品，还应当取得著作权人许可，并支付报酬。

《著作权法》还有大量的具体规定，我们这里就不再介绍了。

二、电子媒介与版权

电子媒介行业以视听节目为基础，有所谓"内容为王"的提法，内容是最重要的资源，因此，对于电子媒介机构来说，版权管理是非常重要的工作。对传统的广播电台和电视台来说，有从外购入的节目，也有对外发行的节目，版权交易是节目交易的主要模式。版权作为一种财产，已成为电台和电视台的重要无形资产，节目版权管理已成为它们的重要的经营工作。对于新兴的互联网视听节目服务商来说，版权管理一开始就非常重要，有些服务商游走于版权的灰色地带，大量未经版权所有人的授权使用他人作品。随着服务商正版化工作的推进和版权行政监管的加强，服务商的侵权情况已经大大减少。现在，服务商往往不惜重金购买版权，其广告收入也在大幅增加，整个互联网视听节目服务业呈现良性发展的势头。这样的版权环境繁荣了整个节目制作和视频服务市场，构建了一个长期健康持续发展的产业生态系统，而版权就是这个产业生态系统的活力源泉。

随着版权工作和版权管理走向正轨，传统的广播电台和电视台也需要加强版权观念，除了保护自己的版权资产，维护自己的版权权益，还应该积极促进已有节目的版权开发和发行工作，使版权收益最大化。另外，要尊重其他节目制作方的版权，使用他人节目应获得授权或给予付费。现在,节目的制作方开始重视版权的经营和管理,过去的买断式经营已经很少见,在节目交易方面不再短视,而是更加注重长远的利益。而由于版权交易价格水涨船高,互联网视听节目服务商也开始尝试直接投资制作视听节目。除了繁荣文化娱乐市场以外,节目版权的交易和经营带动了文化娱乐产业的发展,版权价格反映了作品的市场价值,市场机制开始发挥作用,资源可以得到更有效地配置。

总之,版权将视听节目财产化,节目可以直接进行交易,节目的价值可以得到更有效地开发和利用,这样可以吸引更多的人、财、物等生产要素投入到节目制作环节,整个节目市场和视频产业的规模和效益将会得到快速增长。

三、网络时代的版权制度

数字时代,网络时代,信息时代,互联网时代,说的大体上是一个意思。应该说,数字和网络技术彻底改变了版权作品的形态和传播方式,版权管理面临着全新的挑战。甚至有激进人士称,传统的版权法律已经不再适用,要么做出改变,否则只会成为一纸空文。许多人特别是作为用户,对于盗版的态度非常暧昧,他们对此类侵权行为,在道德层面上不仅没有太多的谴责,反而会赞同其具有一定的合理性,这都是数字化、网络化带来的对版权制度的冲击和挑战。对于这个问题,我们可能需要很长的时间来观察,因为版权问题是非常复杂的,其表面上是一个法律问题,但背后更多的是经济问题和社会问题,需要时间来形成这个问题的解决方式。最近,美国国会议员提出的两个反盗版法律提案 SOPA 和 PIPA 就因为行业和民众的抗议和反对而流产,这反映出反盗版问题的复杂性。

关于网络时代的版权管理,国际上已经建立了一些基本的法律框架,其原则最初是体现在美国于 1998 年通过的《数字千年版权法案》(*Digital Millennium Copyright Act*,缩写为 DMCA)中,这部法案奠定了美国数字版权法律的基础。随后,欧盟发布《欧盟版权指令》,中国于 2006 年颁布《信息网络传播权保护条例》,各国均在《世界知识产权组织版权条约》的法律框架之内,构建了适应数字网络环境的版权法律制度。

其中,最重要的一个法律原则就是所谓的"避风港原则",对网络服务商的侵权行为在某些条件下可以免责,这样的免责条款避免网络服务商因第三方侵权行为的连带责任而承担过高的法律风险。例如,在我国,早些年很有名的案例就是音乐和唱片公司起诉百度 mp3 搜索侵权,有几起类似的官司,百度都因为符合"避风港条款"而全部胜诉。就在前几年,苹果公司也因为其应用商店的第三方应用侵权而受到一些知名作家的起诉,最后法院判苹果败诉,需要赔偿。这些官司的具体情况可以参考一些相关的新闻报道,其主要的不同在于,百度的 mp3 搜索是机器算法的自动行为,没有人为干预,而苹果商店的应用都需经过苹果公司的审核才可以上线,因此,苹果公司有版权认定方面的责任和义务。当然,现在任何网络服务的行为实际上都有人参与的过程,即使是算法也是人写的,那么,服务商的行为是否符合"避风港条款",是否明知故犯,是否做到足够和及时的管理审核工作,其连带的侵权行为是否可以免责,可能还需要根据形势的变化做具体的判断,怎样做才够得上无需担责,是没有一个固定不变的标准的,因为技术、商业、监管和社会认知均处于发展变化之中。

我国的《信息网络传播权保护条例》对应的具体条款如下:

第十四条　对提供信息存储空间或者提供搜索、链接服务的网络服务提供者,权利人认为其服务所涉及的作品、表演、录音录像制品,侵犯自己的信息网络传播权或者被删除、改变了自己的权利管理电子信息的,可以向该网络服务提供者提交书面通知,要求网络服务提供者删除该作品、表演、录音录像制品,或者断开与该作品、表演、录音录像制品的链接。通知书应当包含下列内容:

(一)权利人的姓名(名称)、联系方式和地址;

(二)要求删除或者断开链接的侵权作品、表演、录音录像制品的名称和网络地址;

(三)构成侵权的初步证明材料。

权利人应当对通知书的真实性负责。

第二十二条　网络服务提供者为服务对象提供信息存储空间,供服务对象通过信息网络向公众提供作品、表演、录音录像制品,并具备下列条件的,不承担赔偿责任:

(一)明确标示该信息存储空间是为服务对象所提供,并公开网络服务提供者的名称、联系人、网络地址;

(二)未改变服务对象所提供的作品、表演、录音录像制品;

(三)不知道也没有合理的理由应当知道服务对象提供的作品、表演、录音录像制品侵权;

(四)未从服务对象提供作品、表演、录音录像制品中直接获得经济利益;

(五)在接到权利人的通知书后,根据本条例规定删除权利人认为侵权的作品、表演、录音录像制品。

第二十三条　网络服务提供者为服务对象提供搜索或者链接服务,在接到权利人的通知书后,根据本条例规定断开与侵权的作品、表演、录音录像制品的链接的,不承担赔偿责任;但是,明知或者应知所链接的作品、表演、录音录像制品侵权的,应当承担共同侵权责任。

第二十四条　因权利人的通知导致网络服务提供者错误删除作品、表演、录音录像制品,或者错误断开与作品、表演、录音录像制品的链接,给服务对象造成损失的,权利人应当承担赔偿责任。

同时,我国在2009年颁布的《侵权责任法》中进一步对网络服务提供商的连带侵权

责任加强了认定,其条款规定如下:

第三十六条 网络用户、网络服务提供者利用网络侵害他人民事权益的,应当承担侵权责任。

网络用户利用网络服务实施侵权行为的,被侵权人有权通知网络服务提供者采取删除、屏蔽、断开链接等必要措施。网络服务提供者接到通知后未及时采取必要措施的,对损害的扩大部分与该网络用户承担连带责任。

网络服务提供者知道网络用户利用其网络服务侵害他人民事权益,未采取必要措施的,与该网络用户承担连带责任。

我们可以看出,2009年出台的《侵权责任法》对网络服务提供者设定了更高的免责条件,随着网络服务的普及和社会版权保护意识的提升,网络服务提供者再拿"避风港条款"来推脱自己的管理责任就越来越困难了,网络服务提供商需要提供证据来支持自己对侵权事实并不知情,并证明已经采取了必要的技术和管理方面的措施。在这些方面,今后关于网络侵权方面的司法裁判和行政监管活动会越来越多地需要用证据说话。

思考与研讨题

1. 选取实行不同媒介体制的国家,分析比较其媒介监管政策的侧重点有何不同。
2. 选取跨平台准入监管或者内容监管的案例,分析其监管原则和方法。
3. 选取近期的版权监管案例,结合媒介融合与全球化的背景,分析其监管原则和方法的变化。

第五章 电子媒介新闻生产管理

■ 本章要点

1. 电子媒介新闻生产标准化流程
2. 新闻生产与新闻伦理
3. 电子媒介新闻生产组织
4. 新传播技术对传统新闻生产流程的再造

作为舆论宣传工具的广播电视，提供新闻既是工作也是必须承担的职责。在电子媒介内容产品多样化的今天，新闻立台对于传统的广播电视媒体而言，其重要意义不言而喻。中国目前的大众传播业正处于转型时期，传统电子媒介面临产业技术和市场化运营双重挑战，本章将在这双重语境下就电子媒介的新闻生产管理进行分析。

第一节 电子媒介新闻生产的标准化管理

2008年5月12日14时28分汶川发生地震灾害，14时45分新华社即发出第一条英文快讯，14时56分，新华社从成都发出第一张地震的图片，15时04分，中央人民广播电台中国之声收到中国地震局传真后立即插播地震消息，中央电视台新闻频道在地震发生后32分钟首发新闻，52分钟后即推出直播特别节目《关注汶川地震》。[①] 技术的进步让事件从发生到成为新闻的时差越来越小，甚至接近于零，媒介的新闻生产效率越来越高，新闻产品被越来越快地生产出来。

全媒体时代，各类电子媒介充斥眼球，媒体想要获得独家新闻几乎不再可能。为了更快地抢到头条新闻，几秒钟的时间都是极其重要的竞争，这就要求新闻生产的标准化、

---

① 刘振生：《使命·感动·敬意——四川汶川大地震中央媒体报道纪实》，《新闻与写作》2008年第6期，第6页。

规模化。相对于报纸、杂志等纸质媒体的新闻生产，广播电视新闻节目的生产标准化水平还不高，但是标准化管理对广播电视新闻节目生产的适用性更强。随着广播电视新闻生产向制播分离、频道化运营、市场化发行等方向发展，它对从业者的制作能力、协作能力和新闻产品的统一性、通用性提出了更高的要求，也为标准化管理提供了更大的施展空间。①

全球化传播时代，各国的媒体纷纷抢滩新闻市场，新闻产品如同工业产品一般按照标准在生产流水线上大批量生产。跨国媒体巨头路透集团便借鉴现代企业经济学中的一整套非常成熟的流程管理方法，建立了完整的新闻生产流水线。《路透社新闻手册》中对"新闻生产流程管理"的定义是：把新闻看作经过若干道工序生产出来的产品，将各道工序的质量要求量化为可控制指标，按照该指标对生产流程进行组织、计划和控制，在保证产品质量的情况下提高生产工作效率。就路透社新闻产品的横向生产流程而言，其基本环节为：采集——加工——发布——反馈。通过完整的新闻生产流程管理体制，路透社得以向世界各地源源不断地传播各种新闻产品。

在 ISO9000 国际标准中，流程被定义为"一组将输入转化为输出的相关联或相互作用的活动"。对于电子媒介新闻生产来说，流程更像是一条标准化的纽带，按照一定的程序把有组织的人和一体化的设备紧密结合在一起，有节奏地生产出符合标准的新闻产品。马良在其论文《电视新闻生产的标准化管理》中借鉴制造型企业的生产工艺流程，提出了电视新闻节目生产流程的四种模式：②

1. 工艺专业化生产。对于广播电视新闻生产来说，这种流程模式实际上是一种编导负责制，从策划选题到最后合成送播，都由编导来统筹安排，并直接对栏目制片人负责。这种模式特别适合通栏式、内容形式前后延续、有递进关系或逻辑性强的栏目，如新闻专题、新闻评论、新闻访谈等。

2. 流水线生产。流水线模式强调稳定性和周期性，与广播电视新闻生产的流程模式最为相似，借鉴性也最强。节目制作过程就像工业产品的组装流水线一样，在进行完最后一道工序时，节目就自然而然地完成。这种模式特别适合板块化栏目，要求每期节目有固定的模式和环节，总体内容可以拼贴而成。像日播新闻资讯栏目、新闻杂志栏目，通常采用流水线作业。流水线是大工业生产的产物，由于个人只是流水线上的一个环节，自己的一些创意和想法很难在最终产品中完全实现，因此有时会出现记者、编辑、主持人等不同岗位人员互相抱怨的情况。这时，制片人的沟通、协调能力就要经受很大的考验。在实践中，不妨运用项目管理思想，将编导制和流水线制的长处结合起来，按照矩阵制模式组织新闻生产。

---

① 马良：《电视新闻生产的标准化管理》，《青年记者》2010 年第 8 期，第 39 页。
② 同上，第 40 页。

3. 配线生产。这种生产方式是指零部件按照装配顺序从一个工作地到另一个工作地进行装配生产。这种流程结构,与广播电视新闻的批量生产并不矛盾,只是由于制作网络的一体化,装配衔接更加紧密、便捷。

4. 连续流程。即无差异原料的转化或深加工过程,它同装配线一样采用预先确定的步骤顺序进行生产,但其流程是连续的而不是离散的。通常这种结构都是高度自动化的,必须一天 24 小时持续运行。这种流程结构,更像是广播电视节目的播控环节,无论什么节目形式,都按照统一的标准无缝连接,上线播出。

[案例精选]《经济半小时》生产流程分析①

再优秀的新闻节目也不可能一劳永逸地在既定的轨道上运行一辈子。从宏观上来说,一个电视新闻栏目的生命周期取决于媒体组织内外部的新闻环境稳定或变动状态。它从定位到形态都会随着生态环境的变化而调整变化,这不但是媒体自身的愿望,也是市场的要求。从微观上说,随着环境、栏目定位、电视技术、新闻理念的变化,媒体组织内部也会有相应的调整,其中最重要的就是流程的不断优化。

《经济半小时》的不同发展阶段产生了不同的流程管理模式。以《经济半小时》2004 年制作并沿用至今的流程图为例进行分析,此图的特点是简洁、清晰,但它只是一个对于新闻生产具体流程的粗线条梳理。事实上,新闻的产生远没有这么简单。它要经过从策划到采访到编辑到配音到包装处理的若干环节,这些环节还可以细分。每个环节都有不同的新闻选择目标,并提供增值。从图 5-1 可以看出,所有的岗位目标与职责都一目了然,对于每个环节的新闻选择而言更易于有的放矢。比如在节目的编辑环节,编导编辑完成后的粗编带,由主编审看,编导按照主编所提的修改意见进行修改,然后交由制片人审

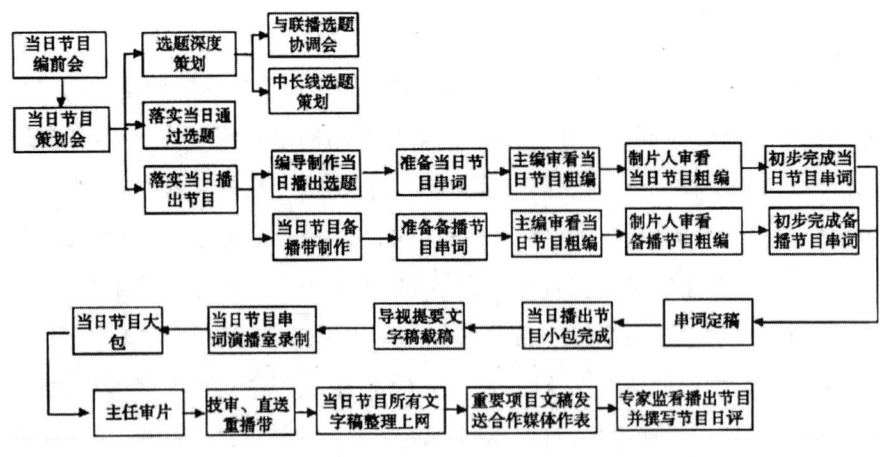

图 5-1 《经济半小时》日常节目制作流程图(2004 年)

---

① 案例根据曹莉:《从〈经济半小时〉节目生产流程看电视新闻选择》,《贵州大学学报(社会科学版)》2009 年第 4 期整理。

看,再根据制片人的意见修改。在这个过程中,承担新闻选择职责的人有编导、主编、制片人。这个流程还涉及小包、大包。所谓小包,是由技术人员在粗编节目的基础上,完成字幕、添加相关图标等工作。此外,这个流程并没有到播出就结束,节目的增值在播出后仍然在继续,从流程里看出还有在网络媒体、平面媒体发表文稿、专家评议等内容。

第二节 电子媒介新闻生产流程

信息时代,传媒业的竞争也是对信息的争夺,新闻节目成为信息竞争的主战场。

> **关键术语**
>
> 新闻节目是以播发消息为主,旨在迅速及时反映客观现实和重大的发展变化,满足公众各种信息需求的节目类型。

什么是新闻节目?新闻节目是以播发消息为主,旨在迅速及时反映客观现实和重大的发展变化,满足公众各种信息需求的节目类型。新闻节目与新闻性专题节目、新闻性杂志节目共同构成新闻性节目系统。新闻节目自身主要包括综合性新闻节目、专题性新闻节目、整点新闻节目及特别新闻节目。① 新闻节目的制作播出已经成为一项系统性工程,其生产过程主要可分为策划选题、新闻采访和新闻编播三部分。

一、策划选题

2006年德国举办世界杯足球比赛,进入32强的球队共有736名球员,而来自世界各地报道世界杯的记者人数高达5000人之多,记者和球员的比例达6.8∶1,可见新闻争夺的激烈程度。② 在全球传播时代,同源新闻越来越多,如何在同质化新闻中胜出是各大媒体竞争的焦点——匠心独运的新闻策划被视为传媒影响力塑造的关键,由过去的被动接受到现在的主动策划已成为新闻界的主流。

新闻策划从诞生之初便伴随着诸多争议,一直以"真实客观"为生命的新闻可以被策划吗?"策划"一词的本意是指在做事情之前的谋划。将策划与新闻联系到一起,就是将一些可以预见的能成为新闻的题材和内容进行提前谋划,运用新闻的特点和规律,选取新的视角、新的立意,全方位地进行开拓发展。③ 新闻策划并不等于对新闻事实本身的策划,而是在新闻真实的前提下,对新闻报道活动的各个环节进行策划,诸如对于已经发生的新闻事实的报道方式、形式、程序、时机、角度等进行策划,通过资源整合,形成自身的

---

① 方毅华:《广播电视新闻节目有序化编排的理性探析》,《现代传播》2003年第5期,第24页。
② 李晓红:《电视新闻同质化与新闻发现》,《当代电视》2006年第10期,第78页。
③ 宋发刚:《电视新闻策划的基本环节》,《新闻前哨》2006年第Z1期,第82—83页。

品牌特色和竞争优势。新闻策划最大的特点是不改变基本的新闻事实,所以它与假新闻截然不同。在欧美的新闻机构,新闻企划部(Assignment Desk)已经是一个十分重要的部门,并且也是个专业化、高效率、成熟的新闻策划机构,在整个新闻制作流程中扮演举足轻重的角色。

策划选题是新闻的第一道关口。在新闻爆炸时代,新闻媒体只有重视新闻策划、善于策划,才能在激烈的竞争中形成自身的独特风格,以吸引更多的受众,保持排他的竞争优势。宋发刚在其论文《电视新闻策划的基本环节》中指出,成功的新闻策划应该把握以下几个基本环节:确定新闻题材、确定新闻主题、选择新闻典型、选择报道角度、选择报道形式。① 下文将就这五个环节分别展开介绍。

(一)确定新闻题材

发现新闻是新闻生产最重要的起点,没有发现就没有新闻。新闻选题的发现,是对众多新闻线索的选择,新闻选择的难题是对新闻价值的衡量。对于新闻记者来说,生活无处不新闻,关键在于拥有一双发现新闻的眼睛,寻找"新闻富矿",敏锐地发现、捕捉新闻线索,并对其真实性做出正确的判断。往往选择一个好的报道题材,新闻报道就等于成功了一半。

(二)确定新闻主题

新闻主题是指新闻报道的中心思想和基本观点,也就是记者对客观事实的看法、态度和通过事实的报道所表达的主要意图。主题在新闻节目中起主导作用,贯穿全文,是新闻构思、选材、表达和运用语言的依据。③ 一个好的新闻主题需要有大量的调查研究,广泛地掌握各种相关信息,了解事实,才能做到新颖而深刻。

(三)选择新闻典型

确定了主题之后,更重要的是选择典型、丰富的新闻事实来支撑新闻主题。新闻是用事实说话的,对问题的任何独到见解,都必须用事实来体现。这在非事件性新闻,即主题性新闻报道中显得特别重要。由事而发,点化主题,主题性新闻成功的关键是选择典型事实,由事实本身去阐述思想主题。此外,对于新闻事实的选择需要考虑到观众的需求和信息接收的特点,选择潜在观众最感兴趣的内容和信息进行重点报道。④

---

① 宋发刚:《电视新闻策划的基本环节》,《新闻前哨》2006 年第 Z1 期,第 82—83 页。
③ 曹莉:《从〈经济半小时〉节目生产流程看电视新闻选择》,《贵州大学学报(社会科学版)》2009 年第 4 期,第 151—155 页。
④ 宋发刚:《电视新闻策划的基本环节》,《新闻前哨》2006 年第 Z1 期,第 82—83 页。

(四)选择报道角度

新闻角度的定义是新闻采写者在发现、挖掘和表现新闻事实时的着眼点和侧重点,构成事物的各个因素和各个侧面。"横看成岭侧成峰,远近高低更不同",这句话经常被用来形容新闻报道的角度。对于相同的题材、相同的主题,如果选取独特的角度进行报道,就会产生不同的新闻价值和宣传效果。许多优秀的新闻类节目,如《新闻调查》《南京零距离》等就是因为报道角度独特、贴近观众而获得大众的喜爱。

(五)选择报道形式

一般的广播电视新闻报道结构无外乎导语、解说、同期现场主持等。随着受众的新闻需求和新闻消费习惯的变化,新闻工作者只有通过新手法、新形式、新语言采写新闻报道,进行新闻创新,让新闻与观众全方位对接,才能不断推出受欢迎的新闻作品。① 凤凰卫视的新闻杂谈节目《倾倾百老汇》,大胆运用娱乐化的形式来演说新闻,除了主持人尉迟琳嘉的妙语连珠,还有相关场景、背景音乐的设计,让整个新闻演绎"呈现出如百老汇歌舞剧般高雅经典的节目形态",内容与形式的完美结合,既发挥了娱乐精神,又避免了过度娱乐化,既提高了新闻节目的趣味性,又满足了观众的新闻需求。

此外,成功的选题策划还需要考虑新闻策划与栏目定位,报道内容和主题的选择,栏目自身风格、新闻报道时机与观众需求之间的关系。栏目定位是新闻策划成功的基础,是策划成功与否的决定因素;报道内容和主题的选择是新闻策划的主要内容,是新闻策划成功的基本保障;栏目的报道风格、策划时机的选择和观众信息需求的满足是电视新闻策划成功的必要条件,且风格、时机的选择和报道形式是为了报道的内容和主题服务的。② 这几者之间的关系可以用图5-2模型表示:

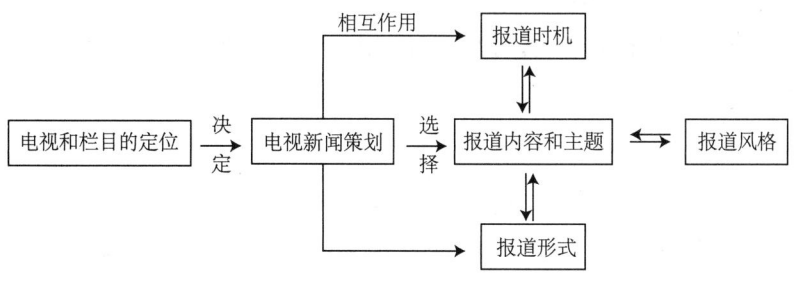

图5-2 选题策划的基本模型

---

① 宛可欣:《浅析2011年中国电视新闻报道形式与手段的创新变革》,http://media.people.com.cn/GB/22114/44110/213990/16604941.html,2011-12-14。
② 蔡卫平:《从CCTV2〈直击华尔街风暴〉看电视新闻策划》,《南昌航空大学学报(社会科学版)》2009年第2期,第94页。

[案例精选] 从 CCTV2"直击华尔街风暴"看新闻策划[①]

央视二套《经济半小时》栏目的特别策划报道"直击华尔街风暴"获得了海内外媒体和业内专家的高度关注和评价,在社会上引起了巨大反响。"直击华尔街风暴"特别报道之所以能取得如此巨大的成功,一个很关键的原因便是对整个新闻报道进行了有效策划,充分利用各种报道资源。其特点有:

(一)以电视和栏目的定位为基础

"直击华尔街风暴"特别报道很好地处理了新闻策划与电视和栏目定位的关系。CCTV2《经济半小时》栏目"观经济大势,知民生冷暖"的定位决定了该栏目必须具有宏观视野,而"直击华尔街风暴"特别报道正是站在全球的高度,呈现经济全球化背景下中国经济的动态变迁。从 2008 年 9 月 16 日开始,以"雷曼兄弟破产"这样标志性事件的发生为契机,CCTV2《经济半小时》栏目便持续数月推出 72 期大型电视直播节目"直击华尔街风暴",全方位地剖析金融风暴中,中国的金融、地产、汽车、出口及国家的财政、金融政策的发展变化。这样的报道定位符合中央电视台作为中国最具影响力、覆盖面最广的电视台的地位特征,也符合中央电视台国家大台的形象,满足了全国亿万观众了解事态变化的需要。

(二)在报道内容和主题选择上考虑观众的信息需求特点

作为国家级电视台,央视担负着特别的使命,它要为全国亿万观众传递关于世界变动的各种信息。在金融风暴席卷全球的非常时刻,守望世界经济大事,担负起国家和民众利益的瞭望者的角色,就成为 CCTV2 的一个光荣而又伟大的使命。"直击华尔街风暴"特别报道及时、充分报道金融危机在全球的进展,全方位展示这场危机的方方面面,为全国观众准确把握危机进展提供最及时、全面、权威的资讯,正是这种媒介角色和价值观的生动体现。

(三)体现出栏目的风格特征

作为中央电视台创办最早、影响最大的名牌经济深度报道,《经济半小时》栏目始终用经济的眼光关注社会热点,总是选择重大经济事件、业界风云人物作为报道的核心,以严谨的态度、新闻的眼光、经济的视角、权威的评论,深度报道经济事件,透彻分析经济现象,准确把握经济脉搏。因此,专业性、权威性、思想性和指导性是该栏目的基本风格。"直击华尔街风暴"特别报道秉承了《经济半小时》报道方面的风格特征。

(四)审时度势,迅速出击

2008 年 9 月 14 日,美国华尔街第四大投资银行雷曼兄弟宣布破产,158 年的历史就此终结,震动了全球的金融市场,美国金融媒体用醒目的标题——"危情华尔街"对此次

[①] 案例根据蔡卫平:《从 CCTV2〈直击华尔街风暴〉看电视新闻策划》,《南昌航空大学学报(社会科学版)》2009 年第 2 期,第 94—98 页整理。

金融巨变进行了报道。从 2008 年 9 月 16 日开始，CCTV2《经济半小时》就以雷曼兄弟破产这样标志性事件的发生为契机，及时推出资讯与深度相结合的专业电视财经新闻报道——"直击华尔街风暴"特别报道，及时向观众传递事态变化的信息。这种快速的反应是此次系列报道成功的重要原因之一。此外，由于 2008 年 9 月 13 日、14 日和 15 日是中秋假期，很多中国观众还在度假，而且，这三天中国股市休市，金融风暴对中国经济的影响最直接的体现——对股市的冲击，还没有显现出来。因此，在假期后的第一天就及时推出相关的策划报道，既迎合了观众时间上的要求，又可以在 16 日观察金融风暴对中国股市的影响，这是非常明智的选择。

（五）符合观众信息需求的形式

"直击华尔街风暴"系列报道每次在节目开头都会及时播出国内外当天或当时发生的重要财经资讯，满足人们及时了解事态发展变化的需要。节目中也时常穿插连线报道的形式，增强了节目的现场感和时效性。在此基础上，节目的重点就是主持人和专家就金融风暴和这些重要的资讯当中所蕴含的财经信息进行解读，分析金融风暴和这些资讯当中的哪些因素会对今后的经济走势产生影响。如 2008 年 10 月 26 日的节目中，在报道完周小川代表国务院向人大常委会作关于金融宏观调控的报告后，就报告当中提到的金融危机对中国出口的影响，及时采访了国际货币基金组织（IMF）驻华代表费达瀚，倾听他对金融风暴对中国出口影响的见解。这种资讯加深度分析的方式很好地解决了财经报道专业化与大众化的矛盾。因为各种经济现象之间是互相联系和互相影响的，而缺乏经济知识的普通观众对各种现象的发生到底会产生什么样的影响是没有概念的。在报道完资讯后，及时对资讯的影响和作用进行分析解读，为可以观众解疑释惑。

二、新闻采访

坐在同一条板凳上，才缩短了心与心的距离；
住在农家的炕头上，收获的才不只是建议；
我的脚下沾有多少泥土，我的心中就沉淀多少真情；
真情实意地走近你，
走近你，读懂你，为了你，依靠你……

这是央视新闻频道为了响应"走转改"活动策划的"走基层"系列报道的宣传文案。细腻的文字不仅打动了观众，也为优秀新闻记者的采访工作做了最好的注脚。

新闻采访指新闻记者为获得新闻事实材料，对客体进行的访问、观察、思索和记录等调查研究活动。广播电视采访从整体上说，增加了与以往不同的采访形式，即电子媒介记录与采访共生的采访形式。我们称这种采访形式为带机采访。

与平面媒体的采访不同,带机采访所获得的信息可以通过声音和影像的方式直接进入新闻节目中,而传统的脱机采访所获得的信息则要首先转换成语言,再以文字或有声语言的方式进行传播。带机采访的特殊性在于,它不仅要考虑到新闻信息的采集,而且要考虑到新闻信息的传达。在这里,记者不仅要考虑问什么问题,还要考虑以什么方式发问;不仅要考虑采录到了什么内容,而且要考虑是以什么方式来采录的;不仅要考虑到被采访者语言内容的准确性,还要考虑到其语言表述的生动性,等等。①

刘雅娟在其论文《广播电视新闻采访的几点思考》中提到完成广播电视新闻采访需要注意的几个要点:获取和挖掘新闻线索;做好新闻采访的准备工作;注意与采访对象的沟通交流,营造良好的采访氛围;注意采访提问的技巧和随机应变。② 下面就从这几个要点分别展开分析。

(一)获取和挖掘新闻线索

生活无处不美,大部分人都只是缺少一双发现美的眼睛。对于新闻记者来说,生活无处不新闻,关键在于拥有一双发现新闻的眼睛,寻找"新闻富矿"。我们常说新闻是"七分采,三分写"。好的记者不会总是待在办公室,新闻永远不会向坐在办公室的记者飞来,记者需要深入生活,敏锐地发现、捕捉新闻。发现新闻线索,这是新闻报道的第一步,也是将事实转化为新闻事件的开始。"新闻线索也称采访线索、报道线索,是指新近发生或发现的事实表现出的某些信号或迹象。新闻线索不是新闻事实的全部,是有待证实、扩展和深化的信息,它只是新闻事实个别片段在记者头脑中的反映,记者通过新闻敏感捕捉到了事物中有新闻价值的片段,就形成了新闻线索。"③新华社著名记者徐人仲在《要善于发现新闻线索》一文中说:"新闻采访线索可能是一件很简单的事、一个数字、一句话、一种现象,也可能是比较复杂的事。它的来源十分广泛,记者的所见所闻,都有可能成为线索。"21世纪是资讯的时代,社会生活丰富多彩、瞬息万变,新闻线索的来源也有越来越多的途径。

(二)做好新闻采访的准备工作

电影《飘》重播之际,影片中的女主角费雯丽抵达纽约机场后走进记者室,一位访问记者第一句话就问:"请问你在电影《飘》中扮演什么角色?"费雯丽轻蔑地回答说:"我无法和你这样无知的人交谈。"这是新闻界一个广为流传的笑话,充分地说明采访前的准备工作对于新闻记者的重要性,"不打无准备之仗"是决定采访成功的关键。

---

① 广播影视业务教育培训丛书编写组:《广电新闻业务》,中国国际广播出版社2007年版,第35页。
② 刘雅娟:《广播电视新闻采访的几点思考》,《群文天地》2012年第22期,第134页。
③ 欧阳霞:《新闻发现与表达》,北京大学出版社2009年版,第44页。

美国国务卿希拉里来华访问时把唯一的电视专访机会给了《杨澜访谈录》,但是时间只有7分钟。为了这7分钟的采访,杨澜第一稿准备的问题有50个,在采访之前又浓缩到20个,并对问题重新排序。杨澜充分的准备和出色的采访技巧营造了非常良好的谈话气氛,希拉里谈兴渐浓,整个采访从预定的7分钟聊到了15分钟,结束后希拉里盛情邀请杨澜到美国继续进行采访。采访前充足准备的重要性可见一斑。

常规的新闻采访准备工作一般包括准备资料、了解采访对象的基本情况和准备采访提纲。美国记者麦克逊曾说:"在我将要去谒见某一要人以前,我早已熟悉于这位要人的一切了。"除此之外,新闻记者还需要平时广泛积累理论、政策知识,这不仅方便与采访对象沟通,提高采访效率,还有助于记者提出有深度的问题。记者的知识累积和对问题的理解深度很大程度上决定了采访的深度和报道的深度,从而决定了新闻价值的高度。

(三)注意与采访对象的沟通交流,营造良好的采访氛围

1980年,法拉奇采访邓小平。一见面法拉奇便亲切地问候:"明天是您的生日,我首先祝贺您生日快乐!"邓小平略感惊奇地答道:"我的生日?明天是我的生日吗?""是的,邓先生。我是从您的传记里得知的。"一个小小的细节让法拉奇在采访的一开始便拉近了与采访对象的距离,增强了双方的认同感。这种营造和谐氛围的方式被广泛地使用,美国记者怀特·汤姆索采访尼克松时,也是从他最感兴趣的话题——足球谈起。

沟通是一门艺术,良好的采访氛围是有效沟通的前提。采访时需要将采访对象的喜好、兴趣、品味、地位等因素都考虑进去,选择适合谈话的环境,特别是大多数记者和采访者都是第一次见面,采访者要让采访对象感到放松,这样可以拉近彼此之间的心理距离,能够让受访者打开心扉,使采访顺利进行,即使是一些严肃、私密的话题也会巧妙地融入轻松自然的交谈中。

(四)注意采访提问的技巧和随机应变

"你幸福吗?""我姓曾。"

这是中央电视台推出了《走基层百姓心声》特别调查节目"幸福是什么?"中出现的一段采访画面,类似于这样的黑色幽默在节目中屡见不鲜。原生态呈现的"神回复"在令我们忍俊不禁的同时,也让我们反思记者在街头采访提问过程中出现的偏差。任何一个路人被忽然拦住问到"你幸福吗"确实会手足无措甚至无法理解问题,所以记者在采访过程中要注意提问的技巧、善于提问,才能让受访者轻松、准确地回答。

根据具体的需要,如采访的目的、任务等,在抓住新闻要点的前提下,记者要有针对性地选择合适的提问方式,对于一些敏感的新闻话题,我们可以选择隐蔽、含蓄的提问方式来挖掘新闻信息。对于不同的采访对象,记者的提问方式也应当有所变化。新闻现场

的记者一定要随机应变,根据现场的动态变化,及时迅速地调整采访计划,学会思考,把握好新闻采访的细节,尊重新闻事实,在平等的状态下做好新闻采访工作。①

[案例精选]《新闻调查》的对话式新闻采访②

传统的新闻采访一般是记者提问、受访对象回答,很少形成交流,且往往囿于时间限制而浅尝辄止。《新闻调查》给了记者充分的话语权和时间。在实际采访中,记者层层剥笋,将步步追问的方式发展为一种独特的话语流和话语机制。

在 2008 年 9 月 20 日播出的《残奥瞬间》中,观众看到,当记者柴静得知残疾人运动员侯斌在点燃北京残奥会 40 米高空的主火炬时,右手骨中居然还安着一块钢板,非常惊讶,忍不住想看看他的手。

柴静:侯斌,我就特别想看看你的手,行吗?

侯斌:哪边?

柴静:我看看,就突起的这一块。对。

侯斌:其实这里面是刚装的钢板,有四个螺丝在里面。所以说我每次爬之前的时候,我就要在房间里面用热水把它(手)烫得时间长一点,就烫个 20 分钟,这个小白就特别不好去揉,烫开了,然后我再活动活动。

柴静:你这么往上一下一下地用劲儿,手是什么感觉?

侯斌:刺骨刺骨地疼。

就是这样的一问一答,情感互动,让观众看到了一个最真实的侯斌,同时也通过简单的对话完成了对事件的叙述。

2007 年 1 月 9 日的《艺校学生陪酒事件调查》节目中,柴静与桂林舞蹈中等职业学校校长郭桂生的经典采访片段则很好地体现了对话式采访中观点碰撞的过程。

柴静:学校为什么要收这部分钱呢?

郭桂生:学校,说老实话,很大程度上也是要靠一些演出收入,这种演出收入包括学生补交学费这一块来维持,所以我们很看重演出这一块。

柴静:它对你们来说现在有多重要?

郭桂生:重要的是市场。如果说这个市场不好的话,可能就会影响到学校的办学了。

柴静:郭校长,您觉得教育的目的是什么?

郭桂生:让学生成才,学到本领。

柴静:那为什么我今天听到最多的就是挣钱?

郭桂生:也没有的……那也不是,这个是一个……也是一个环节,也是一个环节。

---

① 刘雅娟:《广播电视新闻采访的几点思考》,《群文天地》2012 年第 22 期,第 134 页。
② 案例根据马海霞、谢庆岚:《从〈新闻调查〉探析当今电视新闻采访》,《东南传播》2009 年第 4 期,第 89—91 页整理。

记者不但可以通过简单的采访完成对事件的叙述,还可以用机智的对话完成对事件的调查和引证,不但可以用尖锐的提问深入事件核心层面,还可以用平等、真诚的交流进入调查对象的内心世界。

三、新闻编排

新闻编排是新闻节目生产的最后一道工序,也是对新闻的再创作。采编人员根据新闻的价值以及内在的联系对一盘散沙的新闻消息进行专业编排,确定头条新闻,把握新闻主题和节奏,搭配软、硬新闻,统筹兼顾。精心编排后为观众呈现的新闻节目如同优雅的西式餐点,从头盘到主菜到最后甜点,让观众尽享饕餮,最大限度地满足了观众的信息需求。

新闻节目是一则则新闻的组合,如何把多来源、多形式、多内容的消息优化组合并将新闻资源优势最大化?明确掌握新闻编排的原则至关重要。陈颂辉在其论文《电视新闻节目编排的共性和个性——以广东电视台〈630新闻〉为例》中指出,重要性、贴近性、时效性是新闻节目编排的共性,①以下简要分析:

(一)重要性原则

"重要性"是根据新闻题材的重要性程度,或它提供的信息本身的价值,安排每一则新闻在节目中的播出次序,也可称为价值原则。②多年来,广播电视新闻的编排一般按照时政新闻⇒经济新闻⇒社会新闻⇒国际新闻的顺序,或是按照领导人级别、职务来编排顺序,领导活动或会议往往成为头条,这是新闻节目尤其是时政新闻节目的固定模式。

每一档新闻节目都会在当天众多新闻稿件中精心挑选脱颖而出的"权威"消息作为头条新闻——往往是当天发生的重大的国内国际事件。比如,上海人民广播电台的《990早新闻》和中央电视台的《新闻30分》都把以色列总理拉宾遇刺身亡的新闻作为头条播出,前者还配发了拉宾的生平资料,后者则在同一节目中播出报道特拉维夫市民举行烛光追悼的新闻特写。③

(二)贴近性原则

"贴近性"是指新闻报道与现实社会、现实生活、现实需要距离的远近程度,既包括新闻对受众的密切程度,也包括新闻发生的地点离受众的远近程度。④从"三贴近"到"走转改",新闻记者需要明确为人民群众服务的宗旨,也只有反映普通老百姓的真实生活,才

---

①② 陈颂辉:《电视新闻节目编排的共性和个性——以广东电视台〈630新闻〉为例》,《视听》2012年第8期,第33页。
③ 案例来自方毅华:《广播电视新闻节目有序化编排的理性探析》,《现代传播》2003年第5期,第24—26页。
④ 陈颂辉:《电视新闻节目编排的共性和个性——以广东电视台〈630新闻〉为例》,《视听》2012年第8期,第33页。

能让新闻作品更加喜闻乐见。

被戏谑为"领导很忙、中国人民很幸福、外国很乱"的三部曲的央视《新闻联播》2013年升级改版后,在新闻编排上加大了民生新闻报道力度:发布"寻人启事",帮桂林四兄弟千里寻母;推广汽车上如何系好安全带的便民小贴士;在头条位置连续推出小女孩照顾弟弟的"新闻连续剧";推出主题策划《你幸福吗》,真实还原普通百姓心声。《新闻联播》一系列接地气、有人情味的报道改变了旧有的传统编播模式,虽然这些新闻从重要性来说并不突出,但却贴近人民群众的真实生活,反而能引起巨大的社会反响。

(三) 时效性原则

"时效性"是指新闻报道产生应有社会效果的时间限度,也就是说,在一定时间范围内,新闻才会有传播效果,才会有价值。时效性是决定一条新闻是否有价值的重要因素,甚至在一些事件性新闻中起着决定性作用。[1] 新闻贵在"新",只有尽快传递给受众才能保障新闻价值。

在新闻实践中,重大突发事件会在新闻节目播出时即时插播。例如,北京时间2012年10月11日19时,瑞典文学院宣布,中国籍作家莫言获2012年度诺贝尔文学奖。此时,正是中国中央电视台《新闻联播》时间。消息发布后,《新闻联播》插播即时快讯,以"最新消息"的形式第一时间播报这一新闻,称"莫言成为有史以来首位获得诺贝尔文学奖的中国籍作家"。[2] 上海人民广播电台《990早新闻》在一次节目正在播出的时候,获悉南方航空公司一架从重庆飞往深圳的737飞机在深圳上空失事的消息,立即插入到节目中播出,并且在本次节目中间隔播出了两条后续报道。[3]

新闻节目编排不仅仅依靠以上提到的三个原则,还有可视性、同类性、间隔性以及对比性等多种新闻编排方法。总而言之,新闻编排是一门艺术,不管使用何种编排方法以及手段,在实践中都需要为节目服务。做好新闻节目的编排,提高节目的可看性,能够更好地提升传播效果。

[案例精选]《时事直通车》新闻编排技巧分析[4]

《时事直通车》在新闻编排上采用的是一种典型的板块式结构,内设有"头条新闻""国际专列""海峡两岸""财经消息""港澳聚焦""科技报道""社会掠影""体育聚焦"等8个板块,每个板块之间穿插音乐和广告,形成"新闻节目段—广告—新闻节目段—广告—……"的

---

① 陈颂辉:《电视新闻节目编排的共性和个性——以广东电视台〈630新闻〉为例》,《视听》2012年第8期,第33页。
② 《新闻联播插播消息第一时间报道莫言获奖》,http://news.hsw.cn/system/2012/10/11/051496427.shtml,2012—10—11。
③ 江欧利主编:《1997年度中国广播电视新闻奖新闻佳作赏析(上)》,中国国际广播出版社1998年版,第201—203页。这三则新闻分别安排在第5、22、33条播出,最后一条是发自深圳的电话录音新闻。
④ 案例根据崔玉峰:《〈时事直通车〉新闻编排技巧分析》,《新闻传播》2011年第3期,第79—80页整理。

结构模式。

《时事直通车》的新闻编排技巧：

(一)头条新闻的设置

头条新闻一般是指按时间顺序排列在最前面的一条消息或报道，也就是第一新闻段的第一条新闻。与国内媒体一般选择国内政治性新闻的做法不同，凤凰卫视定位于海峡两岸、面向世界，因此《时事直通车》头条新闻的选择更注重以新闻事实的重要性和观众的兴趣点作为标准，头条新闻的内容通常为涉及海峡两岸的重要时事消息或国际重大事件。

2011年1月9日至12日，美国国防部部长盖茨来华访问，这是重启中美军事关系并为中美元首会晤做铺垫的一次重要访问，也是国际社会普遍关注的重要新闻事件。因此，从1月9日至12日，《时事直通车》在连续四天的节目里都将盖茨访华作为"头条新闻"进行报道。

(二)新闻提要的运用

新闻提要是为了突出重大新闻事件、吸引观众收视而采用的一种编排技巧，它不仅可以为观众提供指导和预告，还能吸引观众的注意力，使观众不会轻易地离开电视机。《时事直通车》在节目开始和每个新闻段结束时都会安排新闻提要。节目开始时，选播本次新闻节目中最重要的新闻，吸引观众收看，让观众了解此次新闻的重点内容。每个新闻段结束的时候，又会播报下一时段的新闻，提示下节新闻的重点内容，引导观众转换注意力，也起到留住观众的作用，使他们在广告时段不至于转换频道。新闻提要的形式是画面加主持人口播，时间长度一般精准地控制为20秒钟。

(三)总体新闻节奏——"峰谷技巧"

心理学研究表明，人的注意力不可能在长时间内保持高度集中，往往随着视觉疲劳而下降，但当受到刺激后短时间还会恢复。按此规律，产生了编排上的"峰谷技巧"，即指新闻节目中不可能每条新闻都使观众保持兴趣，必须把节目设计成像一系列的山峰、峡谷一样，使它高低不平。每个组合从最重要或最有趣味的新闻开始，然后由高峰转向低谷，处于低谷状态时找到一个新的转变，使它再回到高峰。显然，《时事直通车》采用的就是这样一种"峰谷式"的编排技巧。其新闻编辑往往是在对全天将播出的所有新闻进行全面考虑后，安排出头条和几条"准头条新闻"(新闻价值略低于头条新闻的一条或几条新闻)，制造出高峰低谷相间的新闻段落。

(四)单条新闻的节奏

一档新闻节目的总体编排讲究张弛得当、错落有致的节奏美感，对于一条具体的新闻而言，节奏也同样重要。在一个单条新闻中，演播室导语、画面、解说、人物访谈、记者出镜等视听因素的安排也能够营造出某种节奏，而节奏感的强弱反过来会影响新闻的传播效果。我们以1月10日《时事直通车》中的第二条新闻——"中美防长会谈达成丰硕

共识"为例,看看它的节奏是怎样安排的:

1. 主持人演播室口播导语,约 24 秒;
2. 画面和记者的画外音,表现国防部八一大楼前举行的欢迎仪式,约 20 秒;
3. 画面、字幕和记者画外音,画面为中美防长会谈内景,字幕提示会谈要点,约 27 秒;
4. 盖茨的讲话同期声,约 17 秒;
5. 画面和记者的画外音,约 11 秒;
6. 梁光烈的讲话同期声,约 28 秒;
7. 画面和记者的画外音,约 13 秒;
8. 八一大楼前记者的出镜报道,约 20 秒。

我们看到,这条长约 3 分钟的新闻综合运用了演播室口播导语、画面、解说、人物同期声讲话、字幕、记者出镜等多种表达形式,这些表意元素搭配合理,交替自然,形成了一种简练、紧凑、富于变化的视听节奏,有效地调动了观众的收视兴趣。

第三节 新闻伦理

一、隐性采访

> **关键术语**
>
> 新闻伦理是新闻事业整体、新闻媒介实体(包括报社、电台、电视台、网站等新闻组织)和新闻工作者(编辑、记者、播音、主持等)在新闻传播活动中的价值取向、道德表现与日常行为品德规范等的总和。

"我们赞赏高标准,我们要求高标准,却痛苦地发现,2006 年前的几年间,一些为我们工作的人或者打着我们名义的人行为不符合规范。简单地说,我们迷失了方向。"经历了 168 年的《世界新闻报》在 2011 年 7 月 10 日谢幕,并在最后一期用一整版的篇幅为深陷"窃听门"丑闻的报社向读者、社会致歉。不断爆出的黑幕和窃听风波的发酵升级不仅让默多克的新闻集团面临窘境,社会和群众愤怒的情绪更是直接拷问所有的公众媒体:道德和职业该如何平衡?

著名的小报《世界新闻报》以挖掘名人的隐私丑闻发家,也因为丑闻而泥足深陷走向终结,正如新闻记者用窃听等隐性的非正常手段揭露社会问题、曝光不法行为,既矛盾又讽刺。新闻媒体惯用隐性采访。隐性采访又称暗访,是指记者不暴露真实身份(包括假扮其他身份)和采访目的,在采访对象不知情或未同意的情况下,采用秘密方式获取信息,如偷拍、偷录,并将其公开报道。国内对隐性采访有不同的称呼,如暗访、偷拍、偷录、秘拍等。① 1992年中央电视台记者对河北省无极县假药市场的暗访是中国电视界第一次采用隐性采访的报道方式。1993年北京人民广播电台记者张勉之对北京街头出售假发票现象，隐蔽使用录音机进行暗访，获得第四届中国新闻一等奖。② 目前我国广播电视新闻节目中使用隐性采访的并不少见，广受欢迎的《焦点访谈》《新闻调查》等节目都是通过隐性采访获得第一手资料，"用事实说话"抨击不良社会现象。

不可否认，在新闻同质化的激烈竞争中，隐性采访作为获得稀缺信息资源的有效手段越来越受到记者们的青睐。尤其在曝光某些社会问题的过程中，隐性采访的使用可以突破采访环境的封闭性和事实本身的隐蔽性，获得最生动的现场材料，揭露事实的本质，不仅满足了受众的知情权，也发挥了广播电视媒体的舆论监督功能，同时为广播台、电视台赢得了声望和收听/视率。从这方面看，隐性采访相对于显性采访具有相当的积极意义，但是在偷拍、偷录成风的今天，新闻侵权和新闻诉讼案例络绎不绝，隐性采访的合理使用一直处于争议中。

隐性采访作为新闻采访的一种方式，是记者新闻权的一部分，但是当这种新闻自由突破限制后就会逾越法律和道德的鸿沟，《世界新闻报》的倒下便是惨痛的教训。隐性采访的非公开性，以及为了获取私密信息，记者采用偷窥、窃听、跟踪等违法手段，都对被采访者的隐私权和肖像权构成了极大的侵害。中央电视台《每周质量报告》的记者曾坦承，他们在经受着职业伦理和世俗伦理矛盾的煎熬。一方面，他们深知隐性采访中被揭露的负面现象背后有着深刻的社会原因，而且被采访者也是有情有义的人，个人的情感有时候会让记者承受出卖"朋友"和违背世俗伦理的煎熬；另一方面，他们作为新闻记者，职业伦理要求他们站在维护公众利益的立场揭露事实真相，阻止不良行为的继续进行。③

很多国家的新闻法规对隐性采访都进行了限制性的规定。例如德国《新闻业准则》规定："调查是新闻工作者的合法手段，但是必须在宪法、法律许可的范围内和尊重人格的基础上实施。……在个别情况下，若通过暗访可能揭露对公共利益特别重要而且无法用其他手段获得的信息时，则可以有理由实施暗访。"而我国目前的法律体系中，对隐性采访既没有授权也没有禁止，公众的知情权和隐私权始终是一对矛盾，隐性采访的每个环节只有在规范下才能最大限度地趋利避害，新闻记者必须以"公共利益"作为隐性采访的道德准绳才能实现新闻传播的社会效果。

---

① 郭镇之、展江：《守望社会——电视暗访的边界线》，中国广播电视出版社2006年版，第58页。
② 陈岐岳：《隐性采访及其适度原则》，《新闻爱好者》2011年第16期，第100页。
③ 张曦、高勇：《隐性采访的道德困境以及解读》，《江苏社会科学》2012年第4期，第251页。

[案例精选]"窃听门"事件让隐性采访惹争议①

事件起始于2011年7月初。当米利·杜勒这位失踪女童的私人信息被《世界新闻报》窃取牟利的消息开始被证实时,英国舆论和社会一片哗然。7月7日,新闻集团首席执行官默多克宣布关闭有168年历史的《世界新闻报》。至8月初,英国警方先后逮捕了与《世界新闻报》窃听丑闻有关的11个人。

"窃听门"事件曝光后,默多克新闻集团在英国名誉扫地,其收购英国天空台的扩张计划被迫中断,新闻集团股价也大跌不止,在7月12日至15日4个交易日中,在美国上市的新闻集团股票市值累计缩水70亿美元。

《世界新闻报》的窃听事件不仅引发了默多克传媒帝国的大地震,还触动了英国人对"媒体良心今何在"的拷问,同时也是对西方新闻伦理、新闻职业道德的一次拷问。这次窃听事件涉及4000多名受害者。公众因"窃听门"和隐私窥探涉及普通人和弱势群体,感到自身受到侮辱、威胁,对默多克系小报迅速从追慕转为憎恶、不齿。

《世界新闻报》这种通过窃听获取普通平民隐私的隐性报道手法已经突破了已有的伦理道德底线,使本来就在边缘生存的隐性采访手法,立即成为丑陋的代名词,惹来巨大的争议。

二、有偿新闻

2002年6月22日下午3时30分左右,山西繁峙县义兴寨金矿区发生了特大爆炸,38名金矿矿工当场罹难。全国各大媒体对其进行了详尽的报道。在事件过去一年多,2003年9月15日,新华社出人意料地以惊人的勇气向外界披露:有11名记者在繁峙矿难采访过程中有收受当地有关人员及非法矿主贿送的现金、金元宝的严重经济违纪行为,涉案金额高达7.46万人民币,更引人瞩目的是有4名新华社记者参与此次行动。无独有偶,湖南娄底日报原政法部副主任、"湘中名记"伍新勇利用媒体权力,无视法纪,在当地呼风唤雨,最终案发落马。② 这"一南一北"的媒体腐败行为不仅玷污了记者职业的神圣性,更让人目睹有偿新闻的危害性。

有偿新闻,即新闻机构为解决经费不足或赚钱,以及其他目的,按占用版面大小(报纸)、播出时间长短和录制费用(广播、电视),向要求刊播新闻者收费。③ 广播电视有偿新闻通常具有这样几个基本特征:(1)出租、出卖节目、时段办所谓联办节目;(2)在节目中安排播出广告性新闻;(3)采编、制作、播出利益性、关系性或友情性新闻报道;(4)以内

---

① 案例引用乔卫、张袁华:《从默多克"窃听门"谈隐性采访的准则》,《南方电视学刊》2011年第4期,第75—77页。
② 罗锋:《"话语权寻租":有偿新闻的经济学解读》,《常熟理工学院学报》2005年第1期,第94页。
③ 甘惜分:《新闻学大辞典》,河南人民出版社1993年版,第162页。

参、曝光等为要挟,迫使被采访对象提供一定的好处;(5)不同媒体、单位和个人之间以获取不当利益为基本条件的新闻交换;(6)以播发新闻为由头换取广告、发行等不当利益;(7)媒体给编辑记者下达的各种创收任务、指标;(8)商业广告、中介、公关公司非法运作、经营的新闻等。①

有偿新闻可以表现为"有偿有闻"和"有偿不闻"。随着技术的进步,传播快速、及时的新闻媒体具有很强的社会影响力,好的事物通过大众传播可以迅速提高知名度,相反,消极事物曝光后会立马引起社会舆论的声讨,"成也传媒,败也传媒"的情况让新闻记者开口闭口都值得收买,"制造"新闻、"瞒报"新闻成为公开的内幕交易。"如果你们公司老板,想在受欢迎的新闻节目里露两次脸,坐观众席,总共五秒钟,那么平均费用是5000美元。"Yashi Media 的客户经理王利民如是说,这家机构帮助商业公司获取纸媒和电视的报道版面。"如果老板想发表简短评论的话,我们给他在新闻里露脸15秒,价格是9000美元。如果老板想来个10分钟的独家访问,价格就高多了。"②当"无冕之王"开始有偿服务时,新闻媒体的职业道德也面临着严重失衡和错位。

走向市场的新闻媒体追求一定的市场效益和经济利益本无可厚非,但是为受众提供真实的新闻信息也是公共媒体必须承担的社会责任。真实性是最基本的前提,"有偿新闻"严重违背了新闻真实性的原则,用"权钱交易"的方式获取经济利益无异于饮鸩止渴。尽管监管机构出台各种法例、条规对有偿新闻加以约束,但仍然屡禁不止。漠视社会责任和职业道德的新闻媒体对于权力的滥用和寻租,会严重影响媒体的公信力和影响力,甚至整个国家的新闻自由。

[案例精选] 新闻界的灰色地带③

《纽约时报》刊登了一篇题为《中国媒体有偿报道乱象》的报道,让有偿新闻再度成为舆论热点,下面是部分节选:

想要在中文版的《时尚先生》上刊登一篇贵公司高层的个人特写吗?该杂志的广告部门给出了每个版面约 20000 美元的报价。《时尚先生》是经美国赫斯特国际集团(Hearst Corporation)授权的 *Esquire* 杂志的中文版。

如果想要贵公司首席执行官出现在官方运营的中国中央电视台的新闻节目中呢?一位专长运作此事的电视顾问告诉我们,价格大约在每分钟4000美元。

若是在《工人日报》上登载一篇贵公司的宣传性文章呢?该报的广告代理提出的报价是每个中文字约1美元。

尽管中国的法律法规禁止刊登未标明的有偿宣传性报道,这种行为在实际操作层面

---

① 陈明:《浅谈广播电视有偿新闻的成因与预防》,《巢湖学院学报》2003年第2期,第126页。
② 《中国媒体有偿报道乱象》,http://china.caixin.com/2012-04-06/100376534.html.2012-04-06。
③ 案例根据《中国媒体有偿报道乱象》,http://china.caixin.com/2012-04-06/100376534.html 整理。

上却屡见不鲜,许多出版商和广播电视运营商甚至拥有付费报道的报价。

尽管西方企业和许多中国记者都不愿意谈及这一话题,令人惊讶的是,不少公关公司和广告公司却对他们在其中扮演的中间人角色直言不讳。他们通常将这些赞美性的有偿报道称为"软文"或者"有偿新闻"。

世界最大的公关和广告公司之一——奥美公司(Ogilvy&Mather)承认,他们在某些特定的行业领域内会支付费用给中国媒体,以换取对他们公司客户的报道。

"我们公司的政策是不建议客户参与到这些有偿报道的活动中去。"针对本文作者的提问,奥美公司北京办公室的电子邮件回应道:"不过,在某些行业,例如奢侈品行业,安排刊登软文非常普遍,所以我们也曾经做过这样的事情。"

另一家美国公关公司的中国客户经理更是对付费报道的行为极其坦白,她要求匿名采访,以免激怒同行和雇主。

"如果你们想要更多的媒体报道,很容易办到——我们有很多的渠道可以帮你们公司上电视,在顶级的杂志和报纸上刊登文章。"该客服经理在电话采访中如此表示。

媒体专家和那些想要按照行业道德规范行事的中国记者们,对国内比比皆是的付费报道行为深恶痛绝。

中文版《时尚先生》杂志的管理人员承认,他们经常登载软文,也就是将一些本质上是广告的内容包装成新闻特写类的文章。例如他们曾刊登过一篇特写文章,写的是为汽车制造商奥迪公司(Audi)提供音响设备的欧洲影音公司 Bang&Olufsen,杂志中没有任何关于付费刊登的标识。

该杂志的管理人员将这篇报道的图片发给我们作为付费报道的一个样板,指出这则长达五页纸的特写文章收费至少每页1万美元。他们,以及其他一些促成这则报道的中间人,都说奥迪公司支付了这笔费用。奥迪公司的一位中国发言人拒绝对此置评。Bang&Olufsen公司新加坡办公室的女发言人 Cheryl Sim 则表示付费报道不是他们的公司行为。"我们肯定没有为这篇《时尚先生》的报道付费,"她说。"不过我们会对此进行调查。"赫斯特国际集团也拒绝置评。

当然,不是所有在中国媒体上出现的商业和公司报道都是植入性广告或者付费软文。即便如此,刊载正常报道时,中国媒体机构在接受新闻来源付费的事情上,比许多主流西方媒体要宽松得多。

中国并不是唯一媒体底线可以妥协的地方。欧洲、日本、菲律宾、拉丁美洲,甚至美国的一些媒体机构都可能涉足一些灰色地带:鼓励商业公司支付记者的差旅费,对正面报道待价而沽,或者用广告合同来交换报道版面等(主流美国媒体的道德规范中,包括《纽约时报》自身的基本规则,是禁止这些行为的)。

不过,媒体专家们说,没有一个国家像中国这样,如此普遍如此热衷于有偿报道。

三、媒介事件

在多元化、分众化的媒介生态中,广播电视的节目被不同的受众群体选择、分割,大众传播趋向"小众传播",但是媒介事件却拥有独特的魔力,在一定的时间、空间中对某一地区乃至全世界进行"征服"。丹尼尔·戴扬与伊莱休·卡茨在《媒介事件:历史的现场直播》一书中将"媒介事件"定义为:"那些令国人乃至世人屏息驻足的电视直播的历史事件——主要是国家级的事件","以典型的现场直播的方式,唤起人们广泛而同期的注意,并以区别于其他的新的叙事方式构造出庆典仪式"。1997年香港回归电视直播,2008年北京奥运会开幕式都是典型的全球性媒介事件,跨地域、跨时间、万众瞩目,给普通民众的现实社会生活构筑了一道独特的"景观"。

21世纪以来媒介事件频繁,充斥着大众的视野,选秀、追星、骂战……正如费斯克在《媒介事件——日常文化与政治变迁》一书中指出,我们生活在一个由"媒介事件"与"媒介现实"构成的世界中。眼花缭乱的媒介事件让受众在信息过度消费中逐渐变得信息冷漠。为了获取大众更多的关注,媒介不得不寻找新的刺激点以收获注意力经济,恶性循环的媒介事件也不断撞击着新闻工作的职业操守。当单一的新闻事件在媒体作用下演变成媒介事件,而媒介事件演变为社会事件又成为一种常态时,我们有必要考虑:应该如何处理和对待媒介事件?这尽管不能说是一种当下的需要,却可以说是一种当下的现实。一方面,社会矛盾加剧和传媒生态复杂在不断促成媒介事件的发生;另一方面,对社会而言,更有必要把媒介事件的传播置于可控的范围,不至于造成进一步的动荡甚至骚乱。①

媒介事件的形成最主要的是有媒体的介入。纷繁复杂的现实世界,新闻媒体对象征性事件的把关是有选择的,因而也给有意的安排或推动带来了方便,这就产生了新闻选择的公正问题。媒介事件呈井喷式增长,使得许多客观发生的具有新闻价值的事件被忽略,而由传媒自己制造的事件被不断放大和传播。2005年,全国人民都沉浸在《超级女声》的聒噪中,对于超女的赞赏和批评占据了各个媒体的重要版面,而广东兴宁发生的重大矿难却没有获得应有的关注和报道,新闻工作者在道德和经济效益比较中做出的选择让人唏嘘不已。

2007年7月8日19点20分,北京电视台《透明度》节目播出"纸馅包子"专题,播出后立刻引发社会和媒体的关注。在短短十天里,"纸包子事件"峰回路转,7月18日晚间,北京电视台在《北京新闻》中称,7月8日晚7时在该台生活频道《透明度》播出的"纸馅包

---

① 林隆强:《媒介事件与社会进步思考——以21世纪以来的中国媒介事件为例》,《福建论坛(人文社会科学版)》2009年第12期,第129页。

子"被认定为虚假报道。丹尼尔·布尔斯廷将这类事件统称为"假事件"(pseudo event)，并将其界定为：经过设计而刻意制造出来的新闻；如果不经过设计，则可能不会发生的事件。布尔斯廷认为"假事件"具有"不真不假"的特点，用以表述的语言是"超越真伪"的，它们往往比真实事件更加吸引人。"纸包子事件"是策划出来的"传媒假事件"，并选择"食品安全与公共利益"的框架成功地触动了社会的敏感神经。事实先于新闻，是新闻基础所在。事实通过媒介变为新闻，媒介通过不同的报道形态生产新闻，形成了"事实—媒介—新闻"的新闻生产模式。媒介事件改变了核心要素的顺序，使之变成"媒介—事实—新闻"的生产模式。①

[案例精选]《死亡日记》：媒体一手构建的"媒介事件"②

2000年8月3日，身患癌症的陆幼青在"榕树下"网站（www.rongshu.com）刊出第一篇日记，记录自己面对死亡的生活，当时并没有引发关注。8月9日，《北京晨报》记者偶然上网看到这一篇日记，经网站编辑联系采访了陆。8月11日，《北京晨报》在"晨报要闻"中发表了题为《记录生命最后的尊严》的报道，这是有关陆的第一篇报道。网站编辑回忆说："《北京晨报》消息发出第二天，我桌上的电话开始响成一片，上海的新闻界似乎突然之间苏醒过来。"第二天，上海《新闻晨报》在头版以《上海版"相约星期二"》为题做了图片报道，可能是缺乏第一手资料，报道直接使用了"榕树下"给《死亡日记》设计的一个页面。8月14日，《北京青年报》在一直未能与网站编辑和陆本人联系并取得授权的情况下，以整版篇幅刊发了《身患绝症来日无多 面临死亡平静以对 日记刻录死亡历程》一文，并首家刊登《死亡日记》。8月14日，《北京晚报》记者约定在陆家中的采访变成了多达11名记者参加的新闻发布会。据不完全统计，上海、北京、广州等中国最主要城市的主要媒体都在短短三天之内以较大的篇幅进行了集中的报道。

至此，媒体已经发掘了这一蕴涵巨大新闻市场潜力的事件，并通过突出的报道开始将其纳入公共视野。"榕树下"网站《死亡日记》栏目的访问量迅速增长到每天7万人次，并持续上升。到了8月26日和9月4日，中央电视台《东方时空》和《实话实说》这两个在全国拥有庞大观众群和强大影响力的栏目也介入有关《死亡日记》的采访，本次媒介事件的建构达到了第一次高潮，奠定了其在公众视野中的显著地位。白岩松和崔永元以陆幼青知心人的角色在屏幕中出现，他们的影响力使《死亡日记》事件取得了远较在报纸等媒体上大得多的轰动效果。此后更多的追随者加入到采访该事件的队伍中来，众多广播电视新闻媒体就陆幼青《死亡日记》进行了采访报道。

11月下旬，《死亡日记》由北京华艺出版社出版，一上市便相当热销，媒体又获得了新

---

① 杜莹、张倩梅：《我国媒介事件中的伦理问题研究》，《河北广播电视大学学报》2012年第4期，第45页。
② 案例根据施喆：《〈死亡日记〉：一个媒介事件的构建和伦理分析》，《现代传播》2001年第2期，第7—15页整理。

的由头进行报道,有关陆幼青临死炒作的道德争议再次成为媒介报道和网上讨论的热点,而他进行"死亡直播"的初衷反而被有意无意地遗忘了。11月底,美国一医药公司专程为他送来了治疗癌症的特效药,又引发了媒体和网上一片议论。12月11日,陆幼青在上海去世,17日13时,他的告别仪式在上海龙华殡仪馆举行。互联网上再度爆发悼念高潮,仅13时至14时30分,"榕树下"网站的访问者便逾三千。媒体抓住这一最后的由头,集中对《死亡日记》事件进行了综述性的报道和评论,该事件在媒体眼中屡屡入选诸如"2000年中国文化七大'热点'"、"2000年中国民间的特殊事件"之类的盘点。

第四节 电子媒介新闻生产组织设计

时效性是电子媒介新闻产品的一个重要特长。电子媒介要充分发挥出这个特长,除了在新闻生产流程上提高效率,还需要在组织设计上减少资源整合的环节,提高组织弹性和应变能力。本节从组织设计这个视角探讨电子媒介新闻生产组织如何为新闻生产的高效运转作出制度保障。

一、电子媒介新闻生产的组织要求

(一)简洁、高效

新闻产品的时效性追求,使得电子媒介的新闻生产告别所谓的截稿时间,总是处于一种随时更新的状态,这对电子媒介的新闻生产组织提出了新的要求,必须最大限度地保障新闻采编播各个环节衔接流畅,特别是各个相关部门之间要能够建立起高效的沟通与协作机制。这就要求在新闻管理体制上以采编为核心,尽量减少管理层级。也就是说,新闻频道的管理体制必须是简洁的、高效的,能够为现代电视新闻对时效性的极致追求提供保障。[①]

(二)统一调度、快速整合

为了实现新闻的时效,往往需要快速整合电子媒介内部甚至是外部的所有可以整合的资源,实现第一时间、多角度、多形式的立体化新闻呈现。这对电子媒介新闻生产组织的资源调度和整合能力提出了新的要求,必须改变传统新闻栏目之间各自为政的局面,在电子媒介整体的层面上来组织新闻报道。这就要求打破栏目之间的壁垒和障碍,加强

---

① 刘成付:《电视新闻频道的理念与运作——以央视新闻频道为例的研究》,2006年,复旦大学博士学位论文,第77—78页。

栏目之间的沟通和联动,实现栏目之间的新闻资源共享,保证各栏目在人员配备、新闻资源的获得、栏目定位与特色等各方面体现出电子媒介新闻生产的整体性和一致性的要求。

为了实现新闻的多角度、多形式的立体化呈现,并且节约新闻采编的成本,电子媒介必须实现资源共享和资源再度利用。刘成付在其博士论文《电视新闻频道的理念与运作——以央视新闻频道为例的研究》中指出,从整合的范围来看,必须在三个层次上实现对新闻资源的整合:一是频道内部各个栏目间的资源整合,实现栏目之间资源的充分的、合理的利用,包括新闻资源的共享和新闻资源的再利用等;二是实现台内不同频道和栏目之间的新闻资源的整合;第三个层次是台外资源的整合,包括国内和国外的一些新闻机构和媒体提供的新闻。[1] 总之,电子媒介必须建立一套体制或者说机制,保证新闻资源的合理配置、在频道内部的流动与共享、新闻资源的整合与再利用等,以发挥新闻资源的最大效用。

[案例精选]BBC 和 CNN 的经验[2]

BBC 世界台和 BBC24 小时新闻频道都是 BBC 下属的两个新闻频道。BBC 的新闻节目全部由新闻中心来负责。BBC 新闻中心从 20 世纪 90 年代初开始成为广播电视合一的新闻中心,也就是说,BBC 记者所采集到的新闻全部汇总到一个中心(广播的、电视的、各个不同频道的新闻从中挑选使用,体育新闻、财经新闻除外)。BBC 的新闻运作总体上划分为采访部门和制作部门。采访部门又划分为"今天部"和"明天部"。"今天部"主要负责前方记者的联系和派遣、卫星或者微波线路的预定以及调配直播新闻在各档新闻中的使用。"今天部"侧重于联络和调配功能。"明天部"则更多的是策划功能,对可预测的明天新闻做出大致的总体安排。每天早晨,BBC 各档新闻的编辑、策划和采访部门的编辑都会举行一次例行会议,对当天的新闻进行汇总。在这次会议上,各档新闻的负责人可以对采访部门提出要求,诸如进行直播或者派遣更多的记者增援新闻热点地区等等。制作部门负责制作 BBC 的各档新闻,包括写稿、图像编辑、编排和播出等。BBC 的新闻运作组织结构示意图如下:

CNN 新闻运作流程分为新闻采集、新闻汇集、新闻制作三个系统。

CNN 的记者是新闻采集系统的重要组成部分。CNN 分布在各记者站或各报道分部的记者,不隶属于哪一个频道、哪一个部门、哪一个栏目,而是属于全 CNN 的。CNN 派出的报道组要为 CNN 的所有频道提供报道,而不仅仅是为某一个特定的节目做报道,这样就可以避免同一个新闻现场出现多个摄制组的现象。CNN 的记者都是按照区域而

---

[1] 刘成付:《电视新闻频道的理念与运作——以央视新闻频道为例的研究》,2006 年,复旦大学博士学位论文,第 77—78 页。
[2] 案例根据复旦大学刘成付博士论文《电视新闻频道的理念与运作——以央视新闻频道为例的研究》整理。

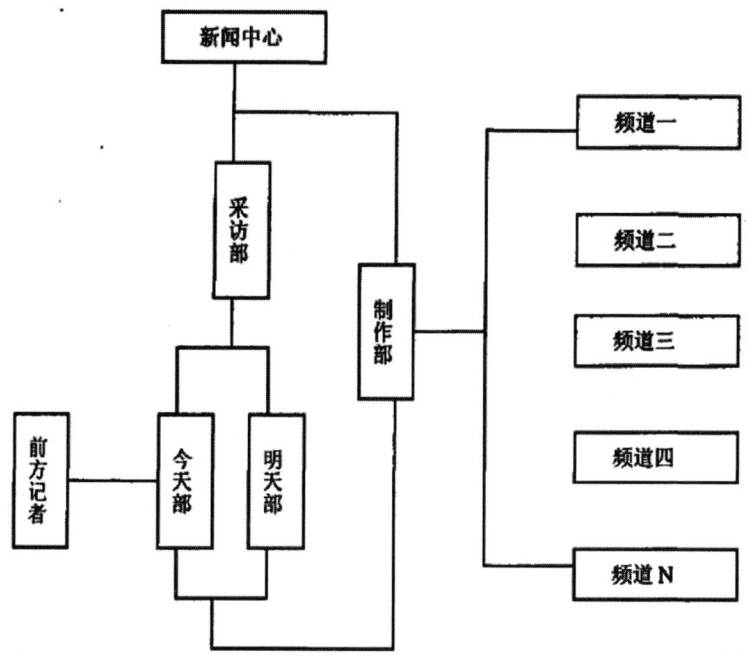

图 5.1　BBC 新闻运作结构示意图

不是领域分工的,这样可以使记者快速达到新闻事件现场。CNN 驻外记者站的布点原则是热点地区设站,兼顾周边地区。一旦发生重大新闻事件,CNN 记者能够在 2 小时之内到达现场。CNN 的记者往往都是全能型记者,他们能够根据编辑和栏目的要求,制作多条长度不同、角度不同的报道。

新闻汇集系统就是我们所说的大编辑部。其主要职责是在采集系统和制作系统之间起协调作用。汇集系统分为国内协调部和国外协调部。其职责是协调编辑接收前方记者的新闻报道,并进行汇总,确定每条新闻的长度、重点,将其编制成菜单,通过电脑通知各制片人,同时也将从制片人处汇总的信息立即分门别类地反馈给各站记者。编辑与前方记者随时可以进行沟通。各栏目对各记者有什么要求,可以通过分管某一区域的编辑向记者传达。编辑是合理分配资源、保证新闻资源共享的中心。

频道制片人和栏目制片人是新闻制作系统的负责人。频道制片人负责对频道各栏目进行总体规划和协调。CNN 的新闻栏目制作分工细致,讲求配合和工作效率。每个栏目都有专门的撰稿人,负责写导语、提要,并根据制片人的意图重新处理稿件。还有专门的编辑部门,采编分开,几乎所有卫星信号通过服务器传送回来都要经过专业人员的剪切。CNN 还配备有专门的画面编辑,根据记者或者制片人的意图取舍镜头,保证制作质量。下面是 CNN 新闻管理组织结构图:

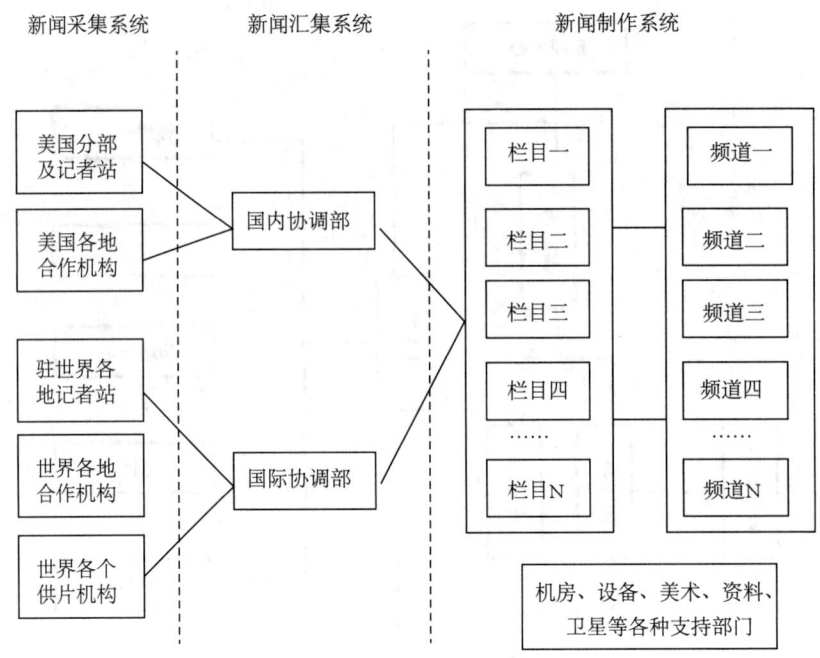

图 5—2　CNN 新闻管理组织结构图

二、电子媒介新闻生产组织设计的原则

(一)全方位整合新闻资源

以电子媒介整体为核心平台,实现新闻资源的整合与共享。这个整合包括三个层面:一是各频道之间新闻资源整合;二是频道内部栏目之间资源整合;三是在组织设计上保证电子媒介新闻生产组织的开放性,以便于充分整合外界资源。

(二)扁平化结构避免管理层级过多

在设计电子媒介新闻生产组织时,时效性原则应该被放在特别重要的位置。凡是阻碍新闻传播时效性的管理结构都应该被废除,特别要避免层级过多的管理结构,充分保证组织的应变性和灵活性,能够快速地针对外部环境的变化做出正确的反应。

(三)全能记者、地域分工

在媒介融合的背景下,为了适应新闻呈现的多媒介形式要求,电子媒介新闻采集的记者需要向全能化转型,即不再完全专注于某一个专业领域,不再局限于某一种媒介形式。通过地域分工来提升新闻生产时效,按照距离新闻事件发生地点的远近来调度记者。这样,记者能更快地抵达新闻现场,将后期各种媒介形式的新闻产品生产可能需要用到的素材一次采集完成。

(四)中心制与频道制相结合

频道制的好处在于,频道直接面向栏目管理,能够加强栏目之间的沟通与联动,形成合力。但是如果完全实行频道制,则不利于全台新闻共享。中心制的目的和意图就是在全台范围内实现资源的统一管理和调配。因此,有必要将两者结合起来。①

第五节 技术对新闻生产流程的再造

2013年8月22日,凤凰卫视直播新闻节目的女主播杨舒趁播音的空隙,埋头刷起微博,这一幕恰好被摄像机直播了出来,被所有的观众看到了,成为当日最火的图片新闻,被戏称为"低头刷微博,抬头播新闻"。随后杨舒回应说,自己不是在"看"微博、玩微博,而是"播报"微博,它只是最方便、快捷的一种"工具"。新兴媒介时代,技术对传统媒体的冲击不言而喻,但是杨舒的"低头"并不是传统媒体对新兴媒介的低头。技术的进步给传统的新闻生产模式带来了变化,新兴媒介时代,传统新闻媒体一定要做好准备!

一、UGC:新闻生产的全民制造

UGC,全称为User Generated Content,也就是用户制造内容。互联网技术的发展为UGC的兴起提供了技术平台,技术的进步让民众可以更主动方便地接近媒介并积极地使用媒介发布信息,被动的受众转化为主动的用户,社交化媒体的出现开启了"以用户为中心"的时代——无论是新闻的生产还是新闻的消费,用户都已经成为了核心。全媒体时代,技术的进步使信息发布的成本大幅降低,弥散的传播把每个普通公民卷入了信息的传播过程之中,在网络空间里,原本分散的个体会因为共同的兴趣或对某一特别事件的共同关注而凝聚成为公众,发出群体的声音并努力使政府和政治家听到这种声音。②

网络社会的繁荣得益于大量用户的自制内容,越来越多的广播电视媒体也意识到新闻已经步入"全民制造时代"。UGC,用户贡献内容的模式也被广泛知晓,广电新闻媒体开始积极利用UGC内容为自身服务。在灾难突如其来降临时,新闻媒体无法获得第一手资料,但是身处现场的网友可以立刻通过手机在网络上发布信息,为新闻媒体提供鲜活的图片、视频资料,并第一时间发布现场信息。同时传统媒体也成为UGC新的内容出

---

① 刘成付:《电视新闻频道的理念与运作——以央视新闻频道为例的研究》,2006年复旦大学博士学位论文,第91页。
② 〔美〕斯坦利·巴兰、丹尼斯·戴维斯:《大众传播理论:基础、争鸣与未来》,曹书乐译,清华大学出版社2005年版,第391页。

口和传播渠道,诸如《中国式过马路》《北京香山游客不文明现象》《西安缓堵出新招 黑板曝光车号》《公交车见闻——车门前的激战》《老人用生命谱写赞歌》等高质量的UGC拍客内容都曾被电视新闻媒体采用。

有人会问,用户制造内容(UGC)会取代专业生产内容(PGC)吗?其实这二者并不矛盾,UGC带来的是内容生产方式的创新,用"众包"方式加速了新闻生产的速度,降低了用户生产内容的门槛,但是在优质内容资源稀缺的媒介环境下,C(content)仍是制胜的关键。对于广电新闻工作者来说,优质新闻生产力仍然是专业优势,将好的UGC转化为PGC,让用户满足用户,不仅减少了成本,而且提高了新闻生产效率。实践证明,当传统意义上的新闻受众开始被赋予新闻传播的相对公平的权利时,大量的目击式第一手新闻素材的涌现恰恰是对新闻真实性前所未有的强烈呼应,从而最大限度地优化了新闻报道的质量,同时UGC也可较好地弥补新闻从业者在采写报道时囿于其所属新闻媒体机构立场而导致的角度偏颇的问题。①

社会化网络让用户乐于分享,UGC的勃兴也应该让传统媒体渐渐意识到:分享而非占有新闻是它们在新媒介环境中的明智之举。媒体的新闻报道并非传播的终结点,恰恰只是更广阔范畴传播的一个起点,因为任何新闻报道皆是以开启公众对话和讨论为有意义的终极诉求的。②

二、移动传播:重新定义新闻生产

2015年7月,中国互联网络信息中心(CNNIC)发布《第36次中国互联网络发展状况统计报告》,公布最新的中国互联网络发展状况。截至2015年6月,中国网民规模达6.68亿,半年共计新增网民1894万人。互联网普及率为48.8%,较2014年底提升了0.9个百分点。中国手机网民规模达5.94亿,较2014年底增加了3679万人。网民中使用手机上网人群占比由2014年底的85.8%提升至88.9%。③ 如同互联网的兴起,移动互联网的出现又带给人无限想象,给传统的广电新闻业务带来了巨大的变革。

移动互联网的兴起得益于智能移动终端的发展,日益普及的移动终端既是信息消费工具,也是新闻生产工具。在移动状态下快速地进行新闻的发现、判断与传播,成为受众对媒体人的基本要求。这也意味着新闻生产的时间被进一步压缩。在这样一种高压的状态下如何保证新闻的质量,这不仅是对新闻人的挑战,也是对媒体现有的新闻生产流程与机制的挑战。移动终端也使得新闻生产的空间发生了变化,基于文字、图片、视频等

---

①② 王嘉:《基于新闻专业主义框架基础上的温和变革——国外传统媒体新闻生产引入UGC的现实图景》,《传媒》2011年第5期,第69页。
③ 中国互联网络信息中心:《第36次中国互联网发展状况统计报告》,http://www.cnnic.net.cn/hlwfzyj/hlwxzbg/hlwtjbg/201507/P020150723549500667087.pdf。

手段的新闻现场直播成为常态,来自现场的新闻生产将在未来的新闻生产中占据越来越大的份额。这对于媒体的生产手段与流程同样是一种挑战。①

三、大数据时代:数据成为新闻"富矿"

随着云时代的到来,"大数据"成为时下最火热的词汇。最早提出"大数据"概念的全球知名咨询公司麦肯锡称:"数据,已经渗透到当今每一个行业和业务职能领域,成为重要的生产因素。人们对于海量数据的挖掘和运用,预示着新一波生产率增长和消费者盈余浪潮的到来。"

大数据时代的到来让每个人都认识到数据本身就是宝贵的资产,数据已经成为新闻生产的核心资料。运营多年的传统媒体本身就拥有大量数据,海量的文字信息、图片、视频、音频资料,甚至传统媒体在社交网络平台上累积的用户也是极其重要的媒体资产。数据不仅可以作为新闻报道的内容,也可以作为了解受众的依据,通过数据对受众的心理、需求以及行为习惯等进行分析,可以提供更符合受众需要的新闻报道。个性化的新闻信息服务也是以数据分析为基础的。② 对于广电新闻工作者来说,信息生产已不是问题,关键是按需生产,利用数据探测用户的喜好,更好地提高新闻的生产效率和价值。

"大数据的深度挖掘"是后媒体时代新闻采写的另一个重要方面。我们生活在一个"大数据"无处不在的时代,每一条微博、每一条评论、每一个表情、每一次转发、每一张PS、每一张图片、每一段视频、每一张投票……都在产生越来越多的数据。人们过去习惯于用有限的线索去关联一个群体事物,比如用身高或年龄或性别来划分人群,但实际上这是因为人们从前缺少获取及存储信息的方式,而"大数据"则为人们提供了无限线索及其相互关联,使得我们可以用类似"全息影像"的方式完整获取每个人的全部信息,而这些相互关联的线索又会提供给我们意想不到的有价值信息。对这些基本信息进行各种维度的分析,最终能得出基于大数据的阐释、结论。这种借助海量信息、海量数据来进行深度报道的方式是一种全新的采写模式。当然,"大数据"是离不开"云计算"的,"云计算"的超强计算能力保证了能将"大数据"的信息深度挖掘并重新阐释,从而产生更大效果的信息价值。③

科技改变生活,技术改变了人们信息消费的习惯,必然会对传统的新闻生产模式产生冲击。技术的进步让新闻生产更加快速、及时,在兼顾速度的同时又打破了广播电视时间和频道/率的限制,让新闻的深度得以延伸。新闻生产全面转向互联网平台,将更强调互动性,大数据时代的新闻生产方式也会为广电媒体的新闻发展提供新的契机。

---

① 彭兰:《社会化媒体、移动终端、大数据:影响新闻生产的新技术因素》,《新闻界》2012年第16期,第3页。
② 同上,第4页。
③ 栾轶玫:《后媒体时代的新闻生产——2012新兴媒介年度盘点》,《中国记者》2012年第12期,第23页。

■ **思考与研讨题**

1. 新传播技术对传统新闻生产环节构成哪些挑战,如何应对?
2. 新传播技术对电子媒介新闻生产组织结构提出了哪些新要求?
3. 新传播技术对传统新闻伦理是否构成重构和威胁?

第六章　电子媒介非新闻节目生产管理

■ **本章要点**

1. 电子媒介非新闻节目生产流程
2. 电子媒介节目外包模式
3. 新传播技术对电子媒介节目生产和传播格局的重构

非新闻节目与新闻节目由于其职能、性质的不同，在生产流程上表现出巨大的差异性。本章所指的电子媒介节目均为与新闻节目相区别的非新闻节目。

加入WTO后，我国传媒产业直面西方发达国家成熟的传媒产业的冲击，加剧了原本就残酷的传媒市场竞争。市场化经营要求电子媒介节目生产告别以前的小作坊式生产，由粗放型经营转为细致化管理。节目精品化、品牌化呼声愈高的今天，电子媒介需要建立一套科学、合理、高效的节目运行体系。

第一节　电子媒介节目生产管理概述

广播和电视具有各自不同的许多特性，但两者同属于电子媒介，都是通过无线电波或导线传送声音和图像的信息工具。因此，无论是广播节目，还是电视节目，其生产大体都会经过节目定位、节目策划、节目制作、节目编排、节目评估等基本环节。广播电视节目内容千变万化，形态多种多样，但无论什么样的节目，其制作过程一般都分为前期和后期两个制作阶段。前期包括构思、现场录音或拍摄；后期包括编辑和合成。为了杜绝或减少播出差错，保证安全播出，全面提高节目质量，广播电台和电视台一般都对节目的播出管理有严格的制度规范。[①]

[①] 严三九、张苑琛、周喆：《广播电视经营与管理》，上海外语教育出版社2006年版。

一、节目定位

节目定位是指节目制作人员对播出节目的思想内容、目标受众、节目样式、制作风格等的划定,对节目设置的目的和宗旨所作的事先规划。① "定位"对于一个节目甚至一个频道都至关重要,中国广播电视市场竞争激烈,清晰准确的定位有助于节目在众多同质化内容中获得差异化竞争优势。2004 年,电视湘军湖南卫视正式确定以"打造中国最具活力的电视娱乐品牌"为目标,秉持"快乐中国"的核心理念。作为中国第一家对自身品牌有清晰定位与形象区隔的频道,湖南卫视在激烈的电视市场竞争中异军突起。

2012 年火爆银屏的《中国好声音》,其成功的关键就在于对中国电视综艺节目特别是音乐选秀节目市场的准确把握和精准定位,在"选秀已死"的大背景下成为一匹黑马。身为选秀节目却并不定位为一场选秀,"励志"和"音乐"成为节目的核心,对"好声音"单纯的强调将《中国好声音》的秀场打造成一个励志类专业音乐评论节目。节目的独特定位与节目所表现出来的真诚与纯粹让《中国好声音》成功突围,音乐、梦想与感动创造了一个收视与口碑兼得的奇迹。

二、节目策划

节目策划,就是策划者遵照广播电视节目生产和运作规律,对广播电视节目的选题立意、采拍制作、播出销售等生产和运作过程进行总体筹划和论证并形成具有指导性文案的一种广播电视行为。② 节目定位是节目策划的前提和基础,节目策划则是节目定位的实践和强化。

江苏有线电视台的大型综艺节目《非常周末》是江苏地区收视率最高的一档综艺节目,其吸引受众的一个最主要原因就是:该节目每次播出时都用转播车转播选取观众的全过程,并由直播车立即将幸运观众请到现场。这种策划技巧造成了观众的等待意识,所以,每到节目开播之时,许多观众都等候在家中,等待跟随着转播车而来的敲门声。③ 大到节目形式、主持人、栏目包装,小到一个小小的环节设置、衔接音乐等都需要精心的策划,唯有经过高质量的策划才能为受众带来广播电视精品节目。

关键术语

节目策划,就是策划者遵照广播电视节目生产和运作规律,对广播电视节目的选题立意、采拍制作、播出销售等生产和运作过程进行总体筹划和论证并形成具有指导性文案的一种广播电视行为。

---

① 王文:《谈节目主持人与节目的融合》,《记者摇篮》2014 年第 12 期,第 43 页。
② 张静民:《策划时代说策划——中国电视节目策划的缘起及其作用》,《广州大学学报(社会科学版)》2002 年第 3 期,第 34 页。
③ 吉喆:《略论电视节目策划中的精品意识》,《长春师范学院学报》2007 年第 11 期,第 84 页。

三、节目制作

节目定位确定,节目策划方案出来以后,广播电视节目的生产马上面临着现场制作这一环节。按照节目内容的划分标准,广播电视节目可分为新闻类节目、社教类节目、综艺类节目以及服务类节目四大类。无论节目形态怎样,其制作过程一般都分为前后两个制作环节。在前期制作过程中,要完成的任务主要是根据脚本或摄制提纲进行现场录音或拍摄。在后期制作过程中,则是根据节目的需要,广播节目中可加入人工混响、电子效果等内容,使节目的音效大为增色;电视节目除了要对素材带进行编辑之外,大多数节目还会加入配音、字幕和特技等。[1]

四、节目编播

按照节目定位和节目策划制作出来的节目,经过节目质量审查之后,便进入编播这一生产环节。广播电视节目无论制作得多么具有思想性、艺术性,多么美轮美奂,如果不进行节目编播,就不能为受众所感知,就无法实现节目制作的目的。节目编播并不是随心所欲地排列组合,而是需要讲究策略,精心的编排可以让节目成为一个有机整体,突出节目的品牌定位,取得强大的整体效应和品牌优势,从而在激烈的竞争中获胜。

中央人民广播电台"中国之声"频率将自己定位为"汇集天下新闻的大平台,解读重点新闻的思想库"。围绕这一定位,"中国之声"搭建起崭新的整体节目构架,以全天30多次整点新闻和半点新闻为发展主线,早、中、晚三大新闻密集区为重点支撑,清晨、午前、午后、夜间、午夜五大板块为延伸,共同构成了立体推进的动态新闻模式。这样的节目编排很好地实现了频率的品牌定位。[2]

五、节目评估

一直以来,收视/听率都是广播电视台考核节目的重要标准,但是"唯收视/听率论"的后果是一些广播电视台为了提高收视/听率,吸引眼球,迎合受众,致使节目过度娱乐化和高度同质化。广电总局在《关于进一步加强电视上星综合频道节目管理的意见》中明确要求从 2012 年 1 月 1 日起,"各广播电视播出机构要坚持把社会效益放在首位,坚持社会效益和经济效益的有机统一,重视社会公众对节目、频道的评判和监督,建立科学客观公正的节目综合评价体系。不得搞节目收视率排名,不得单纯以收视率搞末尾淘汰制,不得单纯以收视率排名衡量播出机构和电视节目的优劣,坚决扭转唯收视率的倾向"。

---

[1] 严三九、张苑琛、周喆:《广播电视经营与管理》,上海外语教育出版社 2006 年版。
[2] 於亚女:《论广播节目编排策略》,《中国广播》2011 年第 2 期,第 69 页。

2011年7月1日起，央视试行全新的节目评价体系，终结了实施6年之久的以收视率作为唯一硬性指标的末位淘汰制；2011年12月28日，由央视市场研究（CTR）主办、浙江卫视倡导的"省级卫视综合评估体系"向社会征求意见，该评估体系实现了评价数据的多元化采集，力求从多角度对各个省级卫视进行全面评估。[1]

科学的节目评估是一个复杂的系统，想要建立一套有效、适用的综合评级体系十分不易，因为评估系统不仅是一种效果评估机制，也是一种激励机制，更是一种导向机制。

[案例精选] 中央电视台节目生产管理系统[2]

中央电视台节目生产管理系统是在现行节目宣传工作和资料管理工作的基础上，引入计算机和网络技术对节目生产和信息进行管理，是中央电视台计算机信息网络和管理系统的一部分，所包含的内容为：节目宣传管理、节目资料管理、节目辅助管理。系统设计时，以节目的规划、制作、播出、存贮和检索为主线，建立起全台的节目生产管理系统。

目前，凡在中央电视台播出的节目，必须制订符合要求的选题计划，由总编室统一管理。在每年的第四季度，各节目中心根据宣传要求，结合本部门实际，制订重点选题计划，报总编室审核，提交台编委会批准。日常节目选题，由各中心审核后提交总编室确认。重大选题计划增加或调整、日常节目的调整及开设新的栏目也都必须报总编室审核再提交台编委会批准。同原来相比，中央电视台从节目的选题开始就更加注重节目的计划性、整体性、针对性，在选题的管理上更加严格规范。

当节目的选题确定后，就需要申请节目代码。十年前，虽然也存在节目代码，但是由于节目量的快速增加，一些临时报播的节目或是外来节目没有相应的代码，有些节目的代码也有不唯一的情况出现，这就给节目的安全播出造成了不便：值班员在编辑节目串联单时，由于节目代码的问题，增加了节目数据重复输入的次数及出现差错的几率，并且造成了播后数据统计困难。如今，加强了对节目代码的管理及科学的设置，现在的节目代码由12位阿拉伯数字组成，前9位用于申请节目经费和技术设备，后3位用于区分节目集数，12位节目代码共同用于节目报播入库。节目部门在有了节目代码之后，就可以此代码为依据申请节目经费、设备、磁带来制作节目。

节目部门在制作节目的过程中，无论节目的前期准备、采访、制作还是后期的编辑、合成，都要严格遵守中央电视台节目生产管理的相关规定，以确保节目的质量符合安全播出的要求。现在，台里明确规定：播出磁带节目开始前应录制1分钟彩条（含音频测试信号），30秒黑底；节目结束后应录制30秒黑底，磁带条码应连续；一盘录像带只允许录制一个播出版节目，不得在播出带上录制与所播节目无关的内容。播出版磁带应使用新

---

[1] 韩业庭：《电视节目该如何评价？》，《光明日报》2012年1月17日。
[2] 案例引用自王榕：《关于中央电视台节目生产播出管理体系综述》，http://info.broadcast.hc360.com/2005/11/24113284791.shtml。

磁带或磁带库消磁后的磁带。制作完成后的播出带必须经过内容审查和技术审查后方可进入磁带库等待按计划播出。中央电视台节目审查实行三级节目审查制度,所有类别的节目都要由相应级别的领导审定签字。节目部门或制作单位送审的节目带必须是制作完成的播出版。同时,节目的技术审查也必须严格执行技术质量标准。送审的节目播出带必须附有:录像节目登记表、节目代码、部门领导签字、磁带条码标志和节目负责人工作证号。在通过审核后,该节目才可以报播,并根据播出时间提前入库。

第二节　节目策划

"凡事预则立,不预则废。"节目策划是对整个节目的全盘统筹,是整个节目生产制作过程中的重要环节,对于一档节目的成败有决定性的作用。近年来对广播电视节目"精品化""创新化"的呼声更加凸显了节目策划的重要性。中国广播电视业经过 50 多年的发展,历经制作人时代到制片人时代再到如今的策划人时代,策划已经成为广播电视节目新的增长点。

节目策划是一个完整的过程,从获得策划灵感到确立策划目标,从着手拟订计划到具体步骤实施,从预期效果监测到市场受众调查,整个过程都是连贯而协调的。任何节目的策划都要包括:信息资料的整合、制播方案的拟订、策划目标的实施和策划效果的反馈四个基本步骤。节目策划又可以分为:媒体形象类策划、频道整体类策划、节目本体策划、栏目运作策划以及相关报道策划这五种类型。[①] 一般我们也把电视节目策划分为前、中、后三个阶段,节目的形态是前段,内容是中段,产业链在后段。[②] 目前,我们的广播电视节目策划主要集中在中段,即节目内容策划,对节目形态和产业链的策划相对不足。

一、节目形态策划

广播电视节目形态是广播电视节目内容的形式载体和结构方式。常见的广播节目基本形态有广播音乐节目、广播新闻节目、广播谈话节目和广播剧;电视节目基本形态分为纪录片、谈话节目、现场直播、电视剧、真人秀和动画。具体到广播电视节目的完整形态还包括节目名称、内容、主题、形式和一定的时间长度等。对节目形态的策划,是节目策划者在有了"好点子"的基础上,通过对目标受众的分析,在节目内容、操作流程、制作、播出多方面进行细化操作,并完善后续节目评估和改进。近年来广受热议的"节目模式"

---

① 胡智锋:《电视节目策划学》,上海复旦大学出版社 2008 年版。
② 刘婷婷:《张绍刚谈电视节目策划》,《新闻与写作》2010 年第 7 期,第 9 页。

就是节目形态的固化。

飞速发展的广播电视产业中,单一形态存在的节目已经不多,广播电视节目的发展趋势之一就是形式的淡化和融合,越来越多的节目不局限于某一鲜明的单一形式,而是多重形式的交融或者是根据内容需要的"随物赋形"。① 也就是说,大部分的广播电视节目都可以对基本的节目形态进行优化组合、融合、变异后打造出独特的节目形态,提高节目的可看(听)性。节目形态的"变形"和嫁接也能够在"千台一面"的媒介环境中找到不同,作差异化竞争。

如果说宏观的节目形态是由若干基本节目形态组合而成,那么节目模块或环节则构成了节目形态的中观层面。模块的组合总是以某种方式结构而成。模块的结构方式有链接式、嵌入式和混合式。有些"模块"的外部特征并不明显,我们把它叫做环节更为恰当。环节是指相互关联的许多事物中的一个。与模块不同的是,节目环节之间前后并无表现时空上的明显跳跃,彼此之间只存在着内在的逻辑递进关系,设计者按游戏规则把整个节目设计为几个环节。在每一个大的环节里又套着若干小的环节,每个小环节都会根据游戏规则变换场景和内容,而每一期节目也通过这些变化进行微调。②

随着竞争的加剧,电视节目形态的微观构成——节目元素,也需要策划者精心的设置。比如,《中国达人秀》《美国偶像》和《英国达人》都是根据 Fremantle Media 公司的节目模板"pop idol"制作的节目——它们有相同的节目创新点、场景布置、游戏规则、节目 LOGO 等,但是它们可以被观众清晰地区分开,正是由于节目主持人、嘉宾、参赛人选等不同的节目元素。就像不同的人照着同样的菜谱做出的菜会有不同的口味一样,尽管有相同的原料和配料,但是对于材料比例多少、装盘和在制作过程中的创新性行为,都会让每个人呈现的作品与众不同。可见,对节目元素的创新性策划也可以让节目形态千变万化。

二、节目内容策划

信息爆炸时代,稀缺的注意力资源成为媒体竞争的目标。该怎样吸引受众的注意? 中国人民大学舆论研究所1999年上半年在北京地区进行的"北京居民收看电视的基本情况和收视意愿"调查显示:对于吸引观众非常重要的节目特质有5个,即节目内容重要、节目内容有意思、节目内容实用、节目形式新颖和播出时段合适。由此可见,市场化竞争中,"内容制胜"依然是颠覆不破的真理。

内容的生产一直以来都是传媒产业价值链中最重要的部分,注意力稀缺时代更需要策

---

① 胡正荣、李舒:《娱乐节目可持续发展的路径选择》,《中国广播电视学刊》2008年第6期,第44页。
② 谭天:《论电视节目形态构成——一种用于节目研发的理论模型》,《现代传播》2009年第4期,第71页。

划者准确定位受众人群,策划、制作出符合受众需求的节目内容。

以下是节目策划的一般流程:

(一)前期节目策划阶段

1. 上期节目信息反馈,了解受众收视情况,根据受众反馈,分析受众心理,考虑节目选题。

2. 搜集与节目相关的信息资料,如来电来函、报纸杂志、单位提供的新闻线索等,拟定节目选题。

3. 召开观众座谈会,了解收视心理,为节目选题服务。

4. 召开策划会议,讨论节目选题。

5. 拟定选题策划方案。

6. 试行策划方案,调查了解有关的人和事,及时修改策划方案。

7. 从多种策划方案中优选方案。

(二)中期节目策划执行阶段

1. 制定详细(也可简单)的节目执行方案,包括对各环节的要求,如编导、导演、支持、摄像、后期制作、节目包装等。

2. 执行策划方案,贯彻落实策划思想。

3. 节目制作。

(三)节目策划执行阶段

1. 节目最后录制合成包装。

2. 节目播出。

3. 手机反馈信息,为下期节目策划做前期准备,与第一阶段首尾呼应。[①]

上面三个阶段也会依据节目和制作条件灵活删减。

三、产业链策划

2005年,当《超级女声》红遍中国大江南北的时候,一条超级产业经济链也在悄然形成。在这条产业链上,节目制作商、节目品牌运营商、冠名赞助商、广告代理商、电信运营商、短信增值服务提供商、娱乐包装公司、网络公司等,依托《超级女声》这一品牌,联动合作,都从这场文化盛宴中获得了巨大的经济效益。[②] 过度依赖广告收入的广播电视产业一度遭遇产业化发展的瓶颈,《超级女声》在多元化经营上做出的尝试无疑展示出产业链的巨大魅力和效益。湖南卫视著名电视节目策划人龙丹妮曾说,"在国外,一个节目播出

---

① 崔俊丽、高福安:《也谈节目策划》,《现代传播》2001年第1期,第36页。
② 凌勇:《电视节目产业链思考》,《管理与财富》2006年第11期,第26页。

之后,还有发行、广告、艺员的开发、手机媒体以及网络,所以,我们不能只是再制作一个一个单一的节目,从策划的开始就要考虑后面整个产业链条的搭建。"将节目收获的注意力和影响力资源转化为经济效益,拓宽广播电视产业的产业链,应当成为节目策划者在策划之初就正视的问题。

广播电视产业链不仅仅包括节目,还有前后的衍生品。衍生品不只是简单的玩具等。衍生品是一个节目所具有的影响力,因为有影响力,所以它能够带动其他东西的出现,能够带动大型电视活动的出现,能够带动特定主题的出现等等。① 尽管目前很多广播电视节目的策划在产业链方面的研究尚显不足,但是越来越多的节目正在产业链的延伸和完善上不断努力和尝试。2012 年中国最火爆的文化现象当属叫好又叫座的《中国好声音》,且不谈节目独特的创意和优质的内容制作,在衍生品市场开放和产业链建构上就已经是成功的案例。

《中国好声音》热播之时,节目组就趁热打铁,相继推出《酷我真声音》《舞动好声音》等相关衍生节目。新节目一经推出,又衍生出高价的广告冠名费。第一季《中国好声音》收官后,节目组又把好声音学员以导师名义分为四个组,在南京、杭州、深圳等 12 个城市进行对抗巡演,并将巡演内容录制成《中国好声音之对战最强音》节目在浙江卫视播出。播出的 12 期《对战最强音》,收视率始终稳定在晚间节目收视前 7 强,不仅实现了资源的充分利用,也延续了在第二季《中国好声音》推出之前受众对节目的关注。节目播出前,《中国好声音》就与移动运营商展开合作,为消费者提供打包付费彩铃下载业务。数据显示,如果按照《中国好声音》原版节目"The Voice"里每位导师 8 个学员的份额和中国移动的市场预估来算,《中国好声音》一旦达成彩铃下载目标,将催生 3.2 亿元的彩铃市场。通过彩铃下载,学员在扩大知名度、获得市场认可的同时,还可以从中获取一定的收益,为新音乐创作积累启动资金。在全国巡演阶段,好声音学员不仅演唱自己最拿手的成名曲,还适时推出新歌曲。无论是张玮的《让世界为你转身》,还是李行亮的《愿得一人心》,都在社会上产生了积极反响。《中国好声音》依托星空传媒旗下的优质音乐平台资源,为签约学员提供众多的商演机会,并且通过发行唱片、开演唱会、打造音乐节等音乐产业链运作,提升《中国好声音》的持续盈利能力。在 2013 年跨年演唱会中,浙江卫视凭借《中国好声音》的人气学员赚得盆满钵满,在取得良好收视效果的同时,也被誉为"最省钱"的省级卫视跨年演唱会。记录 56 位学员参赛蜕变历程的图书《中国好声音写真集:梦响》也已经上市。② 由此可见,产业链的延伸不仅延长了节目的生命周期,更强化了节目的品牌力量,实现了经济效益和社会效益的最大化。

---

① 刘婷婷:《张绍刚谈电视节目策划》,《新闻与写作》2010 年第 7 期,第 10 页。
② 张雷、陈波:《产业链视域下的〈中国好声音〉栏目运营策略分析》,《浙江传媒学院学报》2013 年第 4 期,第 82 页。

第三节　节目编排

[案例精选]北京卫视节目编排表[①]

6：01　法治进行时
6：20　养生堂精编版
6：55　早间气象服务
7：00　北京您早
9：05　《暑期剧场》34集剧：孤军英雄(22)
9：51　《暑期剧场》34集剧：孤军英雄(23)
10：37　《暑期剧场》34集剧：孤军英雄(24)
11：25　档案午间版
12：00　特别关注
12：58　午间气象服务
13：06　军情解码
14：02　《午茶剧场》25集剧：潜龙行动(8)
14：53　《午茶剧场》25集剧：潜龙行动(9)
15：43　《午茶剧场》25集剧：潜龙行动(10)
16：33　《午茶剧场》25集剧：潜龙行动(11)
17：23　养生堂
18：20　今日京华
18：30　北京新闻
18：56　天气预报
19：00　转播CCTV新闻联播
19：35　《红星剧场》40集剧：假如生活欺骗了你(15)
20：33　《红星剧场》40集剧：假如生活欺骗了你(16)
21：27　档案
22：17　看气象
22：25　天下收藏
23：20　晚间精品栏目荟萃
0：20　晚间气象服务

---

① 节目单来自北京卫视官方网站 http://www.btv.com.cn/jmyg/shouye/index.shtml. 2013.9.2。

0∶27　光阴

1∶09　《好梦剧场》42集剧：飞虎神鹰(9)

1∶52　《好梦剧场》42集剧：飞虎神鹰(10)

2∶35　《好梦剧场》42集剧：飞虎神鹰(11)

3∶17　《好梦剧场》42集剧：飞虎神鹰(12)

3∶59　《好梦剧场》42集剧：飞虎神鹰(13)

4∶43　养生堂

5∶42　法治进行时

这是2013年9月2日北京卫视的节目表。看似平凡的一份节目单，并不是简单的节目随机组合，而是对时间的分割艺术。全新改版的后北京卫视对于节目的编排可谓费尽心思，老牌新闻节目《北京您早》《特别关注》扩版，全面扩容新闻节目，晚间黄金时段构筑《档案》《身边》领衔的特色栏目带，强化了新闻立台、文化立台的理念。

节目编排是在节目资源有限、收视时间有限的前提下，对现有节目资源进行"最优"配置，从而取得最佳播出效果的创造性工作。[①] 合理的节目编排可以凸显节目特色和定位，出奇制胜地获得受众注意力。从节目生产角度来看，广播电视节目编排就是对节目本身进行内容和形式处理的终端角色，意味着将节目要素变成节目成品的过程；对于节目的经营推广而言，广播电视节目编排意味着将节目的占有时段进行评估进而进行售卖的过程。从播出层面来看，节目编排的主体地位在日益加强，由原来的以节目生产为主导安排播出到以节目播出为主导安排节目生产；而从经营推广层面来看，节目编排在日益主体化的过程中越来越重视节目生产与节目推广的有机结合，以多样化、灵活化的编排方式去推动电视经营推广。[②]

一般来说，广播电视节目的编排策略分为横向和纵向。纵向节目编排策略要明确节目、频道定位和目标观众，一般采用如水平策略、垂直策略、吊床策略、搭帐篷策略、棋盘策略等。横向节目编排策略需要了解竞争对手的优势和劣势，以及同一时段播出节目的收视率等，才可以有针对性地设计节目播出框架。主动进攻型的策略包括正面策略、强棒出击策略、阻挠策略等；防御反击型的策略包括反向策略、桥梁策略、无缝隙策略等。

在"以受众为中心"的今天，处于市场竞争中的电子媒介想要主动地抓住受众，还需要创新思路，对节目进行巧妙的编排。

一、品牌化编排

同质化竞争是广播电视节目面临的共同问题，极具辨识度的品牌建设成为各大广播

---

① 王兰柱：《收视率调查应用手册》，中国传媒大学出版社2006年1月版，第221页。
② 胡智锋、周建新：《电视节目编排三论》，《现代传播》2006年第5期，第81页。

电视台寻求差异化竞争的突破口。如何用独特的方式整合内容资源,传达出广播电视台的风格和价值取向,最可行的方法就是加强节目的品牌化编排,"通过节目、时段和受众的选择和组合来体现频率、频道的品牌特征和品牌价值"。

二、主题化编排

频道专业化进程中,绝大部分专业频道的节目内容和形态大致雷同,给受众"千台一面"的感觉。大部分的节目编播策略都是在基本固化的节目时段中做内容的变更,主题化编排为创新节目编排策略提供了新的思路。

主题化编排是以主题化的方式赋予相对中性的内容或形式以某种特质、基调与风格,从而以相对独特、个性的视角和话语方式实现了对资源的最优化配置。主题化时段更是一种功能性的满足,改变了传统栏目单体丰富、功能多样的定位,以大板块的质和量,体现出内容上种类丰富、交相互补,形式上彼此衔接、互为映衬的结构性优势,最大化稳定同类型观众对频道的忠诚度。可以说,主题化时段在培育忠诚度、体现频道核心理念等方面具有多重优势。[①]

三、编播季

2005年,中央电视台经济频道首次尝试暑期"季"的编播方式;2006年,东方卫视推出以"真实四季"为主题的四大真人秀节目;2007年,湖南卫视全面采用"4+3"模式;2011年,湖南卫视又打出了"季"播的概念。[②] "编播季"概念越来越频繁地出现在广播电视中。

在我国,"编播季"的概念来源于美国商业电视台中"电视季"(Television Season)的概念,这一舶来品在中国广播电视频道化建设的实践中应用得越来越广泛。根据受众的收视时间、习惯和需求做季节性的编排,利用"编播季"灵活的节目编排模式,将节目资源优化组合,不仅提高了节目的收视率和竞争力,而且也是应对市场竞争、抢夺观众注意力的必然结果。

[案例精选] **TVB明珠台的晚间节目编播策略**[③]

晚间电视节目编排在时段上大致可以分为"黄金时间"、"后黄金时间"和"静夜时间"三大块(三块时间有一点交叉重叠):一是6点到10点,主要面向老观众的,怎么对付他们,电视台很有经验了;二是9点到12点,主要面对青年观众,湖南卫视解决了娱乐节目问题,又在把青春偶像剧搞起来;三是12点以后,入睡前,电视机声音要关小点儿,财经、高端访谈、精英事迹,做这些"凤凰"比较有经验。这三块时间首尾有重叠,大致如此,不

---

① 林力涵、杨乘虎:《主题化时段:电视编播的新理念》,《现代传播》2007年第6期,第167页。
② 马晓瑾:《"编播季"电视编排新趋势——对湖南卫视节目编排的思考》,《经营管理者》2011年第18期,第282页。
③ 案例引用自李幸:《新的传播环境与电视节目编排》,《现代传播》2010年第4期,第46—48页。

必拘泥。

香港无线电视公司(TVB)的"明珠"(pearl,英语频道,大多数节目有中文字幕)在吸引高端观众方面,节目编排相当成熟。

周一至周四,晚间

9:30—10:30(剧集1)

10:30—11:30(剧集2)

11:30—12:00(过渡)

12:00—1:00(剧集3)

周五至周日,晚间

9:30—12:00(一部电影)

该频道晚间9点半以后是剧集(电视剧、电影)大时段。周一至周四每晚播三部不同的电视剧,每部只播一集。三部剧面向的观众也有所细分:播出时间越晚,剧的内容越分众、小众,比如《白宫群英》,政治家题材的,就放在第三部,12点以后;《越狱》,警匪探案类的,常常放在第一部,9点半;10点半的第二部则常播出一些比较冷静的心理性格剧。周末(五、六、日)播出一部电影(都是大片,且较新),从9点半到12点。在整个剧集大时段里,要插播当天的重要新闻(提要性的,一般两到三条)、天气预报、商业资讯(CEO访谈、股市信息等),让观众在晚间这段观赏消闲期间也能得到各种信息。当然每次插播时间都很短,也就一分钟到几分钟。而在9点半之前,该频道除了播出新闻节目外,一般只播一些知识性的专题节目。敢于放弃传统的黄金时间,是因为该频道所属"香港无线"。还有其他频道,其中在广东落地的"翡翠",就是一个面向传统观众的频道,按传统的方法编排,晚上6点半新闻,7点是属于政府的"香港电台"节目(一般是一部纪实片),7点半以后是电视连续剧,一般连续播两集,而10点以后,该频道也只播出一些专题专栏。

第四节　节目评估

根据国家广播电影电视总局发展研究中心提供的数据,2012年,全国各级广播电视机构共制作广播节目718.82万小时,制作电视节目343.63万小时,分别比上一年增长3.62%和16.47%;完成电视剧共计506部17703集,同比增长7.89%和18.48%;完成电视动画片395部、22.29万分钟;全年电影总产量893部,中国作为世界第三大电影生产国的地位稳固。① 我国的广播电视节目生产能力毋庸置疑,但是在这些广播电视内容

---

① 庞井君主编:《中国广播电影电视发展报告(2012)》,中国社会文献出版社2013年版。

产品之中,有多少可以顺利地和受众见面,有多少可以获得受众的肯定创造经济、社会价值,又有多少可以走出国门在国际交易市场上大放光彩?2010—2011财年,英国电视节目出口第一大公司——英国广播公司(BBC)的节目出口总额即达6.4亿英镑,同年我国影视节目出口仅有6700多万美元。[①] 经济大国与传媒弱国的巨大反差背后有很多需要我们思考的原因,其中广播电视节目的评估系统就是很重要的一个。

评估的方法和标准对节目的生产具有巨大的导向作用。因此,广播电视节目评估对节目制作业的健康发展乃至对广播电视产业的可持续发展有着不可估量的价值与意义。业界、学界和管理部门也都知道过度依赖视听率指标的中国广播电视节目评估环节或评估体系不够完善,从而导致节目质量不高、节目创新落后、国际竞争力低下,也一直在致力于解决这个重大的实践和理论问题,但是,至今没有找到一个理想的解决方案。广播电视节目评估体系建设正是构建和发展现代传播体系的重要环节之一。[②]

在"以受众为中心"的媒介市场竞争中,受众行为得到重视,"收视率"作为反映受众媒介接触习惯的最显著的量化指标,受到电子媒介的热情追捧。简单的阿拉伯数字在媒体看来是极富魔力的字符串,它把节目、观众、广告商紧密地串联在一起,收视率、收听率成为电子媒介追求的最高目标。2011年各大卫视跨年晚会尘埃落定之时,湖南卫视和江苏卫视在央视—索福瑞公布数据之前抢先公布收视数据,并且分别宣称自己是冠军——央视—索福瑞25城市的收视统计中,湖南卫视以3.58%的成绩夺冠,而索福瑞35城市快速监测平均收视率报告中,江苏卫视却以3.427%的成绩超越3.384%的湖南卫视夺得冠军。[③] 可见,收视率不一定"靠谱",不同的统计指标,依赖电视台非独立的第三方收视率检测机构,并不能保证统一、科学的"收视率"指标。除此之外,收视率无法反映节目与观众的互动情况,不能衡量节目生产产业链的运营,更加无法体现受众对节目的满意度。广播电视媒介片面地追求收听/视率,导致一些节目过度市场化和庸俗化,出现导向偏离、价值缺失、责任失守等问题。具有公共性和公益性的电子媒介在市场化运营中不能仅仅看到内容产品作为商品的一面,还需要承担不可推卸的社会责任,用社会效益作为节目评估的重要标尺,发展中的广播电视产业迫切需要打破"唯收视率论",建立科学有效的节目评估体系。

广电总局下发的《关于进一步加强电视上星综合频道节目管理的意见》中明确要求:"从2012年1月1日起,不得搞节目收视率排名,不得单纯以收视率搞末尾淘汰制,不得单纯以收视率排名衡量播出机构和电视节目的优劣,坚决扭转唯收视率的倾向。"2011

---

① *BBC Worldwild Annual Review* 2010—2011,http://www.bbcworldwide.com/annual-review/annual-review-2011.aspx,2011-07-12.
② 陆地:《电视节目评估体系的创建与创新》,《南方电视学刊》2013年第1期,第19页。
③ 《揭秘跨年晚会收视率 统计方法不同或现多种答案》,http://ent.qq.com/a/20110105/000027.htm,2011-01-05。

年7月1日中央电视台结束了实施6年的"末位淘汰制",宣布正式实施新的栏目评价体系。栏目综合评价体系优化方案共设置三个大项指标:考评栏目传播社会效果的为"引导力"和"影响力"指标;考评栏目传播市场效果和栏目发展状况的为"传播力"指标;考评栏目专业品质的为"专业性"指标。三个一级指标下设11个二级指标、33个三级指标,为了纠正目前电视行业片面强调收视率的倾向,央视强化对社会效果的考核,权重设置为45%。用来考核栏目的市场效果"传播力"权重占50%。①

"引导力"是表征栏目导向是否正确,是否有利于弘扬先进文化、体现主流价值、提升审美品位、引领道德风尚等社会效果的指标。该指标由专家评审组评分和观众专项调查共同获得。"影响力"由观众专项调查获得,包括两个二级指标,其中"公信力"用来表征栏目的可信性、权威性以及责任感;"满意度"则是指在调查日前30天内看过该栏目的观众对栏目满意程度的评分。"传播力"测评传播的广度,包含收视目标完成率、观众规模、忠诚度、成长趋势四个二级指标,由收视率调查数据转换计算获得。并且充分考虑到全台开路频道和栏目的多样性,评价体系实施统一指标下的分类考评:全台所有频道、栏目采用统一的一级、二级指标体系,统合得分采用百分制,确保不同类型栏目之间的可比性和大样本量数据采集的可得性;而在二级指标考量维度的设计上,结合各频道的特点及节目类型进行微调,按节目内容将全台栏目划分为新闻、娱乐、财经、体育、法制、科教文化、少儿、生活服务八个类别,按类别特点分别设计部分二级指标的考量维度,以保证公平与科学的统一。

表6—1 栏目综合评价指标体系②

指标	二级指标	考量维度	专家打分	观众调查	收视率调查
引导力20	引导力20	表征栏目导向是否正确,价值观是否被认同的社会效果指标	√	√	
影响力25	公信力10	表征栏目的可信性、权威性以及责任感方面的社会效果指标		√	
影响力25	满意度15	总体满意度		√	
影响力25	满意度15	分项满意度		√	
传播力50	收视目标完成率10	受众传播规模的拓展与维护			√
传播力50	观众规模20	栏目传播广度与观众群的拓展能力			√
传播力50	忠诚度15	栏目黏着观众的能力			√
传播力50	成长趋势5	栏目成长性和阶段性状态			√
专业性5	专业品质5	制作水准和品质〔编辑编排、制作剪辑、播音主持、音响音乐、画面镜头(舞美)、文字写作〕	√		

---

① 《央视正式告别"末位淘汰" 新"栏目评价体系"揭秘》,http://www.dwrh.net/a/gdw/tv/2011/0715/67565.html,2011—07—15。
② 本表引自融合网,《央视正式告别"末位淘汰" 新"栏目评价体系"揭秘》,http://www.dwrh.net/a/gdw/tv/2011/0715/67565.html,2011—07—15。

此次央视力求设置更加完善、科学的电视节目综合评价体系,没有一种评价标准是完美并且普遍适用的,但是不断优化的节目评价体系会为广播电视节目生产的良性运营注入强大的动力。

[案例精选] 湖南卫视节目评估体系[①]

在湖南卫视节目评估系统中,收视率是最重要的衡量指标,其次是品牌影响力,节目的广告负载比是经济指标,投入产出比也是评估的关键因素。

由于频道的不同时段具有不同的价值,负载着不同的创收任务(包括收视率贡献和经营创收贡献),而节目因播出时段、时长的差异,占有的频道资源不一样,这就要求节目对频道创收所作的贡献也应有所不同。为此湖南卫视专门建立了收视—盈亏平衡模型,对栏目的存在状态和发展方向及时进行跟踪评估和对比分析,实施"精品上档、末位淘汰"。该评估模型首先将栏目所处的状态分为四类不同的区域。A区:处于该区的栏目属于频道王牌栏目。B区:处于此区的栏目的收视负载达到了频道对其的最低要求,但广告经营收入没能收回栏目成本。C区:处于该区的栏目的收视负载没有达到频道的基本要求,而广告经营创收实现了盈利。D区:处于此区的栏目的收视负载没有达到频道对其的最低要求,而广告创收也没有实现盈利。

在以上四个评估指标建立的评估模型下,湖南卫视节目评估的具体流程分四步进行。第一步,计算出各个节目(栏目)评估期的收视率、市场份额、收视负载比、投入产出比和点成本指标。第二步,考虑到不同栏目的累积效应、品牌效应、目标观众宽窄的不一致,频道对其收视要求、创收要求应该有所区别。第三步,对调整后的各节目的收视负载比(核定负载比)以及分钟盈利等数据进行排序。第四步,按照收视—盈亏平衡模型,将各个栏目对照放入模型中,进行分析评估,将核定负载比以及分钟盈利都靠后的栏目淘汰。

第五节 节目外包

《中国好声音》是2012年7月杀出的一匹黑马,它的成功并不仅仅是会转来转去的椅子,更是被看作制播分离"分成模式"的首战告捷。《中国好声音》的播出平台是浙江卫视,但真正的生产者是"灿星制作"。在"灿星制作"的麾下,除了《中国好声音》,还拥有《中国达人秀》《舞林大会》《华语音乐榜中榜》这些响当当的综艺秀。"灿星制作"打破了以往"一口买断"的制播分离方式,采用了与浙江卫视"投资分成"的新模式,整档节目"灿星制作"主导了购买版权、投资和运作过程,是我国广播电视产业制播分离过程中突破性的举动。

[①] 案例根据汤集安:《湖南卫视节目评估体系的构建与思考》,《电视研究》2010年第7期,第24—26页整理。

内容是媒介追求的最高目标和本质,内容制作业务是媒介的主要工作。随着我国广播电视产业的不断发展,以往自制自播的广播电视台已经无法满足市场的需求。《中国广播电视年鉴(2014)》显示,2013年,全国播出电视节目时间1706万小时,而实际制作只有340万小时,占20%。节目制播比例严重失衡,造成了巨大的市场空间,这也促使电视台不得不推行电视节目外包制作。2004年,中央电视台制播课题组在上海文广集团调研所采集的资料显示,上海文广集团节目来源为:40%自制,15%合作制作,15%委托制作,30%购买。① 2003年12月31日,国务院办公厅颁发了"105号文件",其中第10条规定:"鼓励、支持、引导社会资本以股份制、民营等形式,兴办影视制作、放映、演出、娱乐、发行、会展、中介服务等文化企业,并享受同国有文化企业同等待遇。"自此,中国的民营电视节目制作机构如雨后春笋般涌现。在这一时期,民营电视节目制作机构也制作出了许多高质量的节目,如央视外包制作的《幸运52》、北京卫视的《档案》等。在这一阶段,电视台外包加工制作的电视节目主要以娱乐综艺类节目为主,这类节目的投资小、市场广阔、适合推行。据调研显示,目前北京地区从事电视节目制作的民营电视节目制作公司就达到两千多家,中央电视台的大部分节目后期制作都是交给外部的制作机构,北京电视台生活频道采用了部分时段外包运营及部分数字电视专业频道的整个频道外包运营。②

段芳燕在其硕士论文《我国电视节目外包模式研究》中指出,节目外包可以看作制播分离的初级阶段,按照经营模式和合作模式的不同主要分为"外制外包"模式和"内制外包"模式。"外制外包"模式就是指节目的版权归播出台以外的制作机构所有,电视台通过交换、购买、转播等形式获得播映权。对于这种运营模式的费用,电视台或全额支付,或支付部分金额再支付一部分广告作抵,或只给广告。目前北京电视台的多档节目都是采用这种模式运营,比如知名节目《非常静距离》就是由东方风行集团做出成片后卖给电视台去播。光线传媒的多档节目也是采用这样的运营模式。"内制外包"模式是指由播出机构通过委托与合作的形式,由播出机构以外的电视节目制作机构有偿制作的电视节目,该节目的版权属于电视台(委托制作)或电视台与制作机构共享(合作制作)。也就是说,节目从创意到主创人员都是电视台的,但是电视台由于制作能力不够或运营能力不够,找一家或几家外部的节目制作公司帮助电视台制作或运营。目前,中央电视台的大部分节目就是采用这一种运营模式。这样做使电视台甩掉了沉重的制作包袱,花很少的钱却能得到最大的经济回报。③

节目外包是一种"减"的艺术。面对竞争激烈的传媒市场,自负盈亏的广播电视台不仅要费尽心力制作节目还要承担资金风险。内容制作外包不仅能够充分利用外部民营

---

① 唐世鼎等编著:《制播体制改革与电视业发展问题研究》,中国传媒大学出版社2005年版,第78页。
② 段芳燕:《我国电视节目外包模式研究》,2013年新疆大学硕士论文,第7页。
③ 同上,第15页。

节目制作公司的优质资源,还能减少开支,分担资金风险。在国外,电视节目制作社会化已经相当普遍,是电视行业的一种共识和现实。通常,每家电视台只负责新闻制作、文艺节目的直播和节目播出的编排,至于娱乐、文艺、社教等节目制作已经全部社会化。电视台不用为节目生产背上资金、设备和人员的包袱,相反只需投入比自制节目要低得多的费用,就能选择到让观众满意的节目。① 节目部分外包后,广播电视台摆脱了节目制作的繁重包袱,可以利用自己在资金、人才、技术、设备、频道资源等方面的优势,开拓新项目,巩固自己在节目市场竞争中的地位。

2008年12月2日,正值中央人民广播电台"音乐之声"开播六周年之际,中央电台正式启动了"音乐之声"的制播分离,着手组建中央人民广播电台控股的"央广智库"公司,由其为"音乐之声"提供部分节目生产和部分广告的经营。民营企业的介入将社会化资本和智力资源引入节目的生产环节,激活了团队创新生产的积极性,从而让节目更优质,让人员更优化,让管理更高效,最终使节目与受众和市场贴得更近。

目前,在广播电视节目的播出与生产之间就存在着这样一种矛盾状态:一方面是节目需求量的无限扩大和对节目质量要求的日益提高;另一方面却是节目创作量的有限和节目质量的难以提高。② 相较于自产自销的广播电视台,成本意识、市场意识、风险意识更强的民营节目制作公司为保证机构发展会生产出高质量的节目。质量是节目的关键,只有高质量的内容生产和制作才能带来繁荣的传媒市场,市场的振兴一方面可以带动节目交易,一方面又可以促进节目的规模化,呈现更多精彩的节目。从繁杂的节目制作管理工作中解放出来的广播电视工作者,可以将更多的精力投入节目创新、节目编排和品牌建设上,不仅强化了频道建设,而且优化了内部管理和运作机制。产业化的传媒市场,激烈的竞争不可避免,通过媒介内容的外包不仅可以为广播电视台"瘦身",更是资源的优化配置,提高自身的多元化发展。

[案例精选]《档案》节目外包漫谈③

《档案》是北京电视台一档收视率较高的节目,节目从2008年开始实行外部委托加工制作,目前,已经外包制作了十余个系列,总数达到几百集。节目外包制作后,节目的风格和形式并没有发生变化,收视率及效果较之前也没有出现下降。《档案》外包制作一直强调的就是节目的"产品"化。有的媒体人这样比较电视台和外部制作公司的区别,电视台做出的节目是"作品",这主要是强调电视台在节目制作时构思及策划的精细,而制作公司做出的节目是"产品"。两者虽然只是一字之差,但是代表着两种不同的节目生产方式。"作品"强调更多的是节目创作者的思维及对节目的影响,而"产品"是一个市场的

---

①② 郑品刚:《电视节目的社会化制作》,《中国记者》2000年第6期,第65页。
③ 案例引自段芳燕:《我国电视节目外包模式研究》,2013年新疆大学硕士论文,第25—26页。

概念,强调更多的是为受众服务,以取得良好的经济效益。"作品"的形式可以有多种,越是独特的、别出心裁的作品,越是难得,而"产品"主要强调的是标准化的作业流程、节目格式及成本核算,强调的是类型化的作品。制作公司在接节目的时候,通常会问电视台:你们需要什么样的选题?范围的限定是什么?节目有没有样片和标准化文本?对于后期制作和包装有无特殊要求?制作公司的每一个问题都是为了得到节目制作标准的指令,因为,节目的制作流程越是标准,成本越是可控,也越有可能把成本降到最低。

节目制作公司制作节目一般划分为三项内容:一是选题筛选;二是文稿写作;三是制作后期。选题筛选一般都是通过讨论会的形式进行的。制作公司在每周都会开两至三次的节目选题会,筛选出可以做的选题,然后制作人员在下面把完整的节目策划写出来再开会讨论。每人每次至少要准备三个以上的选题,脚本出来后集中到摄影棚进行节目录制。节目策划和节目脚本也有一个较为规范的格式,虽然每期节目的具体元素都不同,但是节目流程是固定的,不同的只是内容。节目后期的剪辑工作更是流水化作业,镜头的处理和节目包装都有一套相对固定的模式;节目的制作程序也是固定的,后期制作人员只需根据固定的模式把镜头填充进去,再由专业的包装人员进行节目包装,这样一档节目就完成了。

目前为止,我国的传媒公司都已经实现了节目的流水化作业,专业分工细化到具体环节,这也迎合了世界传媒业发展的大趋势。

第六节 传播技术对电子媒介节目生产的影响

电子媒介的核心竞争力,一个是产品,另一个是渠道。在网络技术、数字技术时代,内容产品的生产门槛被降低,传统的渠道红利被打破,媒体在不断地被"卷入"技术革命的同时,越来越多的人也被卷入媒体,传统电子媒介该如何面对伴随着数字技术和网络技术而不断涌现的新兴媒介?尼葛洛庞帝在《数字化生存》一书中指出:"信息技术的发展将变革人类的学习方式、工作方式、娱乐方式,一句话,人们的生存方式。"技术让人们沟通和接收信息的方式发生了翻天覆地的变化,打破传统的传播框架,已经成为"传统"的电子媒介在新兴媒介语境下积极拥抱技术、顺应节目生产的潮流和趋势。

一、台网互动、媒介融合

互联网媒体作为第四媒体,其最大的特点在于互动,这从根本上改变了信息的传递方式——从以往传统媒体"推"信息到网络环境中受众自己"拉"信息。传播方式的改变革新了传统的传受关系,受众已经开始习惯于跨越各种传播渠道选择自己感兴趣的内容,并且发表议论、即时沟通和获得反馈。随着新兴媒介技术的更新,媒体形态之间的界限逐渐趋于模糊,单一的媒体内容已经满足不了受众多样化的需求,也不具备规模化竞争优势,多媒体融合的时代已经到来。新媒介打破媒介间的壁垒,同时为电子媒介提供了资源整合的平台和基础,传统媒介之间、传统媒介与新媒介之间正形成一种互为补充、相互融合的关系,走向融合俨然成为传媒产业发展的必然趋势。从施拉姆的选择或然率公式看,传统媒介拥有良好的信息采集、加工、生产、传播的运行机制,提供给受众报偿的保障;而新兴媒介让"任何人在任何地点、任何时间接触任何信息",费力的程度低,传统媒介和新兴媒介的互补可以实现强强联合。

越来越多的广播电视台与新兴媒介从竞争走向竞合。网络技术打破传统媒体时间、频道/率等客观条件的限制,容纳海量的文字、图像、声音、视频内容,为广播电视的大量内容产品提供更多的出口。许多广播电视台通过开设官方网站,为受众提供新的信息窗口,并且通过制作关联性、链接等多种方式,为受众推送更立体、丰富的节目内容,同时增添沟通渠道,加强双向交流与沟通,不仅拉近了与受众的距离,更能了解受众,制作出符合受众需求的节目内容。在技术层面,传统媒体可以充分利用网络技术,建立数据库,这样不仅便于查找相关资讯,丰富自身的节目内容,同时也容易实现更大范围的内容资源共享。借助新的媒体形式和手段开发出更精彩、高质量的广电节目,不仅可以获得受众的注意和喜爱,而且能帮助广电媒体将流向新兴媒介的受众群体重新回流。

凤凰卫视的《网罗天下》便是这种尝试:从内容上讲,它每天为观众搜索全球各地的网站和论坛上有价值的信息,展示网民意见,还有 MP3 下载以及 Flash 动画,整档节目活泼有趣,又不失知识性。从形式上讲,它的制作并不华丽,甚至有点粗糙。有人说这档节目就是"口水+剪刀",口水是能说会道的主持人,剪刀是指筛选剪辑。节目基本上只有两个主体:主持人、网页。再看节目,名嘴炒作是凤凰卫视的一个持久战略。主持人梁文道是香港有名的民间学者,其扎实做学问的态度和获取、加工、整合信息的能力,赋予了节目既有大量信息又有多元观点的特色。《网罗天下》给大家提供了电视制作的一种新思路——融合网络资源。也许有人会觉得多此一举,但是网络信息的一大特点就是海量,为观众找到关注点也是媒体的一项工作。此外,《网罗天下》发挥了电视的一大优势——低进入性。有人评价"电视是适应新文盲的媒体",这话也许极端,但不可否认图文并茂、声形同步给观众带来了真实和亲切感。[①]

二、传统媒体动起来

只要被冠上"传统"二字,就会让人联想到古板无趣,技术的进步让今天的受众只要

[①] 周俊光、田芸:《融合新兴媒介:电视节目的发展之路》,《声屏世界》2009 年第 4 期,第 24 页。

手指轻轻滑动就可以享受到丰富多彩的信息资讯和节目,相较于冷冰冰的电视、收音机,手机、平板电脑堪称"带着体温的媒体"。互联网方兴未艾,移动互联网来势更加汹涌,面对技术的日新月异,电子媒介并没有坐以待毙,而是主动出击。2013年初,湖南卫视推出的首款移动社交应用"呼啦",一上线就吸引了20余万用户注册下载,手机用户和电视观众对这款移动社交应用所表现出的高度热情更是超乎想象:有数据显示,截至1月5日凌晨,手机用户与电视互动频次已超过500万次,甚至有网友在贴吧直呼:"我可以跟我妈妈一起看电视了,好久都没有这样的感觉了,好亲切。"伴随着跨年的热情高涨,电视机前的观众更是按捺不住纷纷拿出手机通过"呼啦"扫描卫视屏幕上出现的二维码和角标,并且因需要从座位上起身对准电视机扫描,这一姿势还被不少网友吐槽"呼啦"是新世纪的"运动神器"。①

移动互联网不仅让受众动起来,电子媒介也利用移动技术"动"起来,以更好地服务受众。"1062车主宝典"是深圳电台交通频率为深圳车主度身打造的基于手机终端的移动互联网平台,该平台以深圳实时路况地图为核心,将公众信息查询、手机搜索引擎、B2C、手机 BBS、媒体资源互动、手机新闻报、即时通讯等功能合为一体,在手机界面上生成九宫格模块,供用户点击使用(见图6-1)。该平台充分发挥移动互联网强大的双向数据传输、互动优势,以信息服务和互动为基础,集成实时交通路况信息、车友俱乐部、新闻信息、公众生活信息、节目互动和消费优惠等信息,成为深圳地区乃至全国功能最完整的广播媒体互动平台。车主宝典的成功开展和运营,为交通信息广播发挥了重大的作用。②

图6-1 车主宝典主界面

手机等移动终端作为个人化媒体让"我"的地位提高,不同的受众对于内容的深浅、形式有着多样化的需求,在市场竞争中,传统媒体不仅仅要做"大众传媒",更要为不同的受众提供个性化服务,移动互联网无疑成为传统媒体的二次革命。

三、社会化传播

市场研究公司 InSites Consulting 对全球35个国家9027名15岁以上消费者进行调查,发布的《2011年全球社交媒体报告》显示,目前全球有超过10亿人在使用社交网络平台,占网民人数的大约70%,超过6亿用户每天使用社交网络平台。以微博、微信为代表

---

① 卜彦芳、金雨希:《电视媒体如何借力二维码获得竞争新优势》,《新闻界》2013年第9期,第33页。
② 万明:《传统广播媒体的移动互联网应用分析和策略——"车主宝典"技术和模式创新分析》,《广播与电视技术》2011年第3期,第61页。

的社交化新兴媒介为什么会如此强大？归根结底在于用户。微博本质上是技术性的工具，不像传统媒体生产内容，但是随着公民社会的兴起，用户在这个可以自我发声的平台自制内容，产生了不可估量的社会价值，让微博具备了与强势的传统媒体相匹敌的社会影响力。微信也是如此，用户使用微信进行一对一的沟通交流虽然不具备微博信息的可视性，但实为一种"暗社交"，且信息更隐蔽、更深入，也更可信，价值也就更高。用户的深度互动为社交化媒体创造了巨大的传播面，而这恰恰是传统媒体所缺乏的。传统媒体开始学习用社交媒体进行优势互补，通过社交媒体中的互动将用户引向传统媒体，扩大传统媒体的收听收视率。

《我是歌手》在整体营销策略上非常重视与新兴媒介的合作。在决定影响力的宣传合作伙伴的选择上，与腾讯 QQ 空间的整体合作成为其区别于其他项目的亮点与卖点。借力互联网行业之间在各条业务线上的竞争助推项目，是《我是歌手》此番在新兴媒介特别是视频网站、音乐终端上给力的重要原因。此番《我是歌手》在 SNS 上的传播几乎是全覆盖：早在 2012 年《我是歌手》的初创时期，腾讯与湖南卫视就开始了沟通和交流。腾讯在 QQ 空间的各种官方渠道不遗余力地大作宣传，并开展专题活动，《我是歌手》认证空间的关注量是千万级。除了 QQ 空间，《我是歌手》的微信传播成为又一新亮点。湖南卫视此次《我是歌手》的推广，除了传统的平面媒体和网络，还将微信、微博推广形式纳入其中。节目组在节目播出前已经让一些微博名人和意见领袖看到或了解了节目。在《我是歌手》首播当日，新浪微博传播效果显著：在实时热词、分类热词和娱乐热词等微博排行榜上都是第一；得到微博粉丝超过 500 万的微博大户的推荐，《我是歌手》的微访谈、微信采访以及微信新闻客户端推送等全面铺开。《我是歌手》也在第一时间开通了最新的微信公众平台，网友只要扫描《我是歌手》微信二维码，便能掌握最新的歌手新闻，参与投票、爆料、听歌、报名等一系列互动活动。①

广播电视节目需要把握住观众的需求，寻求观众的兴奋点，让观众参与到节目中，让他们感觉自己是节目的一部分。所以社交媒体成了广播电视节目亲近观众、收集反馈、聚拢粉丝的首选。

传统媒体走向社会化，需要传统媒体在节目制作、播出、营销等各个环节都站在用户的立场，为用户着想，充分展开与用户的互动与沟通，特别是借助社会化和社交媒体的理念，实现真正的"社会化"。这就要求传统媒体不仅仅是披着社交媒体的外衣、依赖社交媒体的力量"苟延残喘"地"社会化"，而是真正放下架子，放平心态，从内容、渠道、体制、机制多方面进行改造与革新。②

---

① 朱雯：《电视大片的整合营销传播——以〈我是歌手〉〈中国好声音〉为例》，《南方电视学刊》2013 年第 3 期，第 86 页。
②③ 詹新惠、童珮茹：《国外传统媒体利用社交媒体的三种路径》，http://media.people.com.cn/n/2012/0719/c213309-18554684.html，2012-07-19。

[案例精选] 社会化媒体的力量③

2009年1月20日美国总统奥巴马就职宣誓典礼举行,近4000万民众通过互联网观看了CNN转播的典礼画面,这一数字超过了单纯通过电视观看的用户数。之所以产生这样大的效应,是因为此次就职演讲的电视直播中融入了社交网络平台的元素。CNN与Facebook合作,采用了"视频+更新信息窗"的方式进行就职典礼的报道:在Facebook网页左上侧的Facebook connect嵌入了来自CNN的直播视频画面;右侧是Facebook网友的个人状态信息,在视频直播过程中,Facebook用户既可以与在线好友边看边聊,交流看法,也可以在直播页面上即时评点。页面下方,则是超链接就职典礼的相关信息和动态消息。据统计,有近2000万用户观看了CNN与Facebook合作的直播页面,产生了100万条相关信息。从当天早上6点开始,CNN对相关程序进行了20多万次更新,在线视频点击数达到1390万次。

美国Bravo TV电视台与社交网络平台Foursquare达成一项合作协议,将Bravo TV电视节目与Foursquare的游戏活动功能相结合,希望观众在关上电视、合上笔记本以及停止收看Bravo电视节目之后仍能与之互动。而这种合作中,Foursquare则是鼓励用户尽可能多参与真实的游戏活动。Foursquare是一个提供位置定位服务的网站,当用户处在某一个地点通过手机或其他移动工具连接上Foursquare,就可以登录(check in)该地点一次。登录次数越多,就能获得相应的升级、地位、头衔、勋章和奖励。Bravo TV电视台利用了Foursquare的这种功能,节目主持人会在节目上提供有关活动位置的线索暗示,帮助观众赢得这些新徽章和奖品,具体位置将由Bravo电视台根据旗下热门电视节目来挑选,比如《真实主妇》(*The Real Housewives*)、《百万富翁婚嫁》(*The Millionaire Matchmaker*)等在美国家喻户晓的电视节目。这样一来,既为Bravo TV电视台节目汇聚了粉丝群,也让各档节目深入人心,让观众更依赖这些节目。

思考与研讨题

1. 在新传播生态下,电子媒介节目策划有哪些新变化?
2. 寻找一个节目立意,试着完成一份节目策划书文案。
3. 在多屏传播的语境下,电视节目评估体系会有哪些新内容?
4. 节目自制和外包如何来进行平衡选择?

第七章 电子媒介市场营销

■ **本章要点**
1. 主要营销理论
2. 媒介市场的二元化特征
3. 收视率及相关指标
4. 电子媒介内容产品的整合营销

第一节 电子媒介营销概论

一、树立市场营销观念

作为一个商业概念,市场营销可以被认为是商业组织满足消费者对特定产品需求的一种能力。深谙营销重要性的企业会树立两个彼此相关的目标:吸引新的客户和为现有的顾客提供良好的服务。

普通的销售和市场营销在理念上的一个重要区别,在于是否真正地重视客户的需求,并以满足客户需求作为企业的目标。销售导向策略把注意力集中在产品上,而市场营销导向策略更多是把注意力放在发掘受众需求上。[①] 彼得·德鲁克有一句名言:市场营销的目的就是让销售变得不必要。营销管理通过市场调研、市场定位,使自己的产品契合目标消费者,从而避免硬性的推销。

菲利浦·科特勒认为,传媒市场营销的目的在于鼓励传媒做对企业有利的宣传,尽量淡化不利的宣传。媒体市场营销的目的应是发挥其最大能力满足受众的需求,并实现

---

① 艾伦·B.阿尔巴朗著,谢新洲等译:《电子媒介经营管理》,北京大学出版社2005年版。

其自身利益最大化。具体来看,媒体市场营销的作用体现在以下四个不同的层面:

(一)战略层面的规划设计

根据整合营销理论,整合营销就是"根据企业的目标设计战略,并支配企业各种资源以达到战略目标"[①]。由此,媒介营销从媒介战略规划开始。"战略规划对于媒体来说,就是指媒体的最高管理层(一般是编委会)通过制定其目标、编辑方针、业务发展计划,在媒体的目标和资源与迅速变化的经营之间发展和保持的切实可行的战略适应过程。"[②]媒体从顶层战略计划开始,就根据受众和广告市场的需要,统合媒体的所有资源,服务于媒体的战略目标。

(二)内容产品的开发设计

媒体的战略规划需要通过不同的内容产品推向市场来实现。在进行内容产品开发和设计的时候,就要充分考虑市场需求,寻找和发现市场机会,在产品设计上充分考虑差异化的特色,并且能够满足受众和广告主的现实和潜在需求。新的传播技术带来传播渠道数量上的剧增,内容本身的吸引力成为决定成败的关键。

(三)营销渠道的整合利用

"市场营销渠道,是指配合起来生产、分销和消费某一生产者的商品和劳务的所有企业和个人,包括供应商、生产商、中间商以及最终消费者或用户。"[③]媒体的渠道设计主要是指媒体内容产品的发行设计,如报纸通过什么渠道发行,是零售还是邮寄,节目是在电视台还是在视频网站上播出,等等。

(四)用户关系的获取维护

对于媒体来说,用户关系指的是媒体与受众、媒体与广告主之间的关系。新的传播技术彻底打破了传统大众传播模式下点对面的受众关系。缺乏点对点的直接受众关联,成为传统媒体最大的短板。因而,如何在现有的传播模式下增强受众的针对性和互动性,成为决定传统媒体生死存亡的关键。媒体与广告主之间的关系也受到新技术的挑战,碎片化投放、精准投放、按广告业绩付费等新的广告运营模式不断地挑战传统的广告模式。如何留住广告主,成为传统媒体亟待解决的问题。

营销观念的演变对媒介经营管理者来说具有非常重要的意义。不同的国家,媒介运

[①] 杨驰原、甄颖:《传媒发展与整合营销——访传媒整合营销专家、美国西北大学副教授艾德博士》,《传媒》2005年第5期,第48页。
[②][③] 莫瑞宁:《媒体市场营销策略》,《今传媒》2012年第2期,第75页。

营的模式不一样,理念也不一样。美国的媒介以商业化运营模式为主导,由于美国媒介产业具有完全的资本外放性,竞争非常激烈,所以其媒介产业处于买方市场。吸引受众、迎合受众是每家媒介企业的必修功课。因而,美国媒介基本上以受众需求为中心进行经营管理。欧洲和日本的媒介则实行公私并行的双轨制媒介体制,公共媒介不同于商业媒介,不以盈利为目的,也不受政府控制,公共媒介把公众利益放在首位,其经营理念比较接近社会营销理念。[①] 中国的媒介既不同于美国的纯商业媒介,又不同于西欧的公共媒介,中国媒介集政党媒介、公共媒介、商业媒介三种属性于一身。党和政府喉舌的角色定位,使得中国的媒介在进行营销设计时不能完全以受众需求为中心,必须强化引导受众的职能,在引导需求和满足需求之间寻求平衡。很多时候处理好"喉舌"和"市场"这两者的关系就成为一种微妙的艺术。条块分割的管理体制,带来了不同区域之间的隔离和分化。不同的区域因为市场化程度、经济发达程度的不同,赋予了大众传媒不同的市场发展空间,因而呈现出差别化的营销观念和营销实践。

二、主要营销理论:4P、4C、4R

(一)4P营销理论

4P营销理论产生于20世纪60年代的美国,随着营销组合理论的提出而出现。1953年,尼尔·博登(Neil Borden)在美国市场营销学会的就职演说中创造了"市场营销组合"(Marketing Mix)这一术语,其意是指市场需求或多或少地在某种程度上受到所谓"营销变量"或"营销要素"的影响。为了寻求一定的市场反应,企业要对这些要素进行有效的组合,从而满足市场需求,获得最大利润。营销组合实际上有几十个要素(博登提出的市场营销组合原本就包括12个要素),杰罗姆·麦卡锡(McCarthy)于1960年在其《基础营销》(Basic Marketing)一书中将这些要素概括为4类:产品(Product)、价格(Price)、渠道(Place)、促销(Promotion),即著名的4Ps。1967年,菲利普·科特勒在其畅销书《营销管理:分析、规划与控制》中进一步确认了以4Ps为核心的营销组合方法,即:

产品(Product):注重开发的功能,要求产品有独特的卖点,把产品的功能诉求放在第一位。

价格(Price):根据不同的市场定位,制定不同的价格策略。产品的定价依据是企业的品牌战略,注重品牌的含金量。

分销(Place):企业并不直接面对消费者,而是注重对经销商的培育和销售网络的建立,企业与消费者的联系是通过分销商来进行的。

[①] 郑丽勇:《媒介管理学》,浙江大学出版社2008年版。

促销(Promotion):企业注重销售行为的改变来刺激消费者,以短期的行为(如让利、买一送一、营销现场气氛,等等)促成消费的增长,吸引其他品牌的消费者或导致提前消费来促进销售的增长。

(二)4C 营销理论

4C 营销理论(The Marketing Theory of 4Cs)也称"4C 营销理论",是由美国营销专家罗伯特·劳特朋教授 1990 年在其《4P 退休 4C 登场》专文中提出的新营销模式。不同于传统营销的 4P 理论,4C 理论以消费者需求为导向,重新设定了市场营销组合的四个基本要素:消费者(Customer)、成本(Cost)、便利(Convenience)和沟通(Communication)。它强调企业首先应该把追求顾客满意放在第一位,其次是努力降低顾客的购买成本,然后要充分注意到顾客购买过程中的便利性,而不是从企业的角度来决定销售渠道策略,最后还应以消费者为中心实施有效的营销沟通。

1992 年,罗伯特·劳特朋和美国西北大学教授唐·E. 舒尔茨(Don E. Schultz)、斯坦利·田纳本(Stanley I. Tanenbaum)合著了全球第一部 IMC 专著——《整合营销传播》,又强化了"4C 取代 4P"的观点,书中指出:

Customer(顾客):主要指顾客的需求。企业必须首先了解和研究顾客,根据顾客的需求来提供产品。同时,企业提供的不仅仅是产品和服务,更重要的是由此产生的客户价值(Customer Value)。

Cost(成本):不单是企业的生产成本,或者说 4P 中的 Price(价格),它还包括顾客的购买成本,同时也意味着产品定价的理想情况,应该是既低于顾客的心理价格,亦能够让企业有所盈利。此外,这中间的顾客购买成本不仅包括其货币支出,还包括其为此耗费的时间、体力和精力,以及购买风险。

Convenience(便利):指的是顾客获取某个产品或服务的便捷性。顾客在购买某一商品时,除耗费一定的资金外,还要耗费一定的时间、精力和体力,这些构成了顾客总成本。所以,顾客总成本包括货币成本、时间成本、精神成本和体力成本等。由于顾客在购买商品时,总希望把有关成本包括货币、时间、精神和体力等降到最低限度,以使自己得到最大限度的满足,因此,零售企业必须考虑顾客为满足需求而愿意支付的"顾客总成本"。努力降低顾客购买的总成本,如降低商品进价成本和市场营销费用从而降低商品价格,以减少顾客的货币成本;努力提高工作效率,尽可能减少顾客的时间支出,节约顾客的购买时间;通过多种渠道向顾客提供详尽的信息,为顾客提供良好的售后服务,减少顾客精神和体力的耗费。

Communication(沟通):被用以取代 4P 理论中对应的 Promotion(促销)。4C 营销理论认为,企业应通过同顾客进行积极有效的双向沟通,建立基于共同利益的新型企业/顾客关系。这不再是企业单向的促销和劝导顾客,而是在双方的沟通中找到能同时实现各自目标的途径。

(三)4R 理论

2001 年,唐·E. 舒尔茨教授又提出了关系(Relationship)、反应(Reaction)、关联(Relevancy)和报酬(Rewards)的 4R 新说,"侧重于用更有效的方式在企业和客户之间建立起有别于传统的新型关系"。

4R 理论的营销四要素:

关联(Relevance):认为企业与顾客是一个命运共同体。建立并发展与顾客之间的长期关系是企业经营的核心理念和最重要的内容。

反应(Reaction):在相互影响的市场中,对经营者来说,最现实的问题不在于如何控制、制订和实施计划,而在于如何站在顾客的角度及时地倾听和从推测性商业模式转移成为高度回应需求的商业模式。

关系(Relationship):在企业与客户的关系发生了本质性变化的市场环境中,抢占市场的关键已转变为与顾客建立长期而稳固的关系。

报酬(Reward):任何交易与合作关系的巩固和发展,都是经济利益问题。因此,一定的合理回报既是正确处理营销活动中各种矛盾的出发点,也是营销的落脚点。

总之,营销理论处在一个不断发展的过程中,而万变不离其宗,不管是 4P、4C 还是 4R,其实质都始终围绕着企业与顾客之间的关系。作为营销的基本理论,4P、4C 和 4R 的营销策略组合原则,在营销实践中被不同程度地广泛应用。

三、媒介市场的二元化特征

由于媒介市场的二元化特征,电子媒介产品的消费者事实上包含两部分:一是电子媒介的真正使用者,即听众、观众或者用户;二是广告主。目前,由于我国传媒行业的收费订阅市场迟迟不够完善,广告收入成为电子媒介总收入的支柱。免费享用、广告补给的运营模式,成为电子媒介包括一些新兴网络媒介的主导盈利模式。在这样的模式下,内容产品的价值就取决于广告主认可的广告时段价值,广告主追求的是目标消费群体的有效到达,因而,电子媒介产品的市场价值就往往以其到达的目标受众人数规模作为衡量标准,如何吸引更多的受众,成为电子媒介内容产品的生产宗旨。

由此我们在媒介产品二元市场上原本分立的二元消费者之间找到了共同点:受众规模。因而有些学者认为受众才是媒介组织真正的产品。西方传播政治经济学理论泰斗达拉斯·斯宾塞就提出了"受众商品论"。他认为大众媒介的运作过程就是媒介公司生产受众,然后将他们移交给广告商的过程。大众媒介的广告时段或版面价值是传播产生的间接效果,受众的注意力才是经营大众传播媒介的主要产品。中国人民大学新闻学院喻国明教授在"注意力经济"的基础上提出了"影响力经济"的概念。他认为,传媒的市场价值并不仅仅是由它所凝聚的人群数量简单决定的。人们在关于传媒经济的进一步研究中注意到,人和人在社会生活中的行动能力以及他们的决策力、消费力或"话语权"是有差异的,有时这种差异还是相当巨大的。传媒在市场上的真正价值在于,它在多大程度上成为其所凝聚的那群具有某种社会行动能力的人了解社会、判断社会乃至作出决策、付诸实践的信息来源和资讯"支点"。换言之,传媒作为一项产业的市场价值在于,它能够在多大程度上影响它的受众,并且这种对受众的影响力能够在多大程度上进一步地影响人们的市场消费,影响人们的社会行为,影响人们的社会决策,进而影响社会进程。[①]传媒影响力的本质特征就是它作为资讯传播渠道而对其受众的社会认知、社会判断、社会决策和社会行为所打上的属于自己的那种"渠道烙印"。[②]

[案例精选]《孤岛惊魂》电影粉丝营销[③]

作为一部投资成本仅400万元的国产惊悚片,《孤岛惊魂》7月8日上映前并没有受到业内的重视。在豆瓣电影网,《孤岛惊魂》仅被网友给出了3.4分的低分,口碑堪称糟糕。但就是这样一部电影,首周末的票房创造了2400万的好成绩,总票房更是突破了5000万大关,成为当年暑期档最大的一匹黑马。

这部电影的成功证明了粉丝效应的力量不可忽视。本片的发行方敏锐地发现了主演杨幂在青少年中的极高人气,选择在暑期档上映;同时利用社交网络平台进行配合宣传,取得了非常好的效果。

四、互联网技术的发展对媒介营销的影响

(一)对数据的处理能力和分析能力要求提高

互联网技术的发展,既给传统电子媒介带来竞争压力,逼迫它们树立媒体市场营销的观念;同时,借助先进的互联网科技,传统电子媒介也得以更加精确地了解受众,了解市场,精准定位。在互联网时代的电子媒介,必须懂得利用新技术进行更有效率的市场营销。

解放日报报业集团董事长尹明华概括:"如果数据被赋予了背景,它就成了信息;如果数据能够提炼成规律,它就是知识;如果数据在各种各样的工具分析基础上为我们提

[①②] 喻国明:《影响力经济——对传媒产业本质的一种诠释》,《现代传播》2003年第1期,第2页。
[③] 案例引自张辉锋:《传媒经济热点问题原理解析》,中国人民大学出版社2013年版,第169页。

供正确的决策,它就是资源。"①

唐·舒尔茨教授认为,大数据时代的来临,消费者的选择已经从单一的点变成立体的面,广告主们既要明确消费者的需求,也要观察消费行为的变化。在这样的新环境下,传统的4P营销理论很难再指导广告主进行品牌营销,这意味着营销理论需要改变,需要建立一种以消费者需求为中心的方法论,从而能够重建市场营销体系。因此,唐·舒尔茨提出了以消费者需求为中心的SIVA理论,强调客户购买产品或服务的四个关键要素S、I、V、A。Solutions——消费者寻求解决问题的方案;Information——消费者寻找与解决方案相关的信息;Values——消费者衡量各种解决方案的价值;Access——消费者解决问题的入口。唐·舒尔茨认为,这是一种从外到里的思维——营销的关键是要明白,不是企业要卖什么,而是消费者想买什么。他指出,在与消费者的互动中,我们要做的最重要的就是倾听他们的需求,然后有针对性地提出解决方案。②

在舒尔茨的营销理论中,营销的第一步是要寻找到客户。利用各类数据信息,了解消费者的年龄、收入和行为等,然后整合在一起,分析消费者潜力。对于数据分析,已经拥有十几年收视率应用经验的国内电视媒体并不陌生。新的互联网营销环境对电子媒介营销的数据分析和处理能力提出了更高的要求。"说到利用数据分析去挖掘消费者的消费需求和潜力,却鲜有电视媒体或节目制作人在节目策划过程中予以足够关注。更多电视媒体在应用收视率的时候更侧重于进行事后评估,并将之直接与节目制作者或相关工作人员的经济收益挂钩,却较少在节目策划和制作的前期就利用历史收视数据对受众的需求进行充分挖掘和定位,为节目制作和编排提供更理性的数据支持。数据是对受众历史行为的记录,其更重要的价值不在于回顾过去,而在于预测未来。电视媒体要在新的媒介环境下更好地运用新的营销思维,必须改变在数据应用时更偏向于事后回顾和评估的态度,更多地着眼于未来。"③

(二)明星产品与长尾产品并重

传统电子媒介在人才、内容、渠道垄断上的传统优势,使其在打造明星产品方面更容易集聚人气,营造声势。数字技术的发展,使网络媒介得以突破容量上的规模限制,可以通过提供大量个性化的产品,聚合长尾需求,从而实现盈利。比如在亚马逊网上书店能找到在实体连锁书店无法看到的成千上万种书,这些书的单店销量可能都微不足道,但是当这个长长的尾巴足够长时,产生的销售总量就完全可能达到甚至超越畅销书销量。

---

① 尹明华:《大数据时代的报业转型》,《中国报业》2013年第21期,第46页。
② 林强:《唐·舒尔茨:百度MOMENTS是SIVA理论的最佳实践》,http://www.sootoo.com/content/361004.shtml,2012-11-09。
③ 左瀚颖、郑维东:《网络时代的受众重塑与媒介变革》,《视听界》2013年第3期,第25页。

传统电子媒介往往面临频道总数的上限,这使得播出"时段"成为稀缺资源。在广告支撑的盈利模式下,传统电子媒介不得不苦苦追求受众规模,即便是分众化的内容产品,其初衷和主旨亦是在激烈的市场竞争中尽可能多争取受众数量。明星产品往往集聚最优势的资源,因而具有一呼百应的效果,但是也耗费巨大。媒体之间的竞争更是不断地将明星产品的资金门槛越垫越高,这无疑增大了传统电子媒介行业的投资风险。基于互联网平台的电子媒介,例如视频网站,则突破了这一容量上限,成为一些更小众、低成本、特色明显的内容产品的渠道首选。这些产品的单点收益与明星产品比起来自然是微乎其微,但是一旦这个聚合平台搭建起来形成聚合的力量,长尾产品和明星产品究竟哪一种的盈利能力更强,就很难说了。对于电子媒介来说,在产品线的设计上,就需要在明星产品和长尾产品之间寻求平衡,一方面放大明星产品的优势,另一方面也积极开掘长尾产品的聚合平台。

(三)规模化与个性化的调和

"规模化"和"个性化"一直是具有工业化特征的大众传播时代无法调和的矛盾,但是新兴媒介的交互技术,可以化解这一矛盾。新兴媒介传播并不局限于大众传播点对面的传播模式,交互技术能使网络传播实现规模的点对点传播。新兴媒介的交互性使企业能够通过网上订购、信息反馈、网络行为跟踪等点对点的技术,低成本获得大量关于消费者的个人信息,从而使品牌与众多消费者之间建立深入而人性化的关系成为可能。[①]

第二节　电子媒介受众研究

一、电子媒介受众研究

既然电子媒介内容产品的核心价值主要通过目标受众规模来衡量,作为媒介经营管理者,就一定要了解该媒介的消费市场,熟悉目标受众的媒介消费、使用习惯,把握一定的规律,才能科学地制定营销策略。

以电视市场为例,以往在模拟技术下,节目的制作成本、传输成本、播出成本都非常高,只有依靠规模优势的面向大众的电视频道才能生存,过于窄众、细分,使电视频道无法收回成本。而随着模拟技术向数字技术的转变,成本被大大降低,细分化、个性化的节目制作导向成为可能。在市场趋向细分化的背景下,为了使产品更好地适应市场,识别和理解不同的细分受众变得更加重要,尤其是当大部分细分受众喜欢多种类型而不是单

---

① 薛敏芝:《营销 90 后:新环境 新传播》,《广告大观》2012 年第 10 期,第 43 页。

一类型的内容时。同时,不容忽视的是,随着社交网络平台的发展,消费者的偏好和意见通过互联网被放大,将对传媒品牌和传播内容产生直接而巨大的影响。这一切,都使得更深层次、更精确地了解受众变得十分重要。

由于传媒产业的成本构成中很大一部分是沉没成本和固定成本,需要巨大的客户数量来保证公司的盈利,如果过度细分则可能会严重伤害传统传媒公司,因此传媒公司在制定细分战略之前,应该准确理解和评估细分受众市场的承载能力,以此为依据控制内容产品的生产成本,从而实现具有盈利能力的市场细分。

美国学者阿尔巴朗(Albarra,A.)指出,媒介组织的管理者通常使用三种类型的数据作为他们决策的参考:[1]

(1)人口统计学研究。包括年龄、性别、职业、收入,等等。

(2)心理学研究数据。主要集中在消费者及其生活方式的特征,比如行为、兴趣、观点、价值观以及消费者的人格特征。比如研究发现,许多消费者对于媒介的使用往往是无目的、习惯性的,并没有明确的使用需求。

(3)地缘人口学研究。这个领域的研究关注受众的地理位置和居住群体。

三、电子媒介受众研究的常用指标

电子媒介受众研究在市场研究实践中主要表现为收视率、收听率调查分析,以及网络媒体中的点击率、转发率、评论率。传统电子媒介受众研究依然占据受众调查研究领域的主导,经过几十年的发展已经趋于成熟,新兴媒介受众研究尚处于探索阶段。本书将着重介绍电视观众研究中的收视率调查分析相关指标。

收视率调查通常得到的不单是一项收视率指标,而是一个指标系列。央视索福瑞开发的 infoSys 系统中囊括的收视率和收听率相关指标术语有将近 100 个。刘燕南教授将这些指标大致分为两类:总体指标和累积指标。[2]

(一)总体指标

1. 收视率(Rating)

收视率是指一定时段内收看某一节目的人数(家户数)占观众人数(家户数)总体的百分比。

首先需要明确的是,通过抽样调查得到的收视率不是一个绝对的数字,而是在一定置信程度下的一个区间。所以不能简单地只依据收视率的数值大小来下结论某节目的

---

[1] 〔美〕阿尔巴朗(Albarra,A.):《电子媒介经营管理(第二版)》,谢新洲译,北京大学出版社 2005 年版。
[2] 刘燕南:《电视收视率解析:调查、分析与应用》,北京广播学院出版社 2001 年版,第 93 页。

收视率更高,而是需要综合考虑置信区间之后做出更准确的判断。

其次需要注意的是,作为分母的观众人数总体指的是某地区电视观众的总人数,一般的收视率调查机构所界定的总体,通常是指调查区域内被电视信号所覆盖的拥有电视机的全部人口或全部家庭户。不管这些人在这一时段是否打开电视,都被计入到观众总体中去。

2. 总收视率(GRP)

总收视率是指某一时段内所有单位时段的收视率之和。它计算的只是收视率的总和,而不考虑观众是否重复,因而其实计算的是总收视的人次。

3. 平均收视率

平均收视率是特定时间段内收视率的总体平均值,通过将特定时间段内所有单位时段的收视率之和除以该时间段内单位时段总数得到。

4. 开机率(HUT)

开机率指某一时段内,打开电视机的人数(家户数)占总电视人数(家户数)的百分数。

5. 占有率(Share)

占有率是指特定时段内收看某一节目的人数(家户数)占打开电视机总人数(家户数)的百分比。

收视率与占有率的区别是:收视率的分母是电视观众总体,不考虑是否打开电视机;而占有率是针对实际打开电视机的观众而言的,计算的是某一节目在所有收看电视的观众中的份额,因而剔除了收视率中的不同时段开机率不同的干扰,更能代表某一节目的市场竞争力。

6. 指标换算

收视率=收视占有率×开机率

(二)累积指标

不同于总体指标,累积指标取决于对观众一段时间内收视行为的纵向跟踪,因而更能体现内容产品传播的渗透性和力度。

1. 累积观众

累积观众指的是特定时间内收看某一节目至少一次的不重复的观众人数。累积观众主要考察电子媒介内容产品在一段时间之后达到的观众群体的规模大小。

2. 到达率(Reach)

到达率是指在特定时段内，收看过某一节目的累积观众数占观众总数的百分比。不同于总收视率，到达率计算的是看过某一节目的观众人数规模而不是人次。因而，到达率更受到广告主的青睐和认同，成为广告投放效果衡量的重要指标。

3. 平均接触频次

平均接触频次是指一段时间内观众个人(家户)接触某一特定节目的平均次数，由观众个人观看某一节目的总次数除以该节目的总观看人数求得。

4. 指标换算

总收视率＝到达率×平均接触频次

(三)与广告成本相关的指标

1. 每千人成本(CPM)

每千人成本指一则广告每送达一千名观众所需要花费的成本，由广告总成本与总接触人次的比值再乘以1000得到。广告主通常用每千人成本来衡量广告时段的性价比。

2. 每收视点成本(CPRP)

每收视点成本指的是每得到一个收视百分点所需话费的成本，由广告总成本除以该广告获取的总收视点得到。

3. 每到达点成本(CPR)

每到达点成本指的是每取得一个百分点的到达率所需要花费的成本，由广告总成本除以该广告获取的到达点得到。

第三节　电子媒介市场细分与市场定位

市场细分(Market Segmentation)的概念是美国营销学家温德尔·史密斯(Wended Smith)在1956年最早提出的，此后，美国营销学家菲利浦·科特勒进一步发展和完善了温德尔·史密斯的理论并最终形成了成熟的STP理论——市场细分(Segmentation)、目标市场选择(Targeting)和定位(Positioning)。它是战略营销的核心内容。STP理论中的S、T、P分别是Segmenting、Targeting、Positioning三个英文单词的缩写，即市场细分、目标市场和市场定位。在对目标市场进行充分调研和了解之后，就需要以此为依据对消费市场进行细分，然后再针对目标市场，找到相应的市场定位。

一、电子媒介市场细分

电子媒介行业中有许多市场细分战略的成功案例。在广播领域,许多在电视中因为过于小众而得不到播出的艺术形式,在专业的广播频道中却获得了很稳定的收听群体,比如相声频道、戏曲频道等等;电视领域中,在省级综合卫视打得不可开交之时,许多以播放动漫节目为主的少儿频道却收获颇丰,凭借其目标受众的稳定和集中备受广告主的青睐。

广告销售同样需要注重市场细分。传统媒体的广告定位主要基于消费人群的人口统计特征来细分市场,年龄、性别、受教育程度、职业、婚姻状况等都是值得考量的因素。然而,越来越多的广告商不再根据人口统计特征,而是根据"使用与态度"(U&A)标准来细分市场。① 例如,某银行不仅要看客户的财富如何,而且要看客户更喜欢个人服务还是互联网服务;某移动运营商最感兴趣的,是其客户使用手机的目的是仅仅想使用语音服务还是包括其他额外服务。"使用与态度"理论不仅考虑受众使用媒体的类型,而且还考虑他们如何使用媒体,例如广告过滤行为。

新传播语境下,受众市场高度细分,对媒介内容的需求也是多元化的。为了尽可能满足受众的不同需求,电子媒介播出平台也需要差异化定位,锁定相对稳定的目标类型人群,加强内容定位时的针对性,更关注内容定位与平台自身定位的匹配度。例如,湖南卫视充分考虑播出平台主流收视人群的偏好,以及剧场主打"情感、偶像"的风格定位,自2009年起播出自制偶像剧"流星雨"系列(《一起去看流星雨》《一起又看流星雨》),将目标收看人群锁定"90后和他们的妈妈",从创作阶段就注意融入鲜明的定位元素,收视效果不俗,2013年又推出第三部《一起追看流星雨》。② 通过持续推出这种针对某一群体收视偏好的细分内容产品,可以省却电视台在后续新产品推广上的投入,"流星雨"这个共同的标识性符号就自然而然地实现几部剧之间受众的导入和衔接。同时,电视台也通过这种持续传播,培养和加深了目标受众群体的忠诚度,这在日益分散化的电视收视市场上是难能可贵的资源。

需要注意的是,如前所述,传媒产业的成本构成中,很大一部分是沉没成本和固定成本,需要巨大的产品销量来保证盈利。免费播出、广告补给的主导盈利模式更是强化了电子媒介内容产品对受众规模数量的追求。在这样的前提下,并不是所有的细分市场都能给电子媒介带来盈利,过度细分、不当定位反而会与电子媒介的盈利目标背道而驰。因此,电子媒介在制定细分战略之前,必须谨慎估计该目标市场的盈利承载能力,这解释了为什么传统的电视台会轻易陷入综艺节目同质重复的泥潭,因为这类节目的目标受众

---

① 安妮特·爱丽斯、雅布·卜黑:《媒介公司管理——赢取创造性利润》,王春枝、刘涛、苏林森译,清华大学出版社2011年版,第219页。
② 李岚、莫桦:《"剧战"的未来走向》,《视听界》2013年第1期,第25页。

群体规模最庞大,这样的节目往往也不容易冒犯到某些受众的价值观,具有广泛的可接纳性,自然而然就成为电视台们的青睐之选。

[案例精选]星空卫视的渠道与定位困惑

从星空卫视坚持采用普通话播出这一点看,它的定位显然是覆盖全国。这必须依托一个全国性的传播网络。

然而,开播四年,星空卫视在渠道建设上始终没能取得突破。星空卫视依托的广东有线电视网收视群体极为有限,仅拥有广州地区 70 万用户,对其他地市的有线电视网没有绝对控制权;尝试通过青海卫视实现全国覆盖在 2005 年 8 月被叫停,显然是突破了政府所能容忍的底线;数字电视方面,各地并没有如预期中那样爆炸性地发展。

广东省以外,星空卫视主要依靠的还是卫星传送,另有一些互联网提供 p2p 直播。而据国务院《卫星电视广播地面接收设施管理规定》(129 号令)及其《实施细则》,只有级别较高的单位,三星级以上宾馆和外国人、港澳台同胞的住所才可以安装卫星天线。可想而知,除了广东,星空卫视能有多大的受众群体?

在节目内容上,星空卫视很讨巧地选择了不入雷区的综艺娱乐类节目,避开了政策控制;在渠道开拓上,却受到空前的政策限制,并且,正是由于"娱乐"定位,使渠道不足的问题雪上加霜。相比同样受限的凤凰卫视,后者由于定位高端,收视群集中在高知识、高消费、中低年龄层人群中,这些人与卫星覆盖区域的重叠面还是很大的,而星空卫视定位娱乐,面向的是大众。卫星将凤凰卫视的受众与一般人区分开来,无意中起到了准确定位的作用,对广告商有针对性地投放起到了推动作用;还是卫星,对星空卫视而言,是把全国各地可能成为观众的人群排除在外了。

节目和渠道上的不力最终导致的直接后果便是广告收入的不足,收支不能平衡,发展遭遇瓶颈。2004 年,星空卫视 30 秒广告的价位为 16580 元,与许多全国覆盖的地方卫视相当,这显然已经偏高——相对于它的覆盖率而言。即便如此,主要依靠广告收入的星空卫视离收支均衡点仍有很大距离,不得不依靠新闻集团的补血勉强生存。而资本总是逐利的,长期投入见不到回报,投资者和广告商的信心都已经有动摇的迹象,默多克撤资凤凰恐怕就是出于这样的原因。

(一)电子媒介市场细分的原则

电子媒介既可以根据单一因素,亦可根据多个因素对市场进行细分。选用的细分标准越多,细分产生的子市场也就越多,每一子市场的容量相应就越小。相反,选用的细分标准越少,产生的子市场就越少,每一子市场的容量则相对较大。如何寻找合适的细分标准对市场进行有效细分,既是一门科学,也是一种艺术。对于免费播放、广告补给的电子媒介而言,市场细分更加是一门需要平衡的艺术。如何创新性地细分出具备盈利能力的细分市场,成为决定电子媒介市场竞争成败的关键。

彭代武在其主编的教材《市场营销学(第二版)》中指出,一般而言,成功、有效的市场细分应遵循可衡量性、可实现性、可赢利性和可区分性等基本原则。① 下文就结合电子媒介的市场细分特征,分别阐述这四个基本原则。

(1)可衡量性。指细分的市场是可以识别和衡量的,亦即细分出来的市场不仅范围明确,而且对其容量大小也能大致做出判断。这一点,对于电子媒介来说尤为重要。如果无法衡量细分市场的容量,就无法预测该内容产品的广告吸纳能力。如果没有明确的目标受众规模,就缺乏对广告主的吸引力。

(2)可实现性。指细分出来的市场应是媒介营销活动能够抵达的,亦即是媒介通过努力能够使节目进入并对受众施加影响的市场。

(3)可赢利性。即细分出来的市场,其容量或规模要大到足以吸纳足够的广告来抵消内容产品的成本并使媒介实现获利。

(4)可区分性。如果不同细分市场之间的差异性不大,甚至无法让受众感受到它们之间的差异,那么这样的细分就是失败的细分。细分市场的本质诉求是希望通过差异化的定位,实现产品的差异化竞争优势,降低产品之间的相互替代性。如果一次细分,媒介产品无法营造出受众需求满足的差异性,那么它就很有可能被其他内容产品替代,失去竞争优势。

(二)市场细分的程序

美国市场学家麦肯锡提出细分市场的一整套程序,这一程序包括以下七个步骤,我们可以将它运用到媒介市场细分的程序中去。

(1)选定市场范围,即确定进入什么市场,生产什么媒介内容。现在在电视媒介内容生产中盛行的逆推式模式,市场范围的确定往往是始于特定广告客户的目标消费群体到达要求。

(2)列举潜在受众对电子媒介内容产品的基本需求。

(3)分解不同潜在受众的不同要求。对于列举出来的基本需求,不同受众强调的侧重点可能会存在差异。

(4)抽掉潜在受众的共同要求,而以特殊需求作为细分标准。

(5)根据潜在受众基本需求的差异,将其划分为不同的群体或市场,并赋予每一个子市场一定的名称。

---

① 彭代武:《市场营销学(第二版)》,武汉大学出版社2009年版。

(6)进一步分析每一细分市场的需求与收视行为特点,并分析其原因,以便在此基础上决定是否可以对这些细分的市场进行合并,或作进一步细分。

(7)估计每一细分市场的规模,即在调查的基础上,估计每一细分市场的受众数量、收视频率、平均每次的收视时长、可能吸纳的广告价值等,并对细分市场的产品竞争状况及发展趋势作出分析。

二、电子媒介目标市场的选择

目标市场就是媒介决定要进入的市场。媒介在对整体市场进行细分之后,要对细分市场进行评估,然后根据细分市场的市场潜力、竞争状况、媒介资源条件等多种因素决定一个或几个细分市场作为目标市场。

郑丽勇在其主编的教材《媒介管理学》中指出,一般而言,媒介考虑进入的目标市场,应符合以下标准或条件:(1)有一定购买规模和发展潜力。媒介进入某一市场是期望能够有利可图,如果市场规模狭小或者趋于萎缩状态,媒介进入后难以获得发展,此时,应谨慎考虑,不宜轻易进入。(2)竞争者未完全控制。不言而喻,媒介应尽量选择那些竞争相对较少或竞争对手比较弱的市场作为目标市场。(3)符合媒介目标和能力。某些细分市场虽然有较大的吸引力,但不能推动媒介实现发展目标,甚至分散媒介的精力,使之无法完成其主要目标,这样的市场应考虑放弃。另一方面,还应考虑媒介的资源条件是否适合在某一细分市场经营。只有选择那些媒介有条件进入、能充分发挥其资源优势的市场作为目标市场,媒介才会立于不败之地。[①]

目标市场策略主要有以下三种:

(一)无差异性策略

媒体将整个市场视为目标市场,用单一的营销策略开拓市场。该战略的优势在于成本的经济性。在免费收看、广告补给的盈利模式下,许多大众媒体都倾向于采用这种方式。比如许多上星综合频道,在定位上并不追求观众的区隔,而瞄准所有的观众,通过"老少咸宜"的中性节目来满足所有观众最平均化的节目品味需求。采用这样的策略的优势首先在于基本观众总量的保证,即便只能在市场竞争中做到中游水平,所吸纳的观众的总量带来的广告创收也不至于入不敷出;其次,这样的节目通常都是模式化的制作,可以实现规模经济效应,摊低单位时间的节目生产成本;最后,这样的节目争议性小,不容易引发侵权等诉讼官司。

[①] 郑丽勇:《媒介管理学》,浙江大学出版社2008年版,第69页。

(二)差异性策略

媒体将整体市场划分为若干细分市场,然后选择部分细分市场作为目标市场,为这些目标市场制定不同的营销组合策略。

其主要优点在于可以有针对性地满足不同特征的受众群的需求,提高竞争能力;同时由于媒体在多个细分市场上经营,一定程度上也减少了经营风险。缺点体现在两个方面:一是增加营销成本,由于产品多,管理费用将增加,而且需要针对不同细分市场发展独立营销计划,调研、广告费用都是很大开支;二是可能使媒体的资源配置不够集中,顾此失彼,甚至出现内部彼此争夺资源的现象。

(三)集中性策略

媒体集中力量进入一个或少数几个细分市场,实现专业化生产和销售。这一战略特别适合资源力量有限的中小型传媒组织。中小媒体由于受财力、技术等方面的限制,在整体市场上难以与大传媒集团抗衡。如果能够集中资源优势在大传媒集团尚未涉足的细分市场,中小型传媒机构取得成功的可能性就很大。

[案例精选]地面频道的差异化发展策略①

地面频道囿于自身资源和体量,无法与上星频道抢夺高品质电视剧资源,模仿跟风的粗制剧难以吸引受众的注意力,不具播出价值。地面频道在困境中重获竞争力的办法是抱团联盟,聚沙成塔。从长远发展来看,将无数个小市场结成大市场的长尾战略可为地面频道带来生机。未来地面频道将考虑从以下几方面破冰。第一,以自制或定制的形式打造性价比高的经济适用剧,通过更贴近当地生活的剧情,起用地方明星演员等方法,满足地面频道观众的个性化收视需求,开辟全新"蓝海",谋求差异化发展,提升频道"造血"能力和受众黏性。第二,与其他地面频道建立灵活的合作机制,充分发挥文化同源性和地缘优势,共同投拍特色电视剧,购买优质电视剧,甚至联合举办招商洽谈会,用规模优势增强平台吸引力。第三,以联盟模式深化合作,与互补性较强的上星频道或地面频道结为长期战略合作伙伴,更好地整合资源、共享资源,将联盟做大做强,协力创出品牌知名度。目前,城市联合网络电视台(CUTV)、九合组织、江苏广电与南京广电、辽宁电视台与沈阳电视台等都已进行了大胆的创新探索,这样的合作将是大势所趋。

三、电子媒介的市场定位

定位(Positioning)是近年来最有影响的市场营销策略之一。定位的核心含义就是必

---

① 李岚、莫桦:《"剧战"的未来走向》,《视听界》2013年第1期。

须把产品清楚明白地摆在消费者面前。对于电子媒介组织来说,定位就是要在市场中建立起属于自己的具有辨识度的形象,要着力展现自己与竞争者相比的不同凡响之处。美国福克斯公司在其发展初期,成功地把自己定位为面向年轻人的媒介网络,从而建立起相对于美国三大电视网(CBS,NBC 和 ABC)的竞争优势。要实现有效的市场定位,必须避免混乱定位,给消费者传递一个清晰的定位和形象。

电子媒介要做好自身的市场定位,可以从以下两个方面努力:

(一)识别竞争优势

市场定位带来的竞争优势,往往都是差异化的竞争优势。电子媒介需要从当下受众的需求分化以及被满足的现状入手,发现那些尚未得到的或者未能得到很好满足的需求,通过提供差异化的内容产品组合来满足这些需求。不能简单地把频道定位等同于频道的细分化。很多人一谈到频道专业化就去细分内容,比如开办一个纪录片频道或者音乐频道,之后又会有古典音乐频道,但问题是对于任何内容的细分都基于不同的标准,不断细分如何才能穷尽? 而细分的极致将会导致观众群日益趋窄。这里强调的频道定位应是把对目标观众的理解与类型节目相结合,因为不同的目标观众群体对于不同的类型节目是有着不同喜好的。同样的纪录片频道,年轻人和老年人关注的角度和喜欢的叙述方式不一样,同理,对于男性和女性观众也是不一样的。所以必须努力在频道定位模型的坐标轴中找准自己的位置,如此才能在竞争中获得差异化优势。[①]

(二)选择合适的竞争优势

并不是每一种差异化的竞争优势都能成为电子媒介定位的目标,必须与自身资源优势结合起来,才能找到既有差异化价值又可行的市场定位。一个电视台要清楚自己的核心资源在哪里,不能也不可能什么类型节目都尝试。比如对于地方城市台来讲,对于资源条件要求高的综艺节目就比较难做,而贴近普通市民的民生类新闻节目就比较容易取得成功,南京电视台的《南京零距离》就是一个成功的例子。又如,BBC 作为国际大台,其节目也没有大家想象得那么丰富,它着重发展自己的时事纪实节目,它的娱乐节目在英国是赶不上独立电视(ITV)的。[②]再如,湖南卫视在上星两周年时也曾想把新闻时事列为自己的主打类型节目,尝试一段后还是回到了娱乐立台的路上。[③]对于电视频道来说,定位的选择必须建立在对本台和竞争对手的理念、目标受众、受众需求以及本台在竞争中与众不同之处的明确理解基础之上。对这些因素的确切理解必须依靠严谨的市场调研,而不是主观臆断。

[①②③] 刘名:《从 BBC 实践看电视频道定位的重要性》,《新闻前哨》2006 年第 9 期,第 103—104 页。

(三)传播和送达选定的市场定位

一旦选择好市场定位,企业就必须采取切实可行的步骤把理想的市场定位传达给目标消费者。企业所有的市场营销组合必须支持这一市场定位战略。一个频道的定位是一个不断发展的过程,电子媒介需要搭建自己的交流沟通平台,通过持续的双向交流,让所有参与者(节目生产团队、收视群体、广告客户)在频道定位上达成共识,同时在以后的发展中不断修正最初的频道定位。

[案例精选]《南京零距离》的市场定位策略:新闻服务解决平台[①]

《南京零距离》中的绝大部分内容,并没有出新之处,无论是选题范围还是制作方式,都不是"首创的"。在《南京零距离》之前,很多城市都有这种类型的"市民新闻""民生新闻"的节目,例如,湖南卫视的《晚间新闻》、南昌本土的《今夜侃侃》《新闻说报》等,但《南京零距离》却有着独特的定位:新闻服务解决平台。

1. 通过新闻服务,发挥传媒的作用,帮老百姓解决可以解决的生活问题。这个定位不仅完成了传播形式上的互动,更满足了大部分受众的市场需求,确定《南京零距离》的核心价值取向,是《南京零距离》今天成功的最为关键、最为重要的环节。

以前,媒体新闻讲究客观报道、冷静记录,做旁观的第三者,或最多也只是帮助"劝说"的第三者。而今天的《南京零距离》是帮助"解决"问题的第三者。为此,《南京零距离》几十部热线电话24小时倾听老百姓的声音,做到有来电必答复。《南京零距离》还特别引进先进的来电管理软件,对同一具体投诉进行量化管理,即同一投诉每次都"记录在案":第一次投诉,记者会电话告知被投诉方;第二次投诉,记者会警告被诉方,督促解决;如有第三次投诉,记者便携带设备现场拍摄,给予报道。这种全方位、真用心的服务让《南京零距离》成了老百姓深爱着的"家人"。今天的南京市民打架了、出什么事了,"110"来了还不算,非得等到《南京零距离》的记者来,才愿意开始处理事情。这份百姓的信任,沉甸甸、殷切切,真是《南京零距离》莫大的福分,更是《南京零距离》莫大的资源。

2. 体现《南京零距离》独特定位的另一个具体承载是其子板块"现场调查"。节目在直播开始不久就给出调查题目,诸如南京长江大桥的收费站该不该拆？小学升初中要不要考试？公共场所是否应该禁止宠物入内？中学生是否应该带手机进课堂？观众可以通过电话进行态度选择,一小时节目中不断公布参与调查的人数与态度的比例,直至当天节目直播结束前公布讨论的结果。这种形式让老百姓真正成了社会的主人,找到了强烈的归属和情感的寄托,让社会生活中问题的解决最大众化。这是以前媒体产品从未想

[①] 李大成:《〈南京零距离〉的正视与反思》,http://www.jxgdw.com/jxtv/jxtv5/ppgh/ygsx/2004-11-02/3000014304.html。

也从未做的事,所以《南京零距离》也取得了以前媒体产品从未想也从未有的效益。

3.《南京零距离》的定位策略使"将本土资源最大化"的战略取向成为必然。面对境外媒体的"入侵"之势,面对央视的"霸权",面对各省级卫视区域市场的瓜分,面对深圳等几十个国家单列城市上星的跃跃欲试,守好自己的"领土",做足本土资源,必将是理智的媒介生存发展的明智选择。《南京零距离》作为省级地面媒介的一个产品,极为重要地扮演了抢占"领土"的先锋队的角色,成功地走好了本土化经营至为关键的第一步。

第四节 电子媒介的营销渠道

一、从渠道垄断到渠道多元

美国营销协会(AMA)对渠道的定义是:公司内部的组织单位和公司外部的代理商、批发商与零售商的结构。传统行业从生产者到消费者之间可能会有很多渠道级别,包括零售商、批发商、中间商等。渠道应该是公司最重要的资产之一,同时也是变数最大的资产。它是公司把产品向消费者转移的过程中所经过的路径。对于一个公司的产品来说,它不对产品本身进行增值,而是通过服务增加产品的附加价值;对于公司来说,销售渠道起到资金流、信息流、商流的作用,进而完成一个公司很难完成的任务。不同业务的发展趋势决定了未来渠道发展的战略部署,而新业务营销将成为未来渠道发展的重点。[1]

与其他行业不同,电子媒介的传媒产品往往有天然的渠道垄断。以电视台为例,长期以来,由于我国传媒体制的原因,国有的电视台享有天然的渠道垄断。这些媒体既是节目制作方,又是节目播出方,拥有天生的渠道优势。随着制播分离改革的推动,越来越多的民营节目制作公司开始出现,活跃在电视节目市场,但从总体来看,无论是市场份额的占有,还是竞争资源的占有,民营公司仍然处于相对弱势的位置。

然而,数字技术、网络技术的兴起,对电子媒介行业传统的渠道垄断带来了巨大的冲击。近年来,视频网站的发展壮大使得电视台的渠道垄断地位受到重大威胁,传统电子媒介组织的主导地位受到冲击。在中国,看电视的人群主要是老年人、农村人及初中以下文化程度的人,而年轻人、大学以上的社会主流人群则越来越多地远离电视。传统电视对主流人群的影响在弱化是一个不争的事实。[2] 同时,网络视频经营者开始不满足于传统电视节目的简单平移,而运用自身机制灵活的优势,大力开发自制节目,在内容策略上实现由"输血"到"造血"的转换。比如搜狐视频,俨然就是一个网络电视台,众多自制

---

[1] 高靖然、戴刚:《吉林省广电网络渠道营销之我见》,《广播电视信息》2011年第9期,第34页。
[2] 孙雁彬:《传统电视台转型的路径》,《视听界》2011年第6期,第56页。

节目每周上线。光线传媒也要大举进入网络电视业,王长田把网络电视看作是民营制作公司的一个机会。乐视网原创节目总制片人郝舫则说,视频网站代表未来的娱乐方向,而原创节目将是视频网站与传统电视的决战战场之一。① 这些视频网站的自制节目,一开始就打出与传统电视节目不一样的旗号,无论从传播内容上还是传播形式上,都更加符合新一代互联网用户的媒介使用习惯。

随着互联网的发展壮大,电子媒介的渠道竞争加剧,在渠道上逐渐弱势的电视台要想保住自身的竞争地位,必须更加专注于提高内容制作能力,将自身在内容制作方面的惯性优势发挥到极致,这种优势惯性主要体现在内容制作资源和节目运营能力上。可以预见,在未来的电子媒介渠道中,优秀的内容提供商将掌握更多的市场主动权。

由于传媒产品存在着高初始成本、低复制成本的特性,因此在信息市场上,减少平均成本的关键在于增加销量。销售渠道越多,产品的销量越大,产品的平均生产成本就越低。所以每个电子媒介公司都尽可能开发产品的营销渠道,在不同国家、不同地区、不同时间、不同传播介质之间进行整合规划,想方设法延伸其产品的价值链。

美国电视节目供应商的发行方法就很好地体现了渠道整合规划。为了最大化利润,他们通常采用窗口化策略,即将电视节目出售给不同的一级、二级和三级市场。这种窗口化策略不仅需要通过尽可能多的销售渠道,而且需要以产生最大回报的模式或顺序才可能实现。他们销售的窗口顺序一般是:按次消费的节目→固定付费的频道→免费的初级频道→免费的二级频道→录像带/光碟→海外市场→网络播出等。② 在实际操作中,具体以什么顺序排列这些窗口,取决于供应商自己的观众规模和各种情况下每个观众所带来的利润率。

在选择营销渠道时,电子媒介公司需要找出最适合其产品风格以及该产品目标受众覆盖面最广的播出平台。美国传媒产业这方面非常成熟。华纳公司制作的《老友记》这部收视率极高的情景剧,并没有在同属华纳旗下的兄弟频道WB电视网播出,而是经过再三挑选在NBC电视网播出,就是为了寻找最合适的播出平台以求达到最大的播出效果。③

同时,新兴媒介的兴起势不可挡,传统电子媒介应该积极地考虑如何利用新兴媒介传播带来的多渠道和多终端,拓展自身内容的受众到达和影响。左瀚颖、郑维东指出,"传统媒体的受众到达率下降是针对终端使用而言,传统媒体所提供的电视剧、综艺、新闻和体育等内容,在网络终端上仍有受众基础,传统电视媒体策划的娱乐节目在互联网

---

① 孙雁彬:《传统电视台转型的路径》,《视听界》2011年第6期,第56页。
② 谢晶:《从"内容为王"到"渠道为王"再到"营销为王"——谈传媒市场理念的变化》,http://media.people.com.cn/GB/4186720.html,2006年3月10日。
③ 卜彦芳:《传媒经济理论》,中国广播电视出版社2012年版,第214页。

上引起的热烈讨论,一定程度上可以佐证传统媒体内容在新终端上的号召力。"[1]"在受众趋于复杂和多元的媒介消费渠道和终端组合中,内容依然是传统媒体吸引受众维持市场的关键所在。新技术和新媒介虽然会导致观众的碎片化和分流,但它同样会让受众基于共同的兴趣、偏好和价值取向等,主动地重新聚类。"[2]例如春晚直播中一轮轮的微博、微信吐槽,电视观众一边看着电视直播,一边抢着在朋友圈或者粉丝群里热烈地参与讨论,朋友圈里第一时间的评论、转发已经成为一个重要的社交资源。除此之外,各视频网站以及各种内容产品的网络论坛中针对某一内容产品的讨论,也成为传统媒体内容产品传播渠道的一个重要延伸,点赞也好,吐槽也罢,终将形成传统媒介内容再度传播的意见群落,扩大和延伸传统媒介内容的传播效果。左瀚颖、郑维东指出,电视媒体在节目首播后,根据目标观众的媒介使用习惯,将视频在相应的新兴媒介终端播放,可以让分散在其他媒体终端的受众有机会接触到节目内容,进而重新汇集成节目的忠实观众群体。传统媒体在考虑多渠道延伸内容传播效果时,需要谨慎思考一个问题,即这种多媒介传播如何实现。是传统媒体渠道自建渠道和终端,掌握内容传播通路,还是与现有新媒介终端开展版权合作?这需要视电视媒体自身的业务布局和发展规划而定。整体而言,受众媒体消费习惯的多元化和分散化已经是必然趋势,因此,电视媒介的内容营销必须有一种全媒体的思维方式和执行方案。[3]

[案例精选]《爱情公寓》主流电视台遇冷、网络走红、卫视热播[4]

  2009年8月,《爱情公寓》这部既无明星大腕,又无豪华创作团队的情景喜剧在江西卫视播出,收视成绩平平,在全国没有产生太大影响。然而,随着新浪、优酷、土豆等网站购买了其网络版权后,这部电视剧逐渐在网络上走红。2011年1月,《爱情公寓》发行第二部,由广东卫视、东方卫视等多家电视台联合首播,收视率和影响力迅速提升。《爱情公寓3》在2012年暑期上映,也引发了一阵收视狂潮。

  电视台的渠道少,机会成本高,因此更愿意选择已经有一定人气,或者有明星阵容保证的剧目以保证收视率,而网络平台渠道容量大,成本低,敢于推新剧、推小剧。因此内容优秀,却没有名气的影视剧适合先在网络平台推广,培养粉丝,然后利用粉丝营销、病毒营销、口碑营销,逐渐提高知名度,随后在电视台播出。

二、电子媒介内容产品渠道运营和整合

  营销渠道的运营和整合对于媒介的经营具有十分重要的意义。电视行业的制播分

---

[1][2][3]　左瀚颖、郑维东:《网络时代的受众重塑与媒介变革》,《视听界》2013年第3期,第29—30页。
[4]　张辉锋:《媒介热点问题原理解读》,中国人民大学出版社2013年版,第115页。

离就可以看做是把内置在电视媒介中的生产和流通渠道分离出来,其意图是导入市场机制,并进行产业化运作,以求得高效率。在渠道运营中,媒介公司应大胆打破地理限制、媒介限制,积极拓展渠道空间。

(一)自有渠道资源优化整合

首先,电子媒介经营者需要在一定的战略安排下对自有渠道资源进行整合,在以广告为主要盈利来源的大众传播模式下,如何防止自有渠道之间的恶性竞争,减少自有渠道的内耗,就成为电子媒介经营者在整合内部资源时需要特别重视的问题。只有确保各频道和各栏目之间良性竞争、协调发展,才能发挥集团内部渠道"1+1>2"的滚雪球式的协同效应。目前,在全国各地的广播影视集团中,集团旗下各频道定位不清而造成相互抢"资源"的现象并不鲜见,造成了不小的资源内耗。电视渠道整合的关键在于找准各频道和栏目的市场定位,也要兼顾各个渠道之间的合理分工,通过细分市场来达到错位经营,平衡经济波动对经营业绩带来的影响。① 但要从根本上解决这样的问题,只能从盈利模式多元化上入手。在完全依靠广告支撑的大众传播模式下,频道之间、栏目之间的错位经营很难完全实现,为了追求广告到达率,频道和栏目都不得不将目光锁定在目标受众规模最大以及目标受众广告价值最高的节目类型和内容定位上。要真正实现错位经营,只有突破广告这种单一盈利模式,开发付费频道、付费节目,才有可能降低甚至杜绝频道、栏目之间的内耗。

[案例精选]香港无线电视台旗下频道的区别定位②

香港无线电视台对旗下不同的频道进行定位,通过细分市场来避开内部竞争,尽可能满足不同层次观众的需求。其免费频道中,翡翠台(TVB Jade)是无线的旗舰频道,香港收视最高、影响力最大的电视频道,提供新闻、电视剧、综艺、动画及访谈等多元化节目;明珠台(TVB Pearl)是全港收视率最高的英语电视频道,重点播放外语连续剧、电影、体育比赛及资讯节目;J2台(TVB J2)旨在打造最适合年轻人的电视频道,汇聚日、韩及我国台湾等地的新潮人气节目,网罗最劲爆的偶像剧、综艺、娱乐、文化、生活资讯、音乐节目以及亚洲火热名牌动漫;高清翡翠台(TVBHD Jade)作为香港本土唯一 24 小时播出的免费高清电视频道,主要播放 TVB 制作的高清电视剧、综艺节目、纪录片以及外购纪录片、电视剧等;互动新闻台(iNews Channel)提供 24 小时新闻、时事、体育、财经消息,其中独创的 NewsBar 互动资讯服务,让观众能第一时间掌握天气预测、港股走势及即时报价等资料;卫星频道(TVB8)是 24 小时普通话播出的娱乐频道,每日主要播放娱乐、资讯、

---

① 程忠良、张启树:《电视媒体渠道经营的四个层次》,《视听界》2010 年第 4 期,第 50—51 页。
② 《穿越 TVB——记忆中永不褪色的香港身份证》,http://yule.sohu.com/20090114/n261742546.shtml。

音乐及戏剧节目;无线星河频道(TVB)是 24 小时播放 TVB 制作的经典剧集及电视电影的卫星频道。另外,香港无线在亚太、欧美等地区均有相应的电视频道。

(二)跨地理空间,跨行政区域渠道运营

"借船出海"常常是电视媒体经营者的优选。受限于当下条块分割的广播电视体制,广播电视要实现跨行政区域的产权整合非常困难。但是,由于我国东西部经济发展不平衡,衍生出了实力悬殊的区域广播电视实体。因此,一些实力雄厚的广播电视实体就开始尝试与实力相对薄弱的广播电视实体展开跨区域的合作和资源整合,实力较强的电视台因此获得更多的上星时段,实力较弱的电视台则能获得更多的时段收益,在一定程度上实现了资源整合配置的双赢效应。例如 2009 年年底,湖南卫视与青海卫视就青海卫视频道项目合作达成协议并得到了国家广电总局的批准。根据协议,湖南台与青海台共同成立第三方公司负责具体运营。湖南卫视与青海卫视的合作,实现了"借船出海",湖南卫视可以将过剩的或已有的品牌节目通过青海卫视打包上星,既实现了内容产品的多次售买,做活了"存量",又拓展了卫视渠道,增加了在国内电视市场的话语权,还可以通过渠道的扩展实现盈利模式的拓展、品牌的提升(同样的利好也反映在构建跨国渠道上)。①

程忠良、张启树指出,无论是自建渠道还是"借船出海",都应建立在以下三个方面的基础上:(1)立足于整合电视台资源,构建风险转移和多点支撑电视媒体的新产业链,即有相应的盈利机制;(2)新渠道创建必须服从于电视台(或集团集团)发展的整体战略,事前事后要有相应的评估机制和相应的盈利预期,以及独立的抗风险机制;(3)合作的目标在于共赢,而不是损害本台(或集团)的相关资源。②

(三)跨媒体、跨行业的渠道运营

如果说跨区域渠道运营是为了充分发挥媒介的规模经济优势,那么跨媒体、跨行业的渠道运营就是充分发挥范围经济的优势。通过跨媒体甚至跨行业的渠道运营来提高媒介内容产品的利用率,获得更多的利润空间。"电视业已进入立体营销时期,媒体营销已由单纯的广告营销步入节目、广告、网络等多媒体营销并重时代,打通媒体间、行业间通路也有利用于电视产品和品牌的营销和推广。"③

"电视湘军之父"魏文彬提出了电视业经营"大电视、大传媒、大产业"的理念。他认为,目前中国电视、广播、刊物的通病是小而杂,这样内耗就很大;而跨媒体、跨区域、跨行业的"大电视,大传媒,大产业"则能有效弥补这种内耗巨大的不足,并有效整合中国传媒界,提高中国传媒的整体实力和国际竞争力。例如,湖南电视台和淘宝合作组建"快乐淘

---

①②③ 程忠良、张启树:《电视媒体渠道经营的四个层次》,《视听界》2010 年第 4 期,第 49—50 页。

宝"公司,联手拓展电视网购市场。"快乐淘宝"2010年4月在湖南卫视推出节目,在淘宝网上开辟"快乐淘宝"子频道专区和外部独立网站,创建了电子商务结合电视传媒的全新商业模式。① 又如东方卫视与天猫合作的《女神的新衣》这一节目,打通了时尚女装从设计、展示到销售的产业链条,将明星、电视台、电商平台各自的优势整合在一起,广告主直接参与节目内容,将观众与消费者合体,实现了一边收看一边下单的新型的收看和购物双重体验。

[案例精选]第一财经传媒集团的价值链整合②

第一财经是目前国内唯一用于打破媒介、行业与地域界限的财经类媒体,第一财经推动了品牌、信息、人才资源整合,实施跨媒体、跨行业、跨地域产业价值链的整合和构建,为中国传媒业提供了有益的提示,这跟我们的基本判断是吻合的。

第一财经的电视经过多年的探索和运作,已经成为日渐成熟并具有鲜明个性的电视财经媒体,由第一财经广播主创的《中国财经60分》节目已经与10多家省市台结成了节目联播网络平台,节目辐射各地的10多个城市,今年又在香港落地。《第一财经日报》是我们中国第一家跨地区、跨媒体合作的报纸,同时由在中国传媒业具有影响力的上海文广新闻传媒中心、广州日报传媒集团、北京青年报社强强联合,具有资源、地缘优势。第一财经网站于2005年12月上线,日点击量超过了3000万次,日访问人数超过10万人次。第一财经在媒体平台的构建过程中,始终坚持跨地域的发展布局。通过携手国际著名财经传媒、广播电视节目合作、日报跨地域发展、发展新兴媒介等方式,覆盖国内、国际市场,积极向国内经济增长极地区拓展。同时,在国内主流媒体上争取到准点、持续的播出平台,多数中国媒体获得了国际经济金融舞台的话语权。

第一财经下游衍生产品开发分两大块,一是财经资讯产品,二是财经公关产品。在财经资讯产品方面,第一财经旗下自主品牌的研究院将在宏观经济、产业经济领域提供第一财经自主产权的研究成果,探索中国商业资讯现代化生产、营销新模式,有效巩固和提高第一财经品牌现有媒体专业性水准,有效降低第一财经旗下各媒体采编成本,推动内容和渠道整合,产品系列包括财经资讯以及宏观、行业研究报告,依据企业需要的个性化信息,调查、咨询产品定植等。

三、广告营销渠道管理

广告经营中也需要渠道管理,尤其在视频网站分流传统电视广告的形势下,如何在

---

① 程忠良、张启树:《电视媒体渠道经营的四个层次》,《视听界》2010年第4期,第50页。
② 《李岚:第一财经产业价值链研究意义深远》,http://finance.sina.com.cn/hy/20071126/15224216728.shtml,2007—11—26。

渠道上拓展广告的销售,也成为相当关键的问题。广告营销渠道主要来自两个方面:一是自动渠道;二是主动渠道。自动渠道主要是指由广告主或者广告公司自主找上门来购买媒介广告时段的渠道模式;主动渠道则指的是媒体主动与某些大型广告主或者大型广告代理公司建立和维系合作关系,稳定地为其提供广告甚至是咨询服务的渠道模式。当传统媒体的渠道垄断优势不复存在的时候,主动渠道模式就越来越常见。

例如从2004年开始,凤凰卫视首次放开广告代理权。凤凰卫视把部分栏目的广告代理权授权给广告公司,广告公司可以代理其中几个栏目,也可以代理其中一个。此前,凤凰卫视是实行区域销售的广告营销模式。这种模式在凤凰成立的初期取得了巨大成功,帮助凤凰创造了开台不到四年即赢利的国际华语媒体运营奇迹。凤凰此次放开广告代理权,携手专业化、市场化的广告公司一起经营广告,目的非常明确:为广告公司带来更大的发展空间,为广告主带来更实效的传播效果;看好国内的经济大势和广告市场,积极参与这一进程;形成广告主、广告公司和凤凰共赢的局面。[①]

第五节　电子媒介内容产品定价

价格决策事关媒介收益,是营销决策之中的重中之重,是媒介竞争的关键因素。对于电子媒介来说,其价格决策有三个方面:一是面向受众的媒介内容产品消费价格,如电影的票价、收费数字电视的价格、视频网站在线点播的价格等。二是面向广告主的广告版面(或时段)价格。对于免费收看、收听的电子媒介来说,面向受众的收费是零,面向广告主的收益构成媒介收益的主导性来源,因而成为这类电子媒介经营的重点。三是面向其他渠道的内容产品版权授权价格,例如电视节目在其他电视台播出的授权价格、电视节目在视频网站的播出授权价格、电影衍生产品经营授权价格等。

随着传媒产业市场化进程和制播分离改革的进行,传媒产品市场机制越来越健全,各种传媒产品的价格也越来越遵守客观市场规律。本书将从上述三个方面分别介绍电子媒介内容产品如何定价。

一、面向受众的定价

在电子媒介面对受众的定价实践中,我国当前最成熟的就是电影的票价。收费电视和网站付费点播这两个市场目前尚处于培育阶段,还需要一段时间的成长。导致我国内容收费市场难产的原因是多方面的,其中很重要的一个因素是来自版权保护意识淡漠而养成的付费惰性,希望随着版权保护机制的强化和完善,随着媒介内容市场的进一步发

[①] 王炎龙:《消费社会背景下凤凰卫视营销转型》,《媒介方法》2006年第2期,第53页。

展,这种状况能够得到改善。

[案例精选]视频网站的付费模式①

2012年上半年,在娱乐类应用(网络文学和网络游戏的使用率在上半年均有所下降)普遍走低的情况下,网络视频用户规模、访问次数和访问时长增幅明显。截至2012年6月底,中国网络视频用户规模增至3.50亿,半年内用户增量接近2500万人,在网民中的使用率达65.1%。同时,据中国互联网数据平台(http://www.cnidp.cn)显示:视频网站的月访问次数由1月份的57.6亿次增加到8月总访问次数的81.3万次,月总访问时长由1月份的11.3亿小时增加到8月份的17.2小时。在用户规模、访问次数和访问时长增长的同时,视频网站付费业务却收入惨淡,据了解,2011年视频网站平均的年付费收入不足百万元,其中优酷对外宣称2011年付费收入占比不足1%。其原因在于:

其一,用户对视频付费尚未形成习惯。据互联网社区调查显示:仅有6.8%的视频用户愿意付费收看视频,肯定不愿意付费收看视频的用户高达49.0%。中国网民一直习惯于免费模式,对视频内容付费尚未形成习惯,培养用户的视频付费习惯,还需要较长时间。

其二,国内各大视频网站同质化现象严重,导致用户容易找到替代品,降低了用户的付费意愿。在愿意付费收看付费的用户(愿意和有可能愿意,看具体情况)中,愿意付费的主要原因为"想看某些视频,但是无法找到免费资源",所占比例达60.7%。目前,国内各大视频网站同质化严重,用户很容易找到免费资源,使得用户不愿意为视频内容付费。据调查,用户选择"清晰高,画面质量好"和"付费之后,看到比免费用户更精彩的内容",所占比例也达40%以上,视频网站可以考虑通过提高视频服务质量来提高视频用户付费的意愿。

最后,具有下载视频服务的播放器使用户获取视频资源更加便利,各种盗版资源大量出现,使得用户的付费意愿很难培养起来。同时,付费渠道也不顺畅,也是用户不愿付费的一个原因。

从目前的发展来看,视频网站应实现视频产品的差异化,重点提高视频服务质量,促使视频用户群体愿意付费。另外,手机视频付费业务或成突破口。截至2012年6月底,我国手机网民规模达到3.88亿,手机视频用户规模达1.08亿。智能手机功能不断强大,价格不断降低,智能手机将快速普及;流量资费不断降低,WiFi热点不断增多;移动支付快速发展,也将给手机视频付费业务带来新机遇。

电影票价与其他任何商品价格一样,传递着电影市场观众的需求与院线影院市场策

---

① 谭光柱,《短期网络视频付费模式难成主流》,http://blog.sina.com.cn/s/blog_5101b9050101b7a1.html,2012—09—14。

略的诸多信息。如何制定合适的电影票价,吸引更多的人再次回到影院,已经成为目前国内电影行业关注的问题所在。

目前电影定价策略主要有:按不同城市细分定价、按不同年龄群体细分定价和购买力差别定价。

(一)按不同城市的定价策略

不同城市间票价分布有着明显的区别。我们以北京、上海为例加以说明。北京、上海都是中国电影市场的佼佼者,且票房均居全国前列。根据 CSM 在 2008 年发布的研究报告《中国电影观众测量与评估》,从观众对于票价的接受程度来看,北京观众对于票价的接受能力最高值在 30 元左右,而上海则在 48 元左右。两城市的观众对于票价的接受程度显示出较大的差异。

因此,不同的城市应该采用不同的策略。对于北京而言,其定价应该充分考虑到观众的需求,不能盲目地按照简单的城市级别进行定价。相对成都而言,票价定位时就应该在现有票价的基础上做必要的下调。而上海,票价已经不是影响其进入影院的主要因素,因此影院应通过其他方式而不是降低票价来吸引潜在观众。①

(二)按不同年龄细分市场的定价策略

不同年龄群体的消费者购买能力不同,喜欢的电影类型也不同。其中,15－34 岁的观众在电影消费方面最有潜力,所以可以针对这部分的观众所推出的科幻片、爱情片可以采用适合他们的相对高端的定价。针对 35－44 岁的人群在定价时应该考虑他们对票价的需求。而在 15 岁以下和 45 岁以上的人群中,票价支付意愿较低,适合他们观看的动画片、冒险片以及家庭伦理片等要在考虑成本的基础上适当地对票价做出合理的定位。②

表7—1 不同年龄段观众票价承受力

被访者年龄段		最小值	最大值	平均值
7～14 岁	Q26a 愿意支付的电影票价	1	200	32.57971
	Q26b 最高能承受的电影票价	10	300	54.61594
15～24 岁	Q26a 愿意支付的电影票价	10	200	37.80128
	Q26b 最高能承受的电影票价	10	300	62.87393
25～34 岁	Q26a 愿意支付的电影票价	5	120	37.40645
	Q26b 最高能承受的电影票价	15	280	62.28602

①② 刘晓华:《电影票价成因及定价策略研究》,《电影艺术》2009 年第 1 期。

续表

被访者年龄段		最小值	最大值	平均值
35～44岁	Q26a 愿意支付的电影票价	10	150	35.29698
	Q26b 最高能承受的电影票价	20	1000	60.70766
45岁以上	Q26a 愿意支付的电影票价	5	100	30.62893
	Q26b 最高能承受的电影票价	5	200	52.13836

数据来源:CSM,《中国电影观众测量与评估》,2008年。

由于调查数据来自于2008年,因而在具体的票价数值上,其参考价值已经不大,但是不同年龄段观众票价承受力的差别还是非常有借鉴价值,电影制片方或者院线可以根据观众的年龄段归属来选择与其承受能力相应的票价价位。

(三)购买力差别定价

电影属于典型的经验产品,信息不对称,消费者事先无法判断影片质量,只能根据明星阵容、影片宣传的外在因素来判断,因此很容易出现,高投入大宣传＝大片＝高票价＝高质量的消费心理,观众为了降低风险,宁愿选择票价较高的大片。但是,由于收入水平不同导致消费者的购买力存在一定的差距,影院也要相应实行不同的价格标准,即购买力差别定价来满足不同购买力的观众的需求。

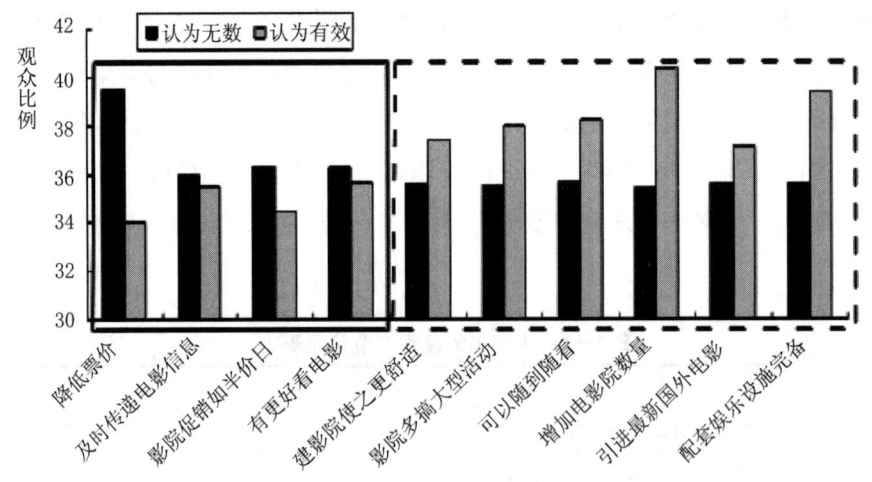

图7-1 各促销举措观众认为无效与有效分布情况

数据来源:CSM,《中国电影观众测量与评估》,2008年。

从图7-1中我们可以看出,对降低票价、影院促销(如半价日)这两个促销举措,更多的观众认为它们是无效的,这些观众认可和接受目前的电影票价,更看重的是影院的舒适度、影院的大型活动、随到随看、影院的数量、引进最新国外电影以及配套娱乐设施完备这些附加在影片上的因素,为了这些附加因素,他们即便多付一点钱也无所谓。而也有超过34%的观众认为降低票价和影院半价促销这些价格手段是有效的。针对观众存在的这些分化,电影片方和院线就可以采取差别定价法,在观影条件好的影院就可以在档期新鲜、频繁和大型活动上下功夫,采取高票价,而在观影条件比较一般的影院则可以采取低价策略,相应地推后档期和减少场次来降低成本。

二、对内容产品购买者的定价

我们以电视剧版权交易为例来探讨电子媒介内容产品版权定价策略。对于电视剧来说,购买者主要是不同的播出平台,最主要的就是电视台和视频网站。电视台凭借传统渠道优势,是电视剧主要的播放渠道。随着视频网站的兴起,影视产品的网络播映权也成为各大视频网站争夺的标的。2009年,网络版权价格突飞猛涨,乐视网购买《宫锁珠帘》只需20万元一集,而到了《宫锁珠帘2》,价格已飙升到185万元一集。随后,视频网站在购买网络版权上逐渐理性,为了降低成本,有的网站开始推出自制剧,有的进行合并,有的进行联合购买。到2012年,网络版权价格已降到最高位时的30%左右。[①]

电视剧的价格是多种因素共同作用的结果。制片人在制定价格策略时,要从电视剧的特征出发,综合市场环境因素进行全面分析。电视剧定价时需要考虑的因素如下:

(一)电视剧制作成本与卖点

成本价是电视剧的最低价位。一般而言,电视剧的制作费用越低,定价灵活性就越大;费用越高,定价灵活性就越小。电视剧的制作成本是定价的底线。文化产品的价值因为消费者对其喜好程度的不同,愿意支付的价格相差也非常大。因此,对文化产品来说,应该以顾客主观认知的价值为基础进行产品定价。对于电视剧来说,观众主观认知价值的提升就需要通过设置有效的卖点来获得。

一般而言,电视剧的卖点可以从以下几个方面设计:(1)明星效应:受观众追捧的明星演员,热门电视剧的编剧、导演、制片人等都能成为明星效应的来源;(2)成本效应:大场景、强阵容、高科技、巨额制作费用等;(3)特色效应:电视剧的选题、表现方式等与众不同;(4)话题效应:电视剧的选题借势当下热门新闻事件,或者在制作的过程中通过制造新闻事件引起观众的关注和讨论等。

(二)播出时间

按照电视剧播出时间的先后顺序,制定不同的价格,越早播出价格越高。在电视节目市场上,目前有独播价格、首轮价格、二轮价格、三轮价格等形式。一般而言,电视节目

[①] 张鑫:《网络版权价格退烧》,http://www.crftv.com/showNewsInfo.asp? NewsID=8078&borderid=16,2012—07—18。

首轮播映权主要归中央电视台或全国有线网和各播放网,二轮播映权面对省级卫视,三轮播映权才到市电视台或 VCD 市场。独播价格最高,但如果选到好剧可以让电视台因剧而红。湖南卫视独播的韩剧《大长今》就是典型的成功案例。独播如今已经成为各家电视台的收视法宝。但由于剧集成本连年升高,许多电视台会选择性价比更高的联合购买。比如安徽卫视、重庆卫视、江苏卫视、天津卫视联合购买《三国》的首播权,取得了不错的收视效果。

除此之外,业界通常将电视剧根据制作成本和播出时段不同划分为不同的档位。一档剧是指各频道黄金时间播出的电视剧。在全年的电视剧产量中,能进入黄金时间的电视剧不超过 15%。二档剧通常在白天时段或晚间非黄金时间播出。一档剧的价格相应地要高出二档剧的价格。

(三)播出市场

由于各地区经济发展水平不同,受众规模不同,电视剧销往不同区域的价格也不同。北京和上海的平均购片价格全国最高。

三、对广告主的定价

合理地制定广告价格对广告经营具有重要的作用。广告最根本的定价依据是受众规模和受众的购买力。具体来说主要是两大类因素:(1)相对固定的影响因素,包括媒体覆盖率、地理位置、广告段位、广告时间长度等;(2)变化的影响因素,包括收视(听)率、千人成本、收视点成本、供需状况等。

随着媒体之间的广告资源竞争日趋激烈,媒体需要从"媒体提供商"转变为"媒体服务提供商",树立以客户为中心的意识,注重广告客户需求的变化,注重维护关键客户。让用户定价或参与定价是现代市场营销学所推崇的定价方法之一。电子媒介的广告经营应该更加重视对客户的研究,真正以客户为中心,细化广告资源,以数据分析为基础,帮助广告主确立最合适的时间段位。

(一)电子媒介广告经营常用价格策略

1. 区别定价

一般而言,电视广告价格有以下分类:(1)时段价格:黄金时段和非黄金时段广告价格不同;(2)时间价格:工作日广告价格与节假日广告价格不同;(3)方式价格:字幕价格、镜头安插价格、标版广告价格、贴片广告价格也各有不同;(4)指定价格:客户指定时间通常都要加价。

2.广告价格的升降调整

广告的价格升降模式在总体趋势上可采用"年初的低价策略和年中的小幅多次提价策略"。即年初的定价偏低,有利于打击竞争对手,获得全年的长期投放合同;而在一年中的多次小幅提价不仅可以获得涨价收益,更能通过不断提价稳定住每次提价前已经投放广告的客户,使其在新的高价面前不会轻易放弃早签的低价合同而停播。①

3.捆绑销售定价

捆绑销售是以畅销时段或广告产品带动非畅销时段或广告产品销售的手段,利用非畅销时段的价格将畅销时段的价格拉低,以驱动非黄金时段的销售,从而实现整体销售额的最大化。电子媒介还可以通过捆绑价格的变化来鼓励广告主购买更长的广告时段。②

(二)数字技术对传统电子媒介广告定价模式的挑战

安妮特·爱丽斯和雅布·卜黑指出,从模拟技术到数字技术,广告定价依据要经历一个从广告到达率到广告影响力的转换。③ 模拟技术下,电子媒介的广告定价是依据内容产品所能覆盖的目标受众人数,即广告主的目标消费人群到达范围。这个到达范围的计算,只能是一个从样本推及总体的推测范围。而在数字媒体环境中,目标群体的精确化成为可能,比如可以通过个体的搜索行为和电视收看方式的细节,分析目标群体。当用户通过机顶盒(STB)做节目预订电影点播时,我们就可以通过对这个用户的识别(所在地区、性别、年龄、大致收入等)和其点播的节目、电影,选择最相关的广告投放给这个用户。而且,付费模式也可以以点击行为而不是假设的曝光情况开展。数字媒体的可测量程度越高,对广告主的吸引力就越大。传统电子媒介必须提出全新的、有吸引力的广告付费模式,即基于广告效果的广告费支付模式,来满足广告主精准投放和精确反馈的广告需求。

第六节 电子媒介的市场沟通

任何媒介产品或服务都必须借助市场宣传沟通活动才能获得良好的销售业绩,因此市场沟通活动已经是媒体组织市场营销战略的重要组成部分。

市场沟通活动可以使用户、广告主、赞助商等更加了解媒介产品和服务的信息,增加

---

①② 周伟、周军:《广播媒体的广告价格营销及剩余时间营销》,《中国广播》2009年第8期,第59页。
③ 安妮特·爱丽斯、雅布·卜黑:《媒介公司管理——赢取创造性利润》,王春枝、刘涛、苏林森译,清华大学出版社2011年版,第10页。

消费者对品牌的信赖度,提升品牌的形象。对于媒体来说,市场沟通活动尤其能帮助媒体提升自身的公信力。

一、整合营销传播与市场沟通

整合营销传播(Integrated Marketing Communication)理论诞生于上个世纪 80 年代末,美国西北大学麦迪尔新闻学院的克拉克·卡尔伍德、唐·舒尔茨和保罗·王在对全国消费者商品广告主进行的营销传播实施现状的调查中,率先为整合营销传播作了界定:"整合营销传播是一个营销传播计划概念,它要求充分认识用来制订综合计划时所使用的各种带来附加价值的传播手段,如普通广告、直接反应广告、销售促进和公共关系,并将之结合,提供具有良好清晰度、连贯性的信息,使传播影响最大化。"[①]

前面介绍过的 4C 理论构成了整合营销传播的主要框架。4C——消费者需求(Consumer wants and needs)、消费者愿意付出的成本(Cost)、为消费者提供的方便(Convenience)、沟通(Communication)——就是整合营销传播需要整合的主要要素,通过整合营销传播,协调一致地为了提升产品形象而进行努力。

在整合营销传播理论中,传播和沟通成为其落脚点。整合营销传播理论立足于持续的、连贯的、针对消费者的信息传播,"通过强化某一议题来强化消费者的认知结构,让企业信息充斥着消费者的认知,让企业的信息在消费者心目中有一席之地。它运用了大量的媒介手段和传播通道,力图形成信息的拟态环境,大量的企业信息充斥着消费者的认知,影响着消费者,促使其做出购买决策"。[②] 而媒介组织作为其他企业整合营销传播的主要工具,本身更加有条件通过所有信息的整合传播来打造一个连贯性的自身品牌形象,树立公信力,提升影响力。具体来说,就需要电子媒介处理好内部由于频道制带来的各自为政的现象,设计好栏目与频道之间、频道与频道之间、传统宣传推广手段和新兴媒介手段之间的统筹机制,从而在内部各部门之间形成一个合力,使媒体内部和外部资源实现整合营销传播,避免内耗带来的资源浪费。

二、电子媒介常用的市场沟通手段

为了达到沟通目标,企业可以使用多种营销沟通技巧,有时需要同时协调性地使用多方面手段才能达到沟通目的。这些沟通手段主要包括广告、公关活动、人员促销、路演等。

对于电子媒介来说,最常用的市场沟通手段主要有以下两种:

---

① 转引自屈凡军:《整合营销传播理论及其演变》,http://www.emkt.com.cn/article/67/6704.html。
② 莫瑞宁:《媒体市场营销策略》,《今传媒》2012 年第 2 期,第 75 页。

(一)广告

媒介一直是作为广告平台供应商的角色存在,广告是当下电子媒介最主导的盈利来源。激烈的市场竞争促使媒介转换观念,开始采用广告这种手段进行媒介自身品牌和产品的推广。美国营销协会委员会把广告定义为:"广告是由可确认的广告主,以任何方式付款,对其观念、商品或服务所做的非人员性的陈述和推广。"[1]

郑丽勇指出,媒介广告可以分为两类,一类是品牌形象广告,旨在建构品牌形象,这时广告实质是一种投资行为;第二类是销售广告,旨在实现销售,这种广告一般列入销售成本范畴。国内媒介的品牌建设尚处于初级阶段,表现为投入品牌建设的资源较少,少量的广告主要用于扩大知名度,尚未形成系统的品牌形象和品牌定位战略。第二类促销广告则在近年来明显增加,主要用于新节目内容的推广。许多电视台利用城市户外广告定期发布节目内容广告。目前媒介之间交换广告资源的方式还比较少见,伴随着媒介对广告的重视程度不断增加,交换广告资源以及跨媒介广告推广将日益普及。[2]

(二)公共关系

"媒介公共关系"是指媒介组织为协调和改善与其相关公众的关系而进行的一系列的传播沟通活动,以增进公众对媒介组织的认知,赢得公众的理解和支持,构建媒介组织良好的运作环境,从而树立媒介组织良好的形象。[3] 媒介组织与一般组织、公司相比,具备更强的公共性,媒介作为"社会的守望者",天生就肩负着社会的使命。公信力是媒介所有价值实现的前提,而公信力本身就意味着公众对媒介的信任。我们常说信任来自于了解,媒介要树立起公信力,离不开与公众沟通。从这个意义来看,媒介价值的实现离不开公共关系。公共关系对公共利益的重视和公共性的张扬这一特征属性契合了当前新闻媒介呼唤公共性回归的内在需求。在商业化大潮中,不少媒介组织出现了唯商业利益是图、社会责任感缺失、社会公器作用沦丧的趋势,媒介因此遭遇公信力危机。不少业界和学界有识之士希望通过公共关系的介入,能够使媒介的公共性得以彰显。[4]

除却这种由公共性带来的与公共关系与生俱来的关联,在日趋激烈的市场竞争中,媒介也特别需要借助公共关系来树立品牌、传播品牌、拓展品牌。对于新闻媒介来说,内容可能"同质",形式可以拷贝,但每一个媒介自身的软实力如媒介形象、媒介品牌和媒介影响力却是独特而不可复制的,利用媒介公共关系构建媒介独特的软实力,成为当下媒

---

[1] 转引自谢阗地:《互联网广告的第二次呼吸》,《互联网周刊》2009年第1期,第27页。
[2] 郑丽勇:《媒介管理学》,浙江大学出版社2008年版。
[3] 李东晓:《中国电视媒体的公关活动管理》,《河南工业大学学报(社会科学版)》2005年第一卷第3期,第33页。
[4] 钱海红:《媒介公共关系的理念与运作模式研究》,2007年复旦大学博士论文,第26页。

介组织在激烈的竞争中脱颖而出的制胜之宝。① 同时,新传播技术的快速发展又为媒介公共关系提供了崭新的平台。2001年,网络公共关系专家米德伯格在《成功的公共关系》一书中系统阐述了自己的网络公共关系思想,他认为公共关系最深层次的本质已经因为互联网的出现而发生了根本性的改变,"从本质上看,受互联网的影响,公共关系已经呈现出的5个重要的沟通趋势是:速度、途径、交互作用的新规则、品牌的重新界定以及作为沟通的商业伙伴"②。

[案例精选]凤凰卫视的公关手法③

在文化营销的产业营销过程中,凤凰注重了"客户营销"。对于电视媒体来说,有两个上帝,一是"观众",二是"客户"。节目如同商品一样,好的节目也需要推广宣传。凤凰卫视不仅注重与观众的沟通、实行观众营销,同时也注重与客户的沟通,向客户营销。第一,以客户需求为导向。凤凰卫视一直十分注重了解客户的需求,除建立一套完善、反应快速的内部信息系统外,还进行规模宏大的广告商调查活动。通过调查了解到广告商运用不同级别电视媒体的动机、广告商对电视媒介提供服务的需求、选择电视台考虑因素和对电视台的评价、广告商心目中理想电视台的标准等重要资讯,为客户营销打下了坚实的基础。第二,注重与客户的沟通。如每月出版《凤凰广告时讯》向客户通报收视、节目、覆盖、市场等最新信息。同时,充分利用"凤凰网"这一先进的工具为客户和观众提供图文并茂的最新媒介资讯,有效建立与客户沟通的顺畅渠道。第三,通过合作,定期进行媒介推广活动。2001年凤凰卫视资讯台与中央电视台合作举办大型电视采访活动《极地跨越》,在合作过程中,凤凰通过广告和相关产品开发获得的销售额远远超过央视。因为,在"凤凰",销售是全台总动员,通过各种渠道为客户服务以获得利润。

三、电子媒介市场沟通中的媒介组合

不同媒介有不同的特点,在选择媒介手段时,常常要选择一个能够互相弥补优劣势的媒介组合,以提高目标受众到达率。这就要求媒介经营者熟悉了解不同媒介、不同推广手段的特点,对症下药。针对推广的不同阶段和目标受众的不同,选择合适的媒介组合。

以新兴媒介为例。新浪微博用户基数大,传播快,到达率高,容易形成粉丝效应,但是属于弱关系链,在信息告知上占优势,劝服效果则比较差,而且用户黏性较弱,所以更适合在推广初期使用。而微信公共平台具有用户黏性较强、到达率高的特点,所以微博和微信可以配合使用。而人人网、贴吧这类社交媒体,则更容易形成粉丝之间的良性互动,有利于形

---

① 钱海红:《媒介公共关系的理念与运作模式研究》复旦大学博士论文,CNKI,2007年,第24页。
② 华艳红:《试论网络媒体对公共关系的影响》,《嘉兴学院学报》2003年第9期,第98页。
③ 王炎龙:《多维视野透视凤凰卫视的文化营销》,http://www.thldl.org.cn/news/1008/47776—3.html。

成粉丝文化,提高粉丝对节目、对品牌的忠诚度,因而更适合在劝服阶段运用。

再比如,一档健康养生类节目,由于目标受众是年龄50岁以上的女性,所以应该更多选择门户网站、新闻网站、视频网站等中年受众接触较多的媒介类型。而对于《中国好声音》这类选秀娱乐节目来说,由于目标受众是年龄在40岁以下的中青年受众,因而选择微博、微信等平台作为市场沟通主阵地则会更加有效。

[案例精选]"春蕾助学行动"营销传播中的媒介组合策略①

江苏音乐广播2012台庆"音乐种子 春蕾助学行动"系列活动从3月起全面铺开,包含真情探访、新闻发布会、爱心路演、助学款发放、台庆晚会等活动,共募集资金68万元多,创办"音乐种子春蕾班"18个,为南京及苏北五市近600名贫困家庭学生提供了连续三年的资助。本次活动社会反响热烈,传播地域范围广、人群众多,使江苏音乐广播"音乐种子"公益品牌深入人心,提升了江苏音乐广播的影响力。

在众多的媒介中选择最符合活动诉求策略的媒介,并将其合理地配置与组合,以达到更好的传播效果。在媒介组合上,我们遵循以下原则:视觉媒介与听觉媒介的组合;瞬间媒介与长效媒介的组合。经审慎的综合考虑,我们选择了户外电子大屏、户外出租车站牌作为电台媒介的补充。

对于不同的媒介,我们选用不同的排期策略,配合活动的步步深入。电台:使用持续式排期,在活动前相当一段时间有计划地、持续均衡地安排广告展露的时间,目的是保持记忆度。报纸:使用时段式排期,间歇式地进行广告暴露,集中火力以获得较高的有效到达率。户外电子大屏和户外出租车站牌:使用集中式排期,以集中发布,在短时间内达到传播目的。

四、电子媒介如何运用社交媒体实现市场沟通

社交媒体的发展,使得电子媒介可以以极低的成本进行公众宣传,传播的渠道包括官方网站、官方微博、微信公共平台等。随着社交媒体在人们生活中的迅速蔓延,电子媒介也不得不追随受众的媒介迁移趋势而转向利用新兴社交媒体进行品牌营销和市场沟通,这已经成为电子媒介自身推广的一个不容忽视的重要平台。

(一)电子媒介可以借助微博实现多种手法的立体宣传

吴占勇指出,微博的传播特征使微博平台在节目宣传方面拥有巨大优势:首先,微博文本具有多媒体性,包括形象的图片、动态的视频和多样化的文字,充分利用这三种宣传文本,

---

① 李苏:《"春蕾助学行动"的整合营销传播》,《视听界》2012年第6期,第80—83页。

将真正意义上实现对卫视栏目的立体推介;其次,微博发布具有持续性,卫视在新节目上马前较长时间内每天发布宣传微博,能够实现对节目造势的累积效果;再次,微博传播具有交互性,卫视能通过微博得到普通用户的反馈信息检验宣传效果,同时普通用户对电视宣传微博的转发能实现信息的裂变式扩散,扩大传播范围;最后,微博内容具有链接性,140字的文本限制使微博更多充当精细化、集约化信息的传播平台,但微博主可以将相关宣传页面的链接进行发布,用户通过点击即可接触更详细的文本内容。①

以《爸爸去哪儿》为例,其官方微博采用了文字以外更为丰富的内容形式,囊括了微博直播、微博片段首播、经典语录、节目高清剧照、海报以及漫画,表现了该栏目微博运营团队非凡的创造力。例如原创的"摇头娃娃"系列,对节目里亲子之间的有趣对话进行内容的重新开发,制作成了受微博用户欢迎的"摇头娃娃"系列,不但开发出了漫画版,还制作了相关视频,使微博内容更加生动有趣。

(二)电子媒介可以运用微博对播出的栏目进行预告和跟进互动

首先,电子媒介可以利用微博播出当天的节目预告,以吸引观众收看。其次,在节目播出过程中可以通过微直播实现节目的二次传播。下面以《爸爸去哪儿》为例,分析上述微博运用策略。

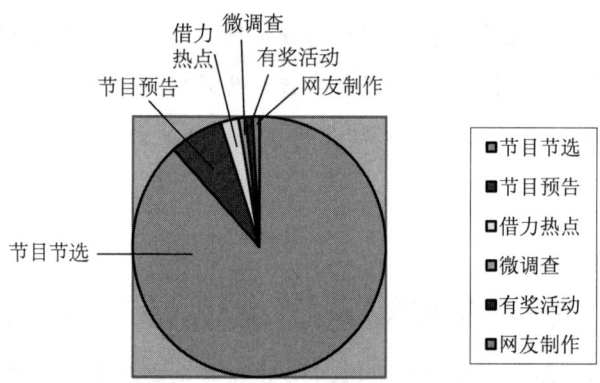

图7—2 《爸爸去哪儿》官微于12月13日至20日期间发布微博内容构成(截至2014年1月3日)

从图7—2看出,在全部微博中内容节选所占的比重最大,可见栏目注重从微博上对节目内容进行二次传播,在网络上强化节目品牌,注重以内容为王的理念经营微博。该栏目微博的一大特点就是大量地使用微博直播。微博直播不仅仅是简单地陈述当前节目进行的内容,还发布了一些观众在节目中不易发觉的细节、幕后故事或是引起共鸣的

---

① 吴占勇:《卫视微博:自媒体时代电视品牌传播的创新平台》,《新闻爱好者》2012年第11期,第9页。

小话题,在不影响观众正常观看节目的情况下,可以充分地调动观众的观影兴趣和引发互动话题。节目预告在栏目微博中占比第二,其目的在于为本台节目做预热宣传,提高稍后播出节目的收视率。

图7—3是《爸爸去哪儿》官方微博12月13日至27日的发帖数,从中我们可以看出该栏目微博的发布日期与节目播出基本同时进行,多为对节目的"微直播",做到了及时倾听受众的观感和评论,积极与粉丝互动,引导话题导向。

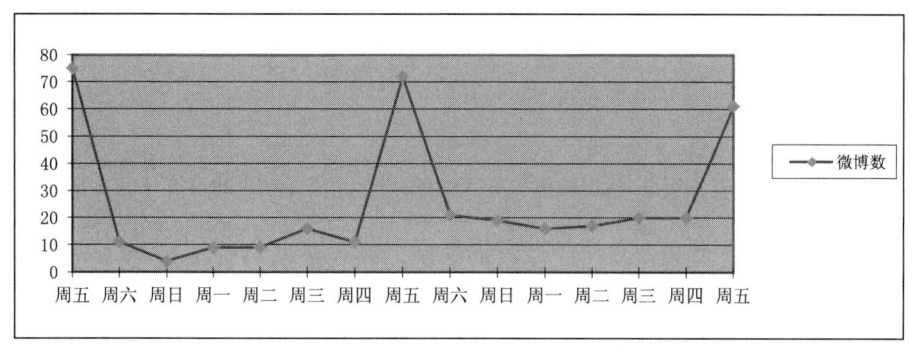

图7—3　《爸爸去哪儿》官方微博12月13日至27日的发帖数

(三)电子媒介可以借助微博意见领袖扩大节目影响

在传播学中,"意见领袖"是指活跃在人际传播网络中,经常为他人提供信息、观点或建议并对他人施加个人影响的人物。意见领袖作为媒介信息和影响的中继和过滤环节,对大众传播效果有重要的影响。[①] 微博"意见领袖"是指在微博平台上,能够对某一事件或者所发起的某一话题中左右他人的观点,甚至对其行为和看法产生影响的人,他们在微博事件的传播中有非常突出的效果。

在微博没有出现之前,电视节目的主持人、参演人员就已经是受众的关注焦点。从某个角度来说,这些具体的电视人就是栏目的"形象代言人"。而以往没有任何一个平台将这些"形象代言人"聚合起来形成传播合力。微博的出现为电视媒体的"名人"提供了聚合效应的舞台。

仍以《爸爸去哪儿》为例,在其微博的运营中,几乎所有的微博都使用@功能来扩大粉丝的关注度。

---

① 郭庆光:《传播学教程》,中国人民大学出版社1999年版,第209页。

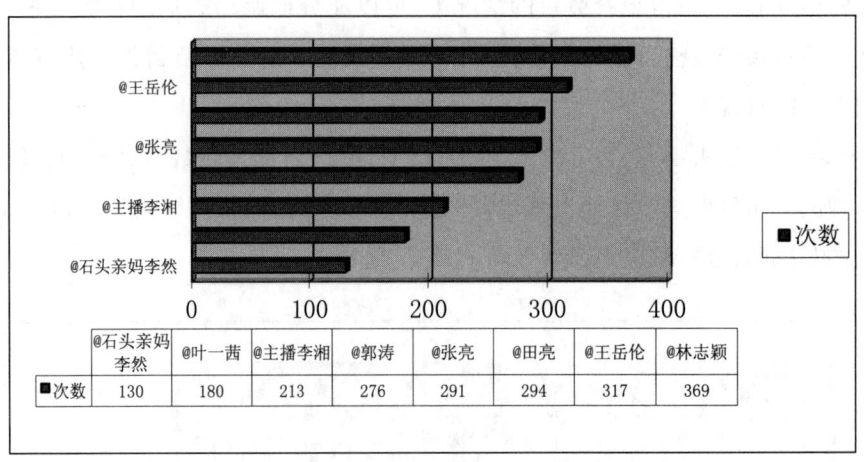

图7—4 《爸爸去哪儿》栏目微博与节目嘉宾的互动情况(截至2014年1月3日)

林志颖、田亮等众多嘉宾的加盟使得该微博的粉丝团队异常强大,这种嘉宾带动效应也在微博上凸显。每每上传嘉宾在节目中的剧照或者牵涉某位爸爸的话题,栏目微博就会@该嘉宾,甚至是其粉丝团微博,这样形成的以明星或粉丝团为意见中心的众多舆论场便迅速汇聚起来,相对于明星带动的大众传播汇聚效应,人际传播在不断地@、评论和转发中越发显得必不可少,由此引发的传播效应和品牌效应带动了《爸爸去哪儿》栏目的成功。同时也相应地提升了意见领袖的微博影响力。

[案例精选]微博营销在《直播南京》中的应用①

2011年10月12日《直播南京》新一轮改版时加入了"微博帮忙团"板块。一开始,《直播南京》新浪微博主要用于接收一些市民的求助信息,帮助市民解决日常生活中遇到的各类问题。随着日积月累,微博平台逐渐成为《直播南京》与观众互通有无、加强联系的一个重要纽带,更带来了一次次"微"力无穷的新闻策划。

一、借助"湿营销",让微博成为新闻事件的发源地

"湿营销"是指借由互联网上的社会性软件(Social Software)聚合某个群体,并以温和的方式将其转化为品牌的追随者,赋予消费者力量,鼓励他们以创造性的方式贡献和分享内容,从而影响商家的新产品开发、市场调研、品牌管理等营销新战略。

2012年1月19日下午,《直播南京》新浪微博上有人留言:"南京海底世界的一只名叫'江波'的海豚,不小心误食了一只排球导致无法进食,生命受到威胁。为此,海底世界紧急寻找长胳膊的人,以帮它取出胃里的排球。"

得知此消息后,记者立即和海底世界取得联系。在核实了消息的真伪之后,当天下午15时40分《直播南京》新浪官方微博以"急寻长胳膊救助小海豚"为题发布并跟进了

---

① 王伟、常征:《微博营销在电视民生新闻中的应用》,《视听界》2013年第1期,第107—108页。

此事的最新进展:"今天下午2点江苏男篮队员孟达来到海底世界,试图取出海豚胃里的排球,但手臂长度未达要求没成功。南京海底世界急寻胳膊长度1米1以上人员,要求胳膊不能太粗正常即可。符合条件请速联系025-84345210。"

此条微博引发了众多网友的关注,大家都在微博上焦急地等待着结果,热心地商量着对策。不少热心观众也通过热线电话告知帮助方法,当晚就有南医大二附院的医生表示愿用胃镜救助小海豚。

由于微博网友的大量围观、积极参与,赋予了这一原本并没有太大价值的社会新闻以新的生命和价值,并为电视报道提供了更多的消息来源和报道内容。借助"湿营销",我们用春风化雨的方式将6万多名微博网友转化成为《直播南京》的忠实粉丝。通过这些忠实粉丝,微博成为了《直播南京》的一个重要的新闻发源地。

二、借助"病毒式营销",让微博成为新闻事件的发酵场

病毒式营销(Viral Marketing)是一种常用的网络营销方法。病毒式营销利用的是用户口碑传播的原理,在互联网上,这种"口碑传播"更为方便,可以像病毒一样迅速蔓延,是一种高效的信息传播方式。

2012年2月14日,南京禄口机场附近发生了一起车祸。一辆价值不足10万元的东南菱悦轿车撞上了一辆价值1200万元的限量版劳斯莱斯幻影轿车。交警认定菱悦轿车全责,而车损初步估计为110万元,肇事者面临巨额赔偿。肇事者刘建元是一位90后小伙子,厨师,月收入仅2000元。有好事者甚至帮刘建元算了一笔账,以他现在的收入,不吃不喝,需要46年才能还清这笔巨额赔偿。更何况,他结婚不久,孩子才几个月大,这辆菱悦车还是贷款购买。这一贫一富的悬殊对比,法理与人情的巨大反差,注定此事成为媒体追逐的热点,当天晚上相关报道已形成铺天盖地之势。

在此情况下,如何在同城媒体的连续报道中占得先机呢?

《直播南京》记者锲而不舍,独家采访到了被撞豪车的主人——南京太能集团董事长陈爱能。面对镜头,他表示考虑到对方车主是个90后,家庭确实困难,决定自己来承担赔偿不足的部分,无需肇事者承担。这无疑是一个独家新闻。

2月15日下午17点30分,在当晚节目播出前,《直播南京》新浪官方微博以"豪车主人接受《直播南京》独家采访"为题,发出了一条微博:"劳斯莱斯幻影车车主——南京太能集团董事长陈爱能接受《直播南京》独家采访,不足部分全由个人承担。锁定今晚《直播南京》。"经过了各大媒体的报道之后,许多微博网友对此事已经形成了收视期待。《直播南京》这则微博锁定了相当一部分关注此事的网友,他们迅速转发这条微博。当天晚上18点55分,《直播南京》"特别关注"子栏目全方位报道了此事。就在电视节目播出的同时,《直播南京》官方微博继续与网友进行微博互动。我们精心挑选了一组与此事件有关的图片,以"上千万元豪车被撞 车主表态无需肇事方赔偿"为题在微博上发布。

该微博当晚转发就超过五千次,网友评论逾千条。在这样的"病毒式营销"的推动下,这则新闻开始深度发酵。有微博网友对此事件中的部分细节提出了质疑,并大胆断言:豪车车主是利用媒体在炒作;这一事件背后有人为刻意安排和策划的影子。第二天,部分媒体报道了微博网友的这些质疑,再次引发了微博网友的热议。一时间微博转发过万,网友评论超过3000余条。而通过微博的深度发酵,《直播南京》一场大型的新闻策划也迅速展开,并最终让这一事件成为轰动一时的全国性新闻事件。

三、借助"4R营销",让微博成为媒体议程设置的主阵地

"4R营销理论"是由美国学者唐·舒尔茨在"4C营销理论"的基础上提出的新营销理论。4R分别指代Relevance(关联)、Reaction(反应)、Relationship(关系)和Reward(回报)。该营销理论认为,随着市场的发展,企业需要从更高层次上以更有效的方式在企业与顾客之间建立起有别于传统的新型的主动性关系。

"豪车被撞事件"在报道之后并没有落下帷幕,网友的反应也不尽相同。有人认为陈爱能的举动值得赞许、有爱心,也有人质疑豪车主人在进行商业炒作。为了弄清事实真相,《直播南京》再次借助微博进行了一次巧妙的新闻策划。

我们首先在2月16日节目直播前不同时段,通过微博先后发布有关此事的信息,让网友形成收视期待。为照顾之前没有看到相关报道的网友,更让网友有充分的时间对此事做出理性思考,当天中午12点,我们又将前天晚上播出的新闻节目视频通过微博传送给了广大网友。

随着直播时间的不断临近,微博讨论越来越活跃。在一系列预热和铺垫的基础上,在当天节目播出前,我们推出了一项"豪车主人是仁义还是炒作"的微博调查。这项微博调查既是媒体给予积极参与此事件的微博网友的一种回报,使其能够发表观点、表达见解,并对栏目保持持续的关注度和热情,更是媒体议程设置、引导社会舆论的需要。

为了帮助受众理性分析,节目组精心策划。肇事者刘建元带着自己的妻子和刚出生四十多天的儿子以及老父亲一起走进了《直播南京》演播现场和豪车车主陈爱能相见。主持人代表网友将一个个质疑抛给当事双方,事实真相最终得以还原。这则报道一结束,我们就第一时间公布了调查结果。短短几分钟内,共有269名微博网友参与了此次调查,认为"豪车主人仁义有爱心"的有237人,占总投票人数的88%;认为"豪车主人是炒作,变相做广告"的有32人,占总投票人数的12%。一起引发全城热议的"贫富相撞事件"在媒体的积极引导之下,最终得以"贫富相安",社会的主流价值观得以维护。

经历一系列新闻事件的微博营销,《直播南京》被打造成一个"微"力无穷、极具竞争力和影响力的地方电视传媒。但仅用好微博这一种武器是不够的,如何在今后的新闻报道中开发出和利用好更多、更有效、更符合地方电视传媒传播特性的传播工具和传播方式,仍是地方电视传媒一项紧迫的任务。

思考与研讨题

1. 什么是媒介市场二元化特征?
1. 当前电视受众具有哪些特征?如何来应对受众的变化?
2. 如何看待收视率数据?当前电视收视率测量面临哪些挑战?
3. 在广告支撑模式下,电子媒介在市场定位时需要考虑哪些关键因素?
4. 传统媒体扩充自身渠道有哪些选择?渠道扩张的关键要素有哪些?
5. 电子媒介产品免费和付费模式分别具有哪些优势和阻碍?
6. 选取一个传统媒介运用社交媒体进行市场沟通的案例,分析其沟通策略的优劣。

第八章　新兴媒介运营管理

■ **本章要点**

1. 搜索引擎的运营现状与发展趋势
2. 社交网络平台的运营管理现状及其对媒介生态的挑战
3. 视频网站的运营管理现状及其对媒介生态的挑战

第一节　搜索引擎运营管理

在图书馆里埋头翻阅厚重书籍，只为寻找一个人名，或是确认一个小细节的时代，早已经过去了。如今的我们，只需要在搜索框中输入关键词，按下回车键就可以获得足够翔实的信息。搜索引擎使我们能够快速地从大量信息中提取自己所需要的内容，过程轻松而便捷。而"百度"和"google"，也已经从企业的品牌名称，演变成了"搜索"这个动作的代名词。

搜索引擎产生于信息量剧增的背景之下，在互联网无限量储存和更新信息的同时，人们在信息爆炸中已很难获取自己真正需要的信息，搜索引擎的不断变革与完善，正是在很大程度上为人们解决了这个问题。人们能够通过检索关键词，迅速获得自己需要的信息——搜索引擎的普及，让互联网上的信息得到了合理配置与有效利用。

另一方面，搜索引擎成为人们的便利工具，也创造了"搜索力经济"。企业在进行宣传推广时，开始注重由"关键词"带来的关注，这也就造就了新的网络营销方式，通过购买关键词发布广告，更有针对性地对用户进行传播。

本节将对搜索引擎的主要经营模式进行分析，并对未来的发展予以展望。

一、搜索引擎发展历程

搜索引擎,是根据一定的策略、运用特定的计算机程序从互联网上搜集信息,在对信息进行组织和处理后,为用户提供检索服务,将用户检索相关的信息展示给用户的系统。我们通常所提的"搜索引擎",是一个提供检索服务的网站,使用某种程序,将互联网上所有的信息进行归类,形成数据库,再根据用户输入的关键词,向用户提供他所需要的信息。[①] 搜索引擎的发展大致可分为三个时代[②]:

关键术语

搜索引擎,是根据一定的策略、运用特定的计算机程序从互联网上搜集信息,在对信息进行组织和处理后,为用户提供检索服务,将用户检索相关的信息展示给用户的系统。

(一)网站目录浏览时代

1990年,加拿大麦吉尔大学计算机学院的师生开发出Archie。当时,万维网还没有出现,人们通过FTP来共享交流资源。Archie能定期搜集并分析FTP服务器上的文件名信息,提供查找分别在各个FTP主机中的文件。用户必须输入精确的文件名进行搜索,Archie告诉用户哪个FTP服务器能下载该文件。

1993年2月,六名斯坦福大学的学生想通过分析字词关系,对互联网上的大量信息做更有效的检索。到1993年年中,他们还发布了一个供网站主在自己的网站上使用的搜索软件版本,后来被叫做Excite for Web Servers。

(二)目录搜索时代

1994年4月,斯坦福大学的两名博士生,美籍华人杨致远和David Filo共同创办了Yahoo!。随着访问量和收录链接数的增长,Yahoo目录开始支持简单的数据库搜索。因为Yahoo!的数据是手工输入的,所以不能真正被归为搜索引擎,事实上只是一个可搜索的目录。

(三)全文检索时代

1995年,一种新的搜索引擎形式出现了——元搜索引擎。用户只需提交一次搜索请求,由元搜索引擎负责转换处理后提交给多个预先选定的独立搜索引擎,并将从各独立搜索引擎返回的所有查询结果集中起来处理后再返回给用户。但是其搜索效果始终不

---

① 屠忠俊:《网络传播概论》,武汉大学出版社2007年版,第134页。
② 《搜索引擎的发展历程》,http://www.wm23.com/wiki/42181.htm。

理想,所以没有哪个元搜索引擎有过强势地位。

几乎是同一时期,以 Google 搜索引擎为代表的全文检索工具出现了。全文检索是计算机索引程序通过扫描文章中的每一个词,对每一个词建立一个索引,指明该词在文章中出现的次数和位置,当用户查询时,检索程序就根据事先建立的索引进行查找,并将查找的结果反馈给用户。这个过程类似于通过字典中的检索字表查字的过程。[①]

二、搜索引擎公司的运营方式

(一)两种搜索结果排序方式带来两种不同的盈利模式

1.搜索结果的两种排序方式

目前世界上主要的搜索引擎,在如何显示用户搜索结果的问题上,一般有两种不同的排序方式:一种是根据特定的程序规则筛选排序;另一种是采用竞价排名的方式,按照竞价由高到低的顺序显示不同的链接。

前一种方式,就是著名的搜索引擎 Google 公司所采用的方法。Google 的创始人佩奇和布林两人,开发出一种名为 PageRank(网页等级排名)的搜索技术,并以此为其核心来发展搜索业务,打造他们心中"完美成熟的搜索引擎"。PageRank 以直接关联性为基础,能够迅速准确地判断网页和所查询内容之间的关联性,并根据其判断自动对网页排序。在佩奇和布林撰写的《大型网络搜索引擎解析》中,他们展示了这种技术的运转形式:如果很多网站都有指向某个网页的链接,或者拥有此链接的网站本身 PageRank 排名较高,那么这个网页就能获得较高的 PageRank 排名。而如果某个网页并没有被大范围引用,却被如雅虎之类的知名网站链接过一次,那么这个网页也是被认定为值得访问的。因为如果这个网页没有任何价值,雅虎这种网站根本不会引用它。[②] 也就是说,PageRank 的系统认为,那些经常被其他网站引用和链接,或被可靠网站链接过的网页更值得被访问,因此会被优先展示给用户,排列在靠前的位置。

另外,Google 在其主页上还有一个"手气不错"的选项,与"Google 搜索"并列于关键词输入框下方。用户在输入关键词后,如果按照传统的搜索,页面会转到由 Google 提供的多个网页的搜索结果;而如果使用"手气不错"进行搜索的话,则会直接转到 Google 认为最合适的网页。如用户输入"新浪微博",再使用"手气不错"搜索,会直接链接到新浪微博的登录页面。通过这种方式,Google 在过滤掉了其他相关性较弱的链接的同时,也过滤了传统搜索结果显示页面上的广告,给用户带来了更加纯粹的搜索体验,也体现了

---

① http://baike.baidu.com/view/2007665.htm.
② 〔美〕丹尼尔·伊克比亚著:《Google 是如何控制世界的》,李军译,东方出版社 2008 年版,第 56 页。

Google"努力让用户离开自己的网站"的价值观。

第二种搜索结果显示排序方式——竞价排名,则是更多的搜索引擎公司采用的方式。竞价排名,就是由用户(通常为企业)为自己的网页出资购买关键词排名,按点击计费的一种服务。通过竞价排名,搜索结果将根据竞价的多少由高到低排序,同时这种模式也遵循着"不点击不收费"的原则。竞价排名一般采用预付费的方式,真正的收费按点击来扣除,每次竞价广告被网民点击,搜索引擎公司就收到一定的费用。但为了维护竞争机制,如果一个网站的点击率太低,就会被放到其他点击率高的竞争对手之后。[①] 在这种方式的运作中,为了避免竞价排名对自然搜索正常使用的负面影响,搜索引擎公司需要对关键词进行严格的审核和控制。国内最大的搜索引擎百度,采用的就是这种方式,目前搜索结果的显示,以竞价排名和自然排名两种方式双轨运行。

2. 两种盈利模式

由于搜索业务运营的方式不同,使得搜索引擎公司在盈利模式上也有了不同的道路。

以竞价排名显示搜索结果的搜索引擎,其竞价运作就是最主要的收入来源:企业为自己的网页排名付费,以获得其满意的排名,从而有效地进行品牌推广,而搜索引擎则从中获得收入。百度正是采用了这种方式,有效地获得了利润,提高了市场占有率,跻身国内搜索引擎第一把交椅。除此之外,百度还推出了固定排名的搜索服务,这是针对特定关键词的推广方式。企业在购买相关关键词后,其链接会出现在搜索页面的顶端和右侧,并带有"推广"标志,链接显示的位置在一定时期内是固定的。企业依靠这种推广方式获得了更好的效果,而百度也从中获取了可观的广告收益,以支持企业的发展壮大。

而通过自然排名显示搜索结果的搜索引擎,在盈利的问题上则是另外一种模式。我们仍旧以 Google 为例,Google 的盈利,主要来自网络广告和技术授权两个部分。

首先来看看 Google 的网络广告。Google 的搜索结果页面上,也会出现广告链接。通过 Adwords 系统,广告客户在 Google 上注册关键字。用户搜索该关键字时,企业网站链接广告会出现在搜索结果页面的右侧,广告多是静态的文字与链接形式,并标注"广告"的字样,不会侵占搜索结果的显示空间。链接被点击一次,广告商就付给 Google 一定的费用,不被点击则不付费。并且,Google 在 Adwords 中也加入了 PageRank 的计算方法,只有点击率最高(而不是付费最多)的网站才能获得靠前的位置。这套运行系统让 Google 赚到了丰厚的利润,同时,由于朴素和低调的广告形式,这种推广方式反而能为多数用户接受,并没有引起反感。1999 年至 2003 年,Google 的营业额获得了 437115% 的增长[②],这个在 1998 年才

---

① 梁诚:《Google 与百度:全球两大搜索巨头的技术创新与盈利策略》,中国经济出版社 2006 年版,第 53—55 页。
② 〔美〕丹尼尔·伊克比亚著:《Google 是如何控制世界的》,李军译,东方出版社 2008 年版,第 12 页。

刚刚正式建立的公司,迅速成为了资产近10亿美元的互联网新贵。

除了Adwords的广告形式外,Google还有一套Adsense的广告系统。Adsense相当于一个广告联盟,在加盟者网站的内容网页上展示相关性较高的Google广告,而Google将和这些联盟网站共享广告收入。① 这种广告形式是与Adwords相互补充的,当用户搜索"沙发"的关键词时,他会在Google显示的结果右侧看到专门的广告栏,这些与"沙发"有关的商品广告链接,同样会被放在Google的联盟网站上,网友点击这些链接时,分享这些链接的网站也能分得一定的广告收入。

除了广告收入外,Google还通过搜索技术授权的方式,获得相应的收入。通过其巨大的市场份额,以及在搜索技术上的声誉,Google也获得了许多公司的青睐,很多大型公司的企业网站上,都会提供相应的信息检索服务,这些信息检索中运用的就是Google的搜索技术。Google为公司提供信息检索、处理的服务,并从中获取利润。2000年雅虎与Google合作其门户网站的搜索业务,Google创始人之一布林说,这份与雅虎签订的合同,每个季度就能给Google带来几百万美元的收入。②

(二)搜索引擎的业务拓展

除了专注于提高搜索结果的关联度和精确性外,搜索引擎企业还在不同的领域开展技术创新,发展新业务,将企业打造成以"搜索"为主干,多项"分枝"业务齐齐发展的参天大树。

1. 搜索的全面应用

随着人们对信息的需求量日渐庞大、丰富,搜索引擎也将搜索内容进行了分类,根据用户的需要,将信息大致分为网页(默认选项)、新闻、音乐、图片、视频、地图等不同领域,搜索方法与网页搜索相同。用户可以在不同的子项下进行关键词检索,这样可以剔除过多的杂乱内容,快速地得到自己所需要的信息。

然而,不论开拓多少新业务,搜索引擎都应当注意将搜索元素融入其中,从而发挥自身的优势,赋予这些多元业务自己的企业文化与特点。

Google成立了一个专门的实验室,负责不断地开发出新的应用和技术,为用户提供更多的服务。在开发Google新闻时,将新闻与其旗下的邮箱业务Gmail相联结,推出了"新闻关键词订阅"功能。用户只需选定自己需要或感兴趣的关键词进行订阅,就能在Gmail邮箱中收到与关键词相关的新闻。

2013年春天,Google对原有的地图搜索功能进行了新开发,提供了"街景地图"的新服务。街景地图比之前的地图搜索服务更加细致。比如日本的樱花季时,Google为各个

---

①② 张远昌:《搜主义:Google持续成长的秘密》,清华大学出版社2005年版,第52页。

赏樱地点都绘制了清晰的街景地图,用户可以在地图里清楚地看到当地樱花开放的盛况。

此外,开发学术、专业性的搜索引擎,也是 Google 提供的业务服务之一,这让 Google 不仅广泛地占领了人们的信息生活,而且还以足够专业的姿态,深入到一些特定的领域中去。而我们历数 Google 这些年来不断丰富的搜索业务,从各类搜索,到邮件服务、当地信息、学术检索的开发,涉足社交网络平台和浏览器、操作系统、数字图书馆的开发,这些层出不穷的服务涵盖了各个领域,并且都不约而同地带着"搜索"的印记,Google 已然通过对搜索技术的巧妙应用,将自己打造成了一个全媒体平台,并且还在不断地创造新的工具和产品。

2. 搜索引擎的社区化

随着虚拟社区文化的发展,社交网络平台越发成为人们日常生活中不可或缺的一部分,在 Facebook、Twitter 等社交网络平台大放异彩后,也有越来越多的公司进入了社交平台的开发。Google 于 2011 年推出了 Google Plus(Google+)的服务,①这是一个社交服务项目,人们可以在 Google+的平台上分享消息、图片、视频、游戏等内容,同时还可以组成朋友、熟人圈进行在线交流等等。这是 Google 在 Orkut、Buzz 之后向社交平台开始的再一次攻势。

而与 Google 在社交平台上不甚顺利的历史不同,国内的搜索引擎公司百度,在虚拟社区上的尝试则非常成功。以百度贴吧、百度知道等在线交流平台为主的社交网络平台的建设,让百度在用户中享有极高的情感依赖。

百度贴吧是 2003 年创立的。百度贴吧的创意在于,这是一个结合搜索引擎建立的在线交流平台。这是一个基于关键词的主题交流社区,通过用户输入的关键词,自动生成讨论区——以某一关键词为主题的贴吧。只要有用户对某个主题感兴趣,就可以进入相关的贴吧,或自己创建贴吧,与网友进行互动讨论。②网友们可以在贴吧中即时发表意见,分享各种信息,逐渐形成一个由特定发言讨论规则、若干管理者、众多参与者共同组成的虚拟社区。

百度贴吧是对百度搜索引擎的有效补充,人们在搜索相关信息的时候,可以在贴吧网友们分享的众多资料中获取更丰富、更深层次的信息,在很大程度上丰富了搜索引擎提供的有限信息,将人工信息聚合和智能化搜索相结合③,也形成了特定的网络社交文化。

3. 数字图书馆

Google 在 2004 年的法兰克福秋季书籍博览会上宣布了他们的数字图书馆计划。这

---

① 《Google:一切为了 Google+》,http://www.iteye.com/news/23219,2011—11—01。
②③ 彭兰:《网络传播案例教程》,中国人民大学出版社 2010 年版,第 163—164 页。

个计划旨在将全世界文学遗产著作数字化,通过电子数据的方式进行永久性的保存,并且通过 Google 的搜索系统,把这些数字化图书公开放置到网上,以供人们查阅参考,建立一个属于全人类的"数字图书馆"。

Google 这项计划得到了斯坦福大学图书馆、密歇根大学图书馆、牛津大学图书馆和纽约公共图书馆等图书馆的支持,数字化的书籍和文献资料,能够让这些文化资源得到共享。但是,数字图书馆引起了极大的争议,也是 Google 在推行这项计划中遇到的最大阻碍——图书的版权问题。以法国国家图书馆馆长詹尼内为首的许多人士,都参与到对数字图书馆的抗议中来,Google 也遭受了来自作家、出版商等业界协会的指控。

类似的情况也发生在百度的书籍数字化共享中。"百度文库"是百度基于搜索引擎开发的,将文学作品、学术专著、论文资料等各类资源数字化的资料库,其中不少文学作品的分享,牵涉到了作家和出版商的版权,由此引起的"作家联盟状告百度文库"事件,在社会上引起了极大的讨论。

虽然数字图书馆的立意初衷在于对人类文化的长久保存,但是迄今为止,搜索引擎在数字图书馆计划上的尝试仍然壁垒重重,有关版权的争议并没有达成广泛的共识与定论,有关这项业务的发展趋向,如何在资源数字化和版权保护之间取舍以达到平衡,仍然需要进一步的探索。

(三)搜索引擎的发展趋势

搜索引擎经过了几次变革性的转变。在这个发展过程中,用户的主动性日渐提高。而当我们追溯搜索引擎的起源时也能发现,搜索引擎本身就是建立在为用户快速地提供有用信息的初衷之上。从杂乱无章的信息海洋中提取出有用的内容,满足用户的需要,正是搜索引擎不断完善技术和搜索结果的目的所在。

因此,如何更好地满足用户对信息的获取需求,也就成了搜索引擎下一步发展的方向。

首先,正如 Google 和百度等搜索引擎一直致力于多元化业务的开发,基于搜索引擎的多种业务发展已成为搜索引擎企业的一种较为成熟的发展方式。从目前的市场来看,这样的方向还将继续存在。

另外,在互联网发展的未来,信息量会越来越大,而用户所需要的信息也在不断地深化和细致,为此搜索引擎应当进一步改进搜索技术,为用户提供个性化的搜索服务。现在已经有一些企业在尝试针对用户具体的需要提供搜索服务,如雅虎推出的航空查询、物流公司的包裹查询等。而 Google 也推出了个性化搜索工具,根据储存用户的搜索历史信息,为用户匹配更加精确的搜索结果。

"智能化、个性化搜索"是未来搜索引擎发展的特征和趋势[①],也是各家搜索引擎企业正在探寻的道路。

(四)搜索引擎发展中亟待解决的问题

1.用户隐私的保护

绝大部分搜索引擎在数据保存和处理上都存在对用户隐私的保密问题。Google 在为用户提供个性化服务的时候,需要对用户的搜索历史进行记录并保存,这些信息包括搜索日期、使用的浏览器类型和语言、查询的 IP 地址、提交的关键词等等,可见,一个简单的搜索活动,包含了大量的个人信息,每个用户通过 Google 进行的搜索活动,都在其掌控之中。[②] Google 也是基于这些信息,才能分析出用户的爱好和行为,并为其提供个性化服务。

除此之外,Gmail 邮箱也根据用户收发的邮件,有针对性地向用户投放广告;而 Google 卫星地图也能够详细到私人的家庭住址,通过搜索个人的姓名也能够找到许多当事人自己都不知情的信息……搜索引擎在为我们的生活提供便利的同时,也无处不在地侵入了我们的生活。

那么,数据库中储存的这些个人信息,在多大程度上是安全并且保密的?这些数据是否会被用于除了 Google 服务以外的用途?这些问题一直都使搜索引擎企业备受外界尤其是一些民间隐私保密协会的质疑。

2.棘手的知识产权

信息产品的知识产权问题,在网络兴盛的时代,因为网络传播中侵权行为的泛滥而更受到人们的关注。从目前搜索引擎的发展情况来看,最主要的知识产权侵权争议,出现在新闻和图书、文献等资源的数字化上。

首先是搜索引擎提供的新闻服务。有些提供新闻信息的媒体向 Google 提出了抗议。Google 在为用户提供新闻消息时,通过搜索将网上的图片与文字信息免费提供给其用户。但这些信息中,有许多来自一些新闻通讯社向其自身用户提供的付费订阅,法国的法新社就是其中之一。虽然法新社在网站上设置了防范搜索引擎的文档,避免自己的新闻被列入搜索结果,但 Google 在搜索新闻时,获取的新闻来源可能是法新社的新闻用户,这也就是说,法新社在网站上的防范毫无意义。[③]

2005 年,法新社就新闻侵权问题向法院提起了诉讼,要求 Google 停止这种侵犯版权

[①] 张远昌:《搜主义:Google 持续成长的秘密》,清华大学出版社 2005 年版,第 274 页。
[②] 同上,第 264 页。
[③] 同上,第 259 页。

的行为。该诉讼于 2007 年以双方签订的协议告终,这份协议允许 Google 在其新闻服务中发布法新社的新闻文字、图片等内容。

但是关于知识产权的问题并没有由此终结。Google 开启的数字图书馆计划更是将这个问题推向了风口浪尖。除了在欧洲各国引发抗议之外,2009 年,Google 在未经授权的情况下将中国 570 位权利人的 17922 部作品进行扫描,纳入其图书馆中,这一行为也引来了包括中国作家在内的众多权利人的维权行动。① Google 随后提出和解声明,表示权利人可向其提出赔偿申请。

与百度文库类似,数字图书馆面临的尴尬,也正是数字时代知识产权保护的关键。

第二节 社交网络平台运营管理

一、社交网络平台的发展历程

(一)社交网络平台的起源

社交网络平台(Social Network Site)是供用户互动交流的平台,人们既可以在该平台上与好友联络、分享信息,也可以与陌生人结交朋友——根据六度分割理论,你可能在社交网络平台中认识任何人。

> **关键术语**
>
> SNS,指帮助人们建立社会性网络的互联网应用服务。

社交网络平台兴起于上世纪 90 年代的美国,几乎和互联网同步出现发展。1995 年,美国已出现了同学录网站(classmate.com);而 1997 年,域名为 Sixdegree.com 的网站则建立了社交网络平台的雏形,具有现在的社交网络平台的基本功能,如创建账号、添加好友、收发信息等。1999 年韩国也出现了一家社交网络平台,但没有完全盛行。

在这些试水性的先期尝试后,在 21 世纪初期,社交网络平台以美国的 Friendster 为开端,以 MySpace 和 Facebook 为代表,在美国乃至全世界风靡至今。② 其中 Facebook 更是迅猛发展,2004 年上线后快速进入了美国各大高校,并进一步扩散覆盖了全球范围几乎所有的国家。2012 年 10 月 4 日,Facebook 用户数量突破了 10 亿,这意味着地球上每七个人中就有一个在使用 Facebook。③

---

① 郑渝川:《该为 Google 的"免费"模式套上缰绳》,《深圳晚报》2009 年 10 月 28 日,第 B14 版。
② 黄华:《中国社交网络平台(SNS)商业模式发展研究》,2010 年上海师范大学硕士学位论文,第 6 页。
③ 《Facebook 用户数量突破 10 亿》,http://finance.sina.com.cn/world/20121004/222413292425.shtml,2012-10-04。

目前,社交网络平台基本形成了较完善的用户互动功能,并有了留言板、状态发布、与好友互赠礼物、分享媒体内容等多方面的服务,几乎涵盖了用户生活中可能会涉及的一切活动,人们可以毫无障碍地将社交活动移到线上进行,社交网络平台也因此在虚拟空间中热闹非凡。

(二)社交网络平台的发展现状

1. 国外主要的社交网络平台

Facebook:这个 2004 年创建于哈佛简陋的学生宿舍中的网站,无疑创造了一个新的神话。它从校园走向社会,从美国走向全球的过程,将世界带入了社交网络平台时代。2012 年 5 月,Facebook 在美国纳斯达克证券交易所上市,开启了自己的新征程。

Twitter:创立于 2006 年,是一个即时发布动态的社交网络平台。名称取自鸟鸣的声音,这种短而快的声音正符合网站随时发送信息的特点。目前,Twitter 成为了与 Facebook 并驾齐驱的社交网络平台两大品牌。

Google+:由 Google 于 2011 年推出的社交服务项目,中心要点在于朋友和熟人之间的"圈子",还整合了 Google 其他的线上服务,形成了完整的虚拟社区。目前 Google+ 的用户正在快速增长。

2. 国内主要的社交网络平台

微信(WeChat):腾讯公司于 2011 年 1 月 21 日推出的一个为智能终端提供即时通讯服务的免费应用程序。微信支持跨通信运营商、跨操作系统平台通过网络快速发送免费(需消耗少量网络流量)语音短信、视频、图片和文字,同时,也可以使用通过共享流媒体内容的资料和基于位置的社交插件"摇一摇""漂流瓶""朋友圈""公众平台""语音记事本"等。截至 2015 年第一季度,微信已经覆盖中国 90% 以上的智能手机,月活跃用户达到 5.49 亿,用户覆盖 200 多个国家、超过 20 种语言。此外,各品牌的微信公众账号总数已经超过 800 万个,移动应用对接数量超过 85000 个,微信支付用户则达到了 4 亿左右。[①]

新浪微博:新浪网 2009 年推出的网络社交服务,具体形态与使用方法与 Twitter 相似,用户可以将所见所闻等新鲜事随时发布,与好友分享。

人人网:借鉴 Facebook 的发展模式,2005 年开始以"校内网"进驻校园社交网络平台市场,于 2009 年更名为"人人网",将目光瞄准校园外的社交网络平台。

QQ 空间:基于腾讯公司的即时聊天工具 QQ 开发的网络社区,用户均为拥有 QQ 账

---

① 《微信用户最新数据:月活跃用户达到 5.49 亿,支付用户 4 亿左右》,http://tech.163.com/15/0601/13/AR1F5KE000094ODU.html,2015.6.1

号的网民,具有极强的用户黏性。

据亚洲科技网站 TechinAsia 2014 年 11 月 5 日报道,全球性社交营销代理机构 WeAreSocial 近日对世界大型网络社交平台进行调查排名,在其列出的世界五大社交网络中,腾讯公司旗下 QQ、QQ 空间和微信进入前五名。WeAreSocial 在其报告中称,目前全球互联网用户总量已超过 30 亿。其中,Facebook 月活跃用户达到 13.5 亿,接近中国人口总数量,位列第一。中国互联网巨头腾讯公司旗下的电脑聊天软件 QQ 和互动网站 QQ 空间分别以 8.29 亿和 6.45 亿月活跃账户包揽排行榜第二、三名。腾讯另一款即时通讯手机应用——微信,位列第五。[1]

二、社交网络平台带来的变化

(一)人际交往方式的改变

1. 现实人际关系虚拟化

如果说赛博空间正在"来势汹汹"地成为现实,那么社交网络平台一定功不可没。社交网络平台的出现,彻底改变了人们的交往方式,从前需要面对面进行的交流沟通,如今即使足不出户,天各一方,也能够使用电脑和网络轻松地完成。而且,在不常联系的时间里,也能通过对方在社交网络平台上发布的动态,获悉其近况。此外,通过社交网络平台,尤其是起初基于现实人际关系的网站(如 Facebook 和人人网,开始时都是以真实的同学关系为依托),用户还可以寻找到失去联系的老朋友。从这个意义上来说,社交网络平台也能够巩固人际往来。

2. 交际圈的扩大

社交网络平台为人们提供了一个结识陌生人的平台,虚拟空间中的人际往来越来越多,打破了地理阻隔,使越来越多的人因为共同的兴趣爱好而聚集在一起。借助社交网络平台跨时空的传播能力,此前很多受地理限制、只与周围人进行地缘交往的人,有机会与有共同爱好的、进行网络社交的"趣缘"的人交往。[2] 网友们在虚拟空间中认识来自不同地域却有着相同爱好的朋友,交际圈从现实生活扩大到了线上的虚拟空间,也满足了人们多样化的兴趣与需求。

---

[1] 《全球五大社交网络排名出炉,脸书第一,QQ 第二》,http://digi.163.com/14/1105/11/AA9LSMMM00162OUT.html,2014.11.5.

[2] 高娴子:《近年来我国社交网络平台发展研究》,2011 年暨南大学硕士学位论文,第 34 页。

(二)信息传播方式的改变

1. 加速用户分化

在社交网络平台上,由于每个人都有不同的好友列表,从中获取好友们发布、传播的不同信息,因此可以说,每个受众在社交网络平台上面对的信息源都是不同的。网络,尤其是社交网络平台,又具有极强的个体传播特性,与传统门户网站相比,社交网络平台面对的是相对少,但却更加细分的人群。社交网络平台上的信息传播者,面对的都是对特定信息具有兴趣和了解意愿的受众,他们对信息的需求会比一般性公众更高,因此在信息发布上,传播者也应当投其所好,加强信息的专门性和主题集中性。

此外,除了社交网络平台上的用户在加速分化,社交网络平台自身也要针对受众的分化进行相应的调整和定位,以满足这个平台上用户的需要。比如,人人网早期专注于校园人际关系,会在网站上设置求职、实习、考研、出国等各类与学生群体相关的公共主页。

ASmallWorld 是于 2004 年创办的社交网络平台,它的特别之处在于,这是一个针对富豪名人而设的社交平台,新成员只有通过该网站内成员的邀请才能加入。这些富豪名人包括知名导演、名模、银行巨头、资本家等上层人士。会员们可以在网站上浏览一个高端的指南,包括豪华旅行和全球各类活动。该网站的创始人克·沃什梅斯特说,"我意识到有这么一个现存的圈子,人们以三个不同程度的区隔连接起来:他们旅行时去同样的景点,经常光顾同一家酒店,具有类似的生活方式,他们需要一个平台分享并接收信息。"[1]这是一个小生态的社区,并且借助其"窄范围"的信息传播受到了会员们的欢迎。该网站在 2013 年初已有 80 万名会员,并且在 2 月份的时候,ASmallWorld 宣布它将不再接收新的会员,以保证这个社区会员来源的纯粹性。

2. 创造了互动空间

社交网络为用户提供了信息发布的平台,甚至像 Twitter 等网站,就是以用户的心情、状态发布为核心的社交平台。这也极大地鼓励了用户参与传播的积极性,不仅关注与自己相关的信息,而且包括他们在自己的"时间轴"或关注页面上看到的信息。他们不再是单纯的信息接收者,而是成为众多信息传播者中的一员。受众只需要建立自己的关系网络就可用获得源源不断的信息流,而这些信息通过用户,就可以实现无线扩散,传播给任何一个地球人。[2]

---

[1] 高娴子:《近年来我国社交网络平台发展研究》,2011 年暨南大学硕士学位论文,第 32 页。
[2] 同上,第 29 页。

三、社交网络平台的运营

(一)社交网络平台上用户的三种主要需求

1. 发布和获取信息

信息的发布和获取是社交网络平台提供的基本功能之一。现在,几乎每一个社交网络平台都有状态发布和信息分享的功能。即使用户在信息发布上不够活跃,但只要他在社交网络平台上建立了人际关系网络,不论这个网络覆盖的范围大小,用户都会通过它们获取信息。

对于许多人来说,社交网络平台最重要的作用,还是在于了解新老朋友的动态和近况,并通过网络进行沟通和交流。因此,发布和获取信息,是社交网络平台用户的基本需求之一。

而除了个人层面上的信息发布与交流之外,社交网络平台还为媒体、组织机构等提供了一个信息发布的平台。几乎每一家新闻媒体都会有自己在社交网络平台上的官方账号,用来发布最新的动态和信息,加强与受众之间的联系;而普通用户也会关注自己认可的新闻媒体,通过他们在社交网络平台上发布的信息了解实时动态,获取最新的或自己感兴趣的信息。

2. 进行人际交流和娱乐

无论社交网络平台在发展中增添了多少令人眼花缭乱的新功能,开发了多少无所不包的新应用,其基本功能都是围绕着"社交"这一主题展开的。用户在网站上维持和老朋友之间的联系,即使不在身边也能互相陪伴;通过不同的方式结识新朋友,了解未知的世界和人群,拓宽人际交往的范围。

此外,社交网络平台为用户提供的各种娱乐功能,大多也都建立在社交的基础上。比如微博上大热过一阵的"你画我猜"的游戏,就是由用户发送自己涂鸦的图画,让线上其他网友来猜画中的内容。这是一种互动性的游戏,充分发挥了社交网络平台自身的优势,将玩同一种游戏的用户联系在一起,也增加了游戏的神秘性和趣味性。

3. 商业营销推广

另一类规模非常庞大的用户——企业,他们开通社交网络平台账号的目的,虽然同样是发布信息,加强与受众之间的联系,但是与新闻媒体比较起来,他们的信息发布是为了达成营销的商业目的,向受众(对于他们来说是消费者)宣传自己的产品,以扩大知名度和市场影响力,并进而增加收益。

社交网络平台是企业进行商业营销的绝佳场所,在这里他们可以随时随地发布自己的信息,并对网友的疑问进行及时解答,完成一个互动营销的过程。这样的商业运作成本低廉,并且能够建立与消费者之间的密切联系,对于企业来说是非常理想的宣传方式。

目前,许多企业都在各家社交网络平台上进行互动营销,与其说社交网络平台上的互动营销是一种潮流和趋势,不如说它现在已成为进行商业推广的必要环节之一。

(二)社交网络平台的盈利模式

尽管社交网络平台的发展如火如荼,但表面上的光鲜似乎远远超过了它实际的发展状况,从2003年至今的十余年时间里,社交网络平台尚未形成清晰有效的盈利模式,以将庞大的用户数量转变为利润来源。即使是互联网新贵Facebook,经过了全球风靡和公司上市,其盈利状况仍然不甚理想。

一般来说,社交网络平台主要有三个较稳定的收入来源,分别是广告投放商、社交网络平台自身的用户和第三方分成。

1. 广告投放收入

首先来看广告投放商。和大多数网站一样,社交网络平台最主要的收入来源仍是在其平台上投放广告的商家。由于社交网络平台上拥有众多的用户,这个平台自然对广告商充满了吸引力。虽然通用公司2012年停止了在Facebook上投放付费广告的消息,[1]令一直没有平息的"社交网络平台上的广告效用"问题又回到人们视线之中(由于通用汽车的这一决定,Facebook损失达1000万美元),但通用汽车已经证实,将重新在Facebook上面发起广告活动。[2] 根据尼尔森一份针对79个Facebook广告主的调查显示,平均来说,Facebook的社交广告比非社交广告回访率高55%。[3] 这样的吸引力让许多广告商集中于社交网络平台,也让广告投放成为社交网络平台目前的支柱性收入来源。广告的形式分为网页广告、精准投放广告和植入性广告等不同类型。

网页广告即在社交网络平台的页面上,以固定图片或动态动画等不同形式出现的广告。这些广告通常出现在社交网络平台的首页上,所有的用户均可以看到,属于广泛投放的方式,并没有对社交网络平台上用户分群分类的特点加以利用。

精准投放广告比网页广告更具针对性,也是符合社交网络平台特点的广告形式。精准投放广告基于社交网络平台上的用户分化进行,针对有不同兴趣和需求的用户投放不同的广告。由于社交网络平台实名制的特点,用户的基本资料和用户信息均比较完备,甚至可以追踪用户浏览的内容,这样便可以得知表面上的以及深层次的用户习惯与偏

---

[1] 《通用汽车打算停止在Facebook上投放广告》,http://news.xinhuanet.com/auto/2012-05/16/c_123140367.htm,2012-05-06。
[2] 《通用汽车将重新在Facebook上投放广告》,http://kuaixun.stcn.com/2013/0410/10403111.shtml,2013-04-10。
[3] 曹虹:《Facebook的"社交"生意:在隐私边缘不断变换广告模式》,《东方早报》2012年5月18日,A32版。

好,为精准投放式广告提供了一个庞大的用户信息数据库。① 比如在 Facebook 上,如果用户对某一品牌的专页点了"赞",Facebook 就会往该用户的页面上投放该品牌的广告信息,而不论用户是否主动要求;社交网络平台根据用户的浏览记录或交友圈等信息,未经用户的要求即主动投放广告,使用户的首页上总是冷不丁跳出"陌生人"的动态信息。目前,Facebook、Twitter、新浪微博、人人网等大型社交网络平台均有这样的广告形式。

植入式广告主要出现在社交网络平台上的一些应用之中,如游戏、线上活动等页面上,通过与页面相关内容结合,降低了用户的反感度,如人人网"抢车位"游戏中的各类名车品牌、开心农场曾经推出的"乐事"薯片等内容,都是植入式广告的典型代表。②这类广告对用户体验的影响小于精准投放广告,但是覆盖范围也仅限于使用相关应用、游戏的用户,在影响范围上有所受限。

2.用户付费

在广告收入之外,社交网络平台的又一收入来源是用户。用户来源的收入主要体现在增值服务上。社交网络平台会提供一些普通功能之上的服务,用户可以通过付费的方式,成为网站的会员,同时获得这些增值服务的使用权限。

比如,Facebook 推出了虚拟礼品销售的服务,利用用户的"购买"意愿,吸引其为账户充值,从而获得一定的收入。此外,Facebook 还正在不断地加大其在网络游戏中虚拟道具销售的盈利开发,在其网站推行信用币,鼓励其用户使用信用币支付交易,Facebook 从中抽取分成。③

国内的人人网也有类似的应用。人人网上的礼物赠送板块中,包括"免费礼物"和"需要购买的礼物"两类,后者需要用户购买一定数量的"人人豆"才可以获得;为了吸引更多的用户使用这项增值服务,人人网会不定期向用户发放礼券等优惠,让用户能够一次性或短期内获得增值服务的试用权。如果是非常喜欢和感兴趣的内容,用户在试用期过后会主动付费,以便继续享用增值服务。

新浪微博在形成了庞大的用户基数之后,也陆续推出了会员特权服务的增值功能。用户只要向账户充值,购买会员身份,就可以享用自定义个人主页封面、提高关注上限、设定置顶微博等服务。同样,为了吸引用户购买,新浪也会用赠送会员身份或某项功能试用的方式,让用户在一定时间内进行体验,从而提高用户的兴趣。

而更早期的腾讯 QQ,更是通过 QQ 秀等虚拟道具获得了良好的收入,这一部分收入甚至成为腾讯每年盈利中比重最大的部分。

---

①② 李晨宇:《中国社交网络平台盈利模式的可持续性分析》,2011 年中国政法大学硕士学位论文,第 16—17 页。
③ 黄华:《中国社交网络平台商业模式发展研究》,2010 年上海师范大学硕士学位论文,第 24 页。

3. 第三方利润分成

第三方利润分成是社交网络平台的另一种收入来源。第三方主要包括 APP 应用开发经营者、电信运营商、手机厂商和电子商务运营商等。随着智能手机等移动终端越来越深入人们的生活，这种方式也越来越受到社交网络平台的重视。

APP 是 Application 的简称，指的是第三方应用程序。在社交网络平台建立初期，一般都只有自身开发的站内应用，而在网站用户规模扩大、平台逐渐搭建之后，社交网络平台会吸引更多的第三方在其平台上开发、投放新的应用设计，并与应用开发经营者协作分成，获得收益；多种应用使社交网络平台更具趣味性，而应用开发者也能借由其平台扩大产品的市场和关注度，甚至通过植入性广告和虚拟道具的销售获得额外的收入[①]，可谓双赢。

电信运营商和手机厂商是社交网络平台另一个重要的合作伙伴。使用移动终端登录社交网络平台的用户人数越来越多，推出适合移动终端使用的版本也势在必行，包括腾讯 QQ、人人网、新浪微博等都推出了手机版本；并且，他们还和一些手机厂商合作，将社交网络平台的软件直接嵌入手机系统之中，并与运营商达成分成协议，推动无线社交网络平台发展。

4. 电子商务

另一个社交网络平台乐意尝试的收入来源是电子商务。与广告投放一样，社交网络平台在发展电子商务上具有优势，针对用户特定的兴趣和爱好为其提供购物引导，能够提高电子商务的精确性。

以豆瓣网为例，这个以书籍、电影、音乐分享交流为特色的社交平台，集聚了众多文艺爱好者。当你在豆瓣上搜索某一本书时，页面上除了该书的基本信息和网友评价之外，在右侧还会出现"去哪儿购买这本书"的板块，其中包括亚马逊、当当网、京东商城等网上书城，网友在看过豆瓣上的评论和介绍后，如果对这本书产生了兴趣，可以直接通过链接抵达书籍购买页面，社交网络平台和电子商务就这样结合到了一起。社交网络平台为电子商务运营商提供了导航功能，电子商务反过来也丰富了社交网络平台的功能性，两者合作并进行利润分成，对彼此来说都是极具潜力的利润增长点。

四、社交网络平台发展中的瓶颈

（一）盈利模式单一化

用户付费由于不可能收取过高的费用，并且愿意为虚拟增值服务付费的用户终归还

[①] 黄华：《中国社交网络平台商业模式发展研究》，2010 年上海师范大学硕士学位论文，第 23 页。

是少数，在目前的社交网络平台运营中，这类收入还没有普遍形成可观的发展态势；而第三方分成的收入来源尚处在起步阶段，还需要时间来发展壮大。因此，目前社交网络平台主要的支柱性收入来源还是广告投放。

社交网络平台应当发掘利润增长点的潜力，如增强和第三方的合作关系，提高对移动互联网、电子商务和站外应用的利用，通过合作分成的方式完善自身对用户的服务；而在用户付费方面，由于大多数用户尚未形成付费的习惯和意愿，在这方面切忌操之过急，以免破坏用户体验和对社交网络平台的依存度，在通过"免费试用"等方式推广增值服务的同时，也要开发更多的服务项目，提高增值服务的效用，增强用户在使用过程中的满意度，以扩大付费用户的比例。

此外，社交网络平台还可以进入线下市场，将线上的概念转移到线下进行，比如投资各类产品的专卖店或是主题餐厅等周边产品。① 通过提供各类相关产品，塑造自身的品牌，同时也丰富了盈利模式，为社交网络平台的发展开辟更宽广的前景。

(二) 社交网络平台同质化

同质化是社交网络平台在发展中遇到的主要问题之一。且不说国内的人人网、微博几乎就是 Facebook、Twitter 等国外网站的复制产品，纵观全球主要的社交网络平台，无论在功能服务上还是经营模式上，都有着惊人的相似性。一旦某家网站推出了一项服务，各家网站都会纷纷效仿，彼此间的同质化非常严重。

为了克服同质化问题，社交网络平台应当准确地对自己进行定位，并像广告商在他们的平台上抓住不同投放对象一样，社交网络平台也应当对自己的用户有一个细化的过程，既可以针对某一阶层群体（如之前提到过的 ASmallWorld），也可以针对某一特定兴趣爱好者，提供具体的服务项目，开发出自己的特色。

(三) 用户隐私的保护问题

正如所有的互联网公司一样，在对用户隐私保护的问题上，社交网络平台同样需要加以注意。精准投放广告和 Gmail 的邮件广告投放一样，需要对用户的信息和上网痕迹进行分析，这也引起了人们的不安。而用户在网上的社交生活也会透露其自身的真实信息，更不用说许多社交网络平台都是采用实名制的运行方式。在搜索引擎的强大覆盖之下，社交网络平台也成为用户隐私泄露的主要途径。

网络安全日益受到人们的关注和重视，许多用户也加强了对网络活动中自身信息的保护。2012 年，皮尤公布了一份调查报告，该调查于 2011 年四、五月间进行，结果显示，有 44% 的用户删除了他人在个人主页上的留言，比两年前的 36% 有所上升。还有更多

---

① 李晨宇：《中国社交网络平台盈利模式的可持续性分析》，2011 年中国政法大学硕士学位论文，第 78 页。

用户去掉了图片上可以识别出自己的署名。此外,58%的被调查者称自己把个人主页加密,只有好友能看到内容。另外有19%的人称他们把个人主页设为部分加密,让好友的好友也能看到。只有20%的人的个人主页对所有人开放。①

第三节　视频网站运营管理

一、视频网站概况

视频网站是指在互联网上进行视频资源发布、播放、分享等活动的网络平台。视频网站从21世纪伊始便获得了快速的发展,到如今已经形成了较完整的行业形态和运作模式,并成为人们生活中一种极为重要的娱乐消遣方式。

关键术语

视频网站是指在互联网上进行视频资源发布、播放、分享等活动的网络平台。

(一)视频网站的三种主要形态

视频网站虽是对所有在网络上提供视频服务网站的通称,但各家视频网站的起家业务和侧重点有所不同。纵观现在一些主要的视频网站,大体可以分为以下三类。

1. 视频分享网站

分享是视频网站在发展之初的主要形式。这些网站主要是为广大的网友提供了一个视频发布和传播共享的平台,大多数内容为网友自己拍摄、上传发布,这也使得这类视频分享网站在内容上不具备太大的专业性。但其这种随意的开放性却为每个人都提供了一个发布视频信息的平台,得到了人们的青睐。

无论是国外的视频分享网站鼻祖YouTube,还是国内主流的优酷、土豆等网站,都是以大量的注册用户为依托,通过其原创和分享的视频资源为内容,逐渐成长壮大的。同时,视频分享的形式在吸引了大量用户注册使用的基础上,也对人们的生活和视频作品创作产生了巨大的冲击。

2. 长视频网站

与视频分享网站上的大多数作品为网友自己创作、拍摄并上传的短小视频不同,长视频网站上的内容更具专业性和规整性。这些视频网站多为依托于其他电视媒体或门户网站而开设的新平台,用来分享这些媒体和网站上的视频资源。比如凤凰视频、新浪、

---

① 《社交网络平台社交功能减弱,用户隐私设置加强》,http://www.chinadaily.com.cn/language_tips/news/2012-02/28/content_14707597.htm,2012-02-28。

搜狐视频等网站,这些网站上的视频内容,有许多都来自于专业媒体的制作,是传统媒体在互联网时代的平台延伸和扩展。

2007年在美国成立的 Hulu 网是一家典型的长视频网站。该网站由美国国家广播环球公司(NBC)和福克斯广播公司共同投资,其最大特色在于能提供完整长度的正版电影和电视剧,因此受到了美国网民的追捧。2009年上半年在美国所有视频广告收入中,Hulu 已占据其中 20%份额。[①] 这种与网友原创发布形式不同的视频网站,成为人们在网络时代观看电视节目的主要途径,成为影视行业向互联网转轨的重要途径,也对由 YouTube 开创的视频网站行业带来了新的运营方式和变革性影响。

3. 客户端网站

无论是视频分享网站还是长视频网站,都是在视频网站自身的平台上进行的视频分享和观看,而客户端视频网站则将平台转移到了用户的个人电脑上。用户只要安装了其客户端,不用访问该网站,在电脑上就可以直接观看在线视频。以 PPS、PPTV 等为代表的客户端网站将其网站中的视频信息集中处理,通过 P2P 技术为客户提供在线的流畅播放,有些网站还提供边下载边播放的功能,满足了用户在线播放和下载的双重需求。[②] 现在许多视频分享网站也都开发了自己的客户端,向用户的电脑桌面进军。

(二)国内视频网站行业发展

视频网站的发展无疑处在一个上升的阶段,在人们离电视越来越远的时候,视频网站理所当然地成为下一个观看电视节目、影视剧的集中地。根据 CNNIC 于 2014 年 6 月发布的《2013 年中国网民网络视频应用研究报告》,截至 2013 年 12 月,国内网络视频用户规模为 4.28 亿,占网民总体的 69.3%。其中,10—39 岁的用户收看网络视频的比例达到了 80.1%,其中,10—19 岁的用户人群最多,占到 32.6%,高出整体网民同龄段 8.5 个百分点。[③] 而根据艾瑞咨询集团发布的《2011—2012 年中国在线视频行业年度监测报告》的数据,2012 年 1 月,视频网站已超过社交网络平台成为中国互联网第一时长服务。各视频网站的广告收入也呈加速增长的态势。[④]

这些数据都显示出视频网站的上升发展趋势,以优酷、土豆、搜狐三大视频网站为首的各家视频网站,也都在展开激烈的行业竞争。

---

① 《百度新投资视频网站将仿 Hulu》,http://money.163.com/10/0105/15/5S99K43L00253K1O.html,2010-01-05。
② 胡志殷:《视频网站商业模式研究》,《科技创业月刊》2012 年第 2 期,第 70 页。
③ 《2013 年中国网民网络视频应用研究报告》,http://www.cnnic.net.cn/hlwfzyj/hlwxzbg/spbg/201406/P020140609392906022556.pdf。
④ 《2011—2012 年中国在线视频行业年度监测报告》,http://www.docin.com/p-477677344.html,2012-06-28。

二、视频网站带来的变化

(一)影像创作方式的变化

视频网站的产生为人们提供了一个发布原创视频的平台,人们大可以将自己拍摄的短小视频内容上传到网络上,与网友共享。这也就激发了普通人的创作热情,大批的原创视频涌上网络。正如社交网络平台和网络媒体让人们不再满足于做接收信息的受众一样,视频分享网站的出现,也将人们"观众"的身份加以丰富。影像创作的方式不再仅仅局限于摄像、编导们的专业作业,而是成为人们休闲消遣的娱乐手段,更多地走进了人们的生活。

(二)影像作品观看方式的变化

除了掀起原创作品创作和发布的热潮之外,视频网站的另一个颠覆性意义在于对传统电视的冲击。与互联网的兴起同步,视频网站成为人们在网络上消磨时间的重要途径,随着人们上网时间的增加,视频网站也逐渐取代了电视,成为人们收看节目和影视作品的最主要方式。

在传统电视媒体也加入到视频网站的投资行列中之后,这一趋势更加明显。电视台的节目可以通过直播或上传视频资料的方式,在网络上供人们点播,人们大可以不必像从前那样等在电视机前,而是可以在节目播出之后,随时到网络上寻找资源。

另一方面,视频网站也通过购买影视剧版权的方式,为人们提供多样化的视频资源,人们可以随时点播自己想要看的内容,而不是观看电视台选择播放的影视剧,而且,随时暂停、回放的便利性,也让视频网站有了一种"家庭影院"的吸引力。

现在,许多电视媒体都已经开始寻找与网络媒体合作的方法,通过与网络视频"联姻"的方式,争取更多的观众市场。

三、视频网站的运营

(一)视频网站内容的主要来源

虽然视频网站在视频资源的侧重上各有不同,但由于各大视频网站都在不断地融会贯通、综合发展,因此,除了少数专业性的视频网站(如弹幕在线 bilibili 等网站只提供在线直播功能),大多数视频网站的视频资源主要可分为以下几个来源:

1. 网友分享

大部分视频网站发展之初,就旨在创造一个供人们可以随时、自由上传发布视频资源的平台。YouTube 的网站口号是"Broadcast Yourself"(表现你自己),充分彰显了网站为人们提供开阔的自我展现空间,可以充分发挥自己的创造力;而土豆网的口号"每个人都是生活的导演",则更加明确地强调网友原创视频在视频网站内容中占据的重要地位。

除了原创拍摄的视频作品之外,网友的分享也是视频网站内容的重要部分,包括一些国外未经正式引进的电视节目、电视剧等,许多网友在得到这些视频资料后会主动放在网络上,供国内有共同兴趣的网友分享,丰富了视频网站平台的内容。需要注意的是,这些内容容易产生版权纠纷。

2. 版权购买

正是由于大量未经授权就被传上视频网站的视频资源,为网站带来不少纠纷和争议,越来越多的视频网站开始购买版权,将其网站上内容的存在"合法化"。版权购买主要包括电视节目和电影电视剧两大部分。

视频网站上的电视节目也分为两种:一种是由电视媒体发布到其自己的网络平台上,这是产品传播的一个环节,不存在版权售卖的关系;另一种则是由视频网站和电视台或电视节目制作方达成协议,通过版权购买的方式,获得上传播放该电视节目的权利,这也是许多视频分享网站采取的电视节目引进方式。

版权购买的另一个主要内容,是电影和电视剧的资源。视频网站已经成为电影发行方进行电影发行的必要环节之一,这一环节发生在电影从院线下映之后,是 DVD 发行之外的新式产业链延伸。大部分电影会以免费的方式提供给网友,也有一些电影需要付费观看。

购买了版权的电视剧资源,也是视频网站上比重较要的内容来源之一。在电视台播放的电视剧,都会同步在一个或几个视频网站上播出;而由于英美剧在国内观众中的广泛影响,像搜狐、优酷等网站已经率先迈出了购买外剧版权的步伐,通过正版高清的英美剧资源吸引网友。

3. 网站自制剧

自制剧也是视频网站的内容来源之一。从 2010 年开始,各家视频网站纷纷推出自制剧集,包括土豆网的《欢迎爱光临》《恋爱 SOS》,优酷网的《泡芙小姐》,搜狐的《疯狂办公室》等。据不完全统计,2012 年各视频网站至少推出了 30 多部网络自制剧。[1] 这些剧集通常是一些轻松搞笑的都市爱情题材,也在网友间引发了不小的热潮,但总体来说,模仿痕迹仍比较严重,缺乏创新和精品意识。

---

[1] 周芳:《国内视频网站自制剧的问题与反思》,《今传媒》2013 年第 4 期,第 51 页。

(二)视频网站收入的主要来源

1. 广告

与大多数网站一样,广告也是视频网站目前最主要的收入来源,视频网站上的广告大体可分为以下几种形式:

(1)片头广告,强制观看

在视频开头有 15s、30s、45s 等不同长度的广告片放映,一般无法跳过广告直接观看视频。有些网站(如 PPS)会设置"跳过广告"的会员制,即用该视频网站的用户名登录,就可以跳过片头广告;另外有些网站(如土豆)可以专门对广告时间设置"消声",视频开始时又自动恢复声音,这样可以减少广告对观看者的"骚扰",但同时这也削弱了广告效果。

这种片头广告最能代表视频网站的特色,但实际效果并不明显,除非是反复、重复播放,很少有人记得住片头广告的具体内容,即使对产品有印象,也难以记住品牌名称。

(2)视频画面范围内的广告

包括"暂停"时的广告画面和视频下方的横条广告。前者是在视频暂停时,画面上方或画面下方会出现广告图片,遮挡住停止的画面。但这些广告图片是可以关闭的,并不像片头广告那样强制观看。后者是在视频下方固定或滚动的横条广告,同样也可以关闭。

(3)页面空间中的广告:对联、边角画框

这种形式并不是视频网站专有,而是网站页面的常用形式,在页面可利用的空间中放置广告图片、信息等,具体形态包括左右两边对称的"对联",还有在屏幕右下方出现的图片或弹窗视频广告,通常可以关闭。但在有些网站上,即使点击关闭后,也会跳出新窗口链接到该广告主网站。

视频网站上的广告效果往往令人质疑。首先是容易被人忽略,视频网站的广告,无论是片头广告,还是在视频、页面上以各种形式出现的图片广告,识记率都不高,大多数人不会意识到自己观看了哪种品牌,甚至哪种产品的广告。其次,广告过多会影响整体的用户体验,影响用户对网站的印象,同时,页面上过多数量的广告也会使网站降低品牌形象。对于网站的长期发展而言,无疑是不利的。

另一方面,视频网站迟迟难以解决的版权问题对于广告商也是一个需要加以考虑的问题。诉讼纠纷会给视频网站造成不良的社会影响和沉重的经济负担,如果缺少出版商提供的大量版权内容,也很难吸引稳定的受众。这些因素都会使广告商望而却步。[①]

2. 用户付费

这一部分是视频网站正在萌芽的收入来源,随着版权保护的严格发展,用户付费将

[①] 朱旭光:《中国视频网站的版权保护和可持续开发》,《当代电影》2009 年第 12 期,第 111 页。

会成为视频网站收入来源中越发重要的一环。

目前,视频网站主要是通过开通会员服务的方式,为用户提供更加优质、精良的服务。如搜狐视频专门开设了会员频道,其中包括大量品质优良的电影、电视剧和纪录片等视频内容,并且提供全站无广告的服务。用户需要注册为会员并充值购买相应的影片,才能够获得观看资格。一部电影、电视剧或纪录片通常为 15 元,也有些为 29 元的价格。

除了会员服务之外,也有网站上的一些资源,由于版权保护而需要付费观看。目前,用户付费的方式并不能给视频网站带来可观的收入,从调查数据中我们也能看出,付费用户仅占一成左右,增长缓慢,付费习惯尚未养成。付费模式上,单次点播付费者居多,比例达 70.9%,而包月用户仅占 16.5%,包年用户仅占 7.2%。[1] 由此看来,用户付费这种收入来源,还有待进一步发展。除了提高视频网站资源的质量之外,逐渐培养网民付费收看的习惯也十分重要。

四、视频网站面临的困境

(一)盈利模式单一

目前,视频网站的盈利模式仍十分单一,用户付费的方式形成气候还有很长的路要走;而视频网站基本上是通过广告投放获取收益,这对于庞大的带宽成本而言略显单薄。

在盈利模式上,各家视频网站仍然处于探索阶段,但是毋庸置疑的是,加强与传统媒体以及移动终端这一前一后两个方向的合作,是视频网站未来发展的主要趋势。现在,优酷网上已经有了扫描二维码在手机上观看视频的功能,[2]随着这类跨界服务的发展成形,从中寻找盈利点,也许会有新的机遇。

(二)同质化严重

同质化也是国内视频网站面临的较大问题,除了一些独家版权和自制内容之外,几乎每一种资源都可以在多家网站上看到,这也就降低了用户的品牌忠诚度。

因此,视频网站应当加强对自身特色的培养,除了多引进一些独家版权资源之外,自制剧也是一个有广阔发展空间的领域。视频网站应加强对自制剧品质的把关,像各家卫视一样打出属于自己的专属"关键词",吸引不同类型的网友,以此增强用户的品牌忠诚度,也为发展付费服务做好铺垫。

---

[1] 《2013 年中国网民网络视频应用研究报告》,http://www.cnnic.net.cn/hlwfzyj/hlwxzbg/spbg/201406/P020140609392906022556.pdf。

[2] 《优酷在网页视频播放框增设二维码扫描功能》,《北京商报》2013 年 2 月 6 日。

(三)版权问题

版权问题也是视频网站面临的发展瓶颈。美国的 Hulu 网,其成立一年就已实现了盈利,远超流量排名第一的 YouTube。Hulu 网背后强大的媒体支撑——NBC 和 FOX 两家媒体巨头,以及它广阔的合作伙伴网络,为它提供了全部正版的视频内容,这也就意味着 Hulu 网上所有的内容都是可以进行广告投放的,使 Hulu 网可以获得大量的广告收入。

在加强版权保护的问题上,视频网站应从两个方面入手:第一,加强对用户上传资源的监控,建立起完善的版权保护机制,及时删除侵犯版权的视频资源(而由于网站用户之多,这项工作操作起来难度极高,但不得不为之);第二,从 Hulu 网的成功经验中我们看出,视频网站应当加强与电视媒体的合作,利用电视媒体成熟的内容制作优势,为自己提供更多优质而正版的视频内容,以此进一步打开广告投放市场,为自己获取更多的收益。

思考与研讨题

1. 传统媒体如何运用搜索引擎进行营销传播?
2. 传统媒体如何将其影响力移植到社交网络平台上?
3. 视频网站同传统电视台比较,具有哪些优势?电视台如何与视频网站实现共赢?

第九章 新兴媒介企业财务管理

■ **本章要点**

1. 新兴媒介企业财务管理的特点
2. 新兴媒介企业的资产负债表分析
3. 新兴媒介企业的利润表分析
4. 新兴媒介企业的现金流量表分析

任何一个企业的财务管理的目标都是及时筹集企业发展所需资金,并将其投入到适合的项目之中,使所有者的权益最大化。为了达到这一目标,新兴媒介的财务管理团队每天都面临着巨大的挑战,他们必须在风云变幻的市场竞争中帮助企业的管理层明确以下问题:

- 哪些要素对实现企业管理目标至关重要?
- 财务管理应具备什么样的特点才能适应新兴媒介企业的生存环境?
- 现有的产品结构是否合理?哪些业务应为重点发展的业务?是否需要开发新业务?
- 如果开发新业务,我们是否有足够的人员?如果需要增添人员,需要投入多少资源?新业务将采用什么样的收费模式?财务流程应如何设计?开发新业务需要的资金如何筹集,筹集多少?
- 如何保证在线支付的安全性和准确性?如何保证在线用户的利益?
- 在开发新业务的过程中,如何进行预算管理和控制?
- 在不断扩张的过程中,如何进行费用管控?
- 企业如何应对税收政策的改变,譬如"营改增"?

这些问题时刻困扰着新兴媒介企业的财务管理者们,他们所做出的财务决策将引领新兴媒介企业的发展方向,如果稍有不慎,企业将在激烈的市场竞争中处于弱势。近年来，这种事例并不少见，例如团购网站的人走楼空。然而，也有一些中国新兴媒介企业在经济下行期间依然保持着旺盛的生命力，在风起云涌的市场中迅猛崛起，并不断超越自我，这些企业包括腾讯、百度、新浪、阿里巴巴、航美传媒等。本章将重点对新兴媒介企业的财务管理实践进行简要介绍。

第一节 影响新兴媒介企业实现财务管理目标的重要因素

毫无疑问，新兴媒介企业财务管理的目标是在关注社会责任的基础上谋求股东财富的最大化，而股东财富的最大化往往用公司股票的市场价值来衡量。公司股票市场价值取决于现金流、现金流的时间以及风险，因此这三项也成为新兴媒介企业财务管理应关注的重要因素。

一、现金流

现金流是新兴媒介企业中实际产生或者支付的现金。企业只有拥有现金才能够配置各项资产，实现对主业的投资与支持，也只有利用现金，新兴媒介企业才可能向投资者分配利润。由于会计系统遵循权责发生制①的原则，因此在利润表中表现出很高利润的同时，有可能企业却没有现金用于交税、付工资和还债。而新兴媒介企业面对的市场环境非常复杂，一旦缺少现金储备，将会错失不断涌现的市场机遇，甚至会面临破产清算的尴尬境地，因此新兴媒介财务管理者格外重视现金流的管理。

> **关键术语**
> 现金流是新媒体企业中实际产生或者支付的现金。

腾讯公司是新兴媒介企业中的典型代表。2012年腾讯总收入高达438亿元人民币，年比增长54%②，净利润突破127亿元人民币，然而，其现金及现金等价物依然保持在133亿元，占总资产比重为17.68%，可见其不仅谋求利润增长，而且手握重金，这和其首席财务官罗硕瀚的财务管理理念密切相关。他认为：互联网行业变化多端，新业务、新领域层出不穷，为了把握市场机会，必须短时间内投入很多资源，这需要大量资金的支持。另外，由于互联网公司在中国的发展尚处于起步阶段，一些业务还处于投资阶段，例如电子商务和平台类业务，这需要强大的财务后盾。除此之外，对外投资、回购股票等都要消耗大量现金，因此现金的储备不可或缺。

---

① 会计中最重要的原则之一，指凡是归属于本期的收入或者费用，不管本期是否收付，都应当计入本期；凡是不属于本期的收入或者费用，即使本期已经收付都不应该计入本期。
② 根据腾讯公司2012年年度财务报告整理。

新兴媒介企业财务管理者应时刻关注企业现金流的管理与控制，保证企业经营活动产生的现金流应有盈余，谨慎投资于应收账款，长期投资计划和筹资计划应与企业经营活动中创造现金的能力相匹配，切忌盲目多元化。当然，新兴媒介企业也不能因为防备财务风险而保留过多现金，因为现金流动性强，盈利性很差，如果不能为巨额现金找到很好的投资项目，只是将其存入银行吃利息，将很难博得高收益，也将损害投资者的利益。

二、现金流的时间

现金流对于企业的重要性不言而喻，而现金流的时间也是不可忽视的。例如企业面对两个选择，一个是今天收到 1000 元，另一个是五年后收到 1000 元，企业管理者一定选择今天收到 1000 元，因为这 1000 元还可以用来投资，三年后这 1000 元还可以获得投资报酬。因此，新兴媒介企业管理者在考虑预期产生现金流的数量时，还必须考虑产生现金流的时间，尽量使现金的收回提前。

腾讯作为一个典型的互联网企业，其主要收入来自于互联网增值业务、移动及通信增值业务、网络广告和电子网络交易。它主要的客户针对个人，因此采用微支付①的收费模式。这种收费模式使腾讯公司能够在提供服务时，即刻收到现金，最大限度地规避了经济周期对收入带来的不良影响，使应收账款降到最低，使腾讯公司总能有充足的经营活动现金流量。

三、风险

股票的市场价值除了受现金流、现金流产生的时间影响，还受到期望产生的现金流的预计风险的影响。新兴媒介行业历来被认为是高风险的行业，企业能够迅速崛起，也有可能瞬间倒闭。如果企业在财务管理上不重视风险管控，后果将极为严重。

"中国供应商"是阿里巴巴国际平台推出的一项服务，供应商可借助"中国供应商"身份在阿里巴巴的电子商务平台上向海外买家展示产品，将产品打入全球市场。这个平台不仅使国外商家能够方便地了解、购买中国商品，而且也使中国企业家能够将自己的产品销往世界各地。然而 2009 年、2010 年两年期间，分别有 1219 家和 1107 家的"中国供应商"涉嫌欺诈，这些供应商诱惑海外买家购买笔记本电脑和电视机等家用电器，金额一般在 1200 美元以下，等钱到账后公司即刻消失。受骗人向阿里巴巴投诉。阿里巴巴董事会及时启动了"客户资质独立调查活动"，在揭示涉嫌诈骗的供应商的同时，发现阿里巴巴内部有近百名直销员工为了追求高业绩、高收入，明知是骗子客户而与之签约。

---

① 微支付是指在满足一定安全性的前提下，在互联网上通过特殊的系统进行的一些小额的即时资金支付，例如 Q 币、各种包月服务等。

事情曝光后,阿里巴巴的诚信形象严重受损,这对于阿里巴巴高度依赖信誉的电子商务平台来说,不啻为致命一击。根据阿里巴巴的公开声明,这起事件对财务及现金流的影响很小,只有170万美元,因此,如果仅从短期财务报表来看,这个风险是可以忽略不计的。然而,这一事件产生的负面影响将动摇阿里巴巴多年来所建立起来的核心价值创造能力,即阿里巴巴未来的现金流,就在阿里巴巴对外披露这个事件的次日(2011年2月22日),其股价下降了8.6%[1]。这个事件之后,阿里巴巴痛定思痛,更加重视诚信安全建设,全年投入7.8亿元用于提升用户质量,对抗欺诈行为,确保用户信息的真实性,另外,将一部分资金用于开发改善其诚信安全措施的产品。

阿里巴巴案例告诉我们,企业在财务管理过程中不仅要关注眼前的财务报表上的数字,还应重视风险管控,财务管理团队应能够针对迅速发展的业务提出相关的风险管控建议,避免类似阿里巴巴事件发生,从而危害企业未来的长久发展。

第二节　新兴媒介企业财务管理的特点

一、财务与业务绑定并行

新兴媒介由于其新业务层出不穷,需要不断开拓新领域,因此财务与业务绑定并行是企业财务管理最主要的特点。例如,一家典型的互联网公司,其主营产品涉及以下七个领域:即时通讯业务、网络媒体、无线互联网增值业务、互动娱乐业务、互联网增值业务、电子商务、广告业务,那么,专门负责电子商务的财务管理专员将对电子商务的相关成本进行监控和分析,负责审核与电子商务相关的对外协议,负责为电子商务部门与其他部门的项目合作及新业务接入提供财务建议,负责该产品结算流程控制和风险分析,并提出改进建议,另外,这些财务管理人员还要负责其他财务月结事宜。这些财务专业人员还要出席业务部门的月度会议,了解该领域产品定位和发展方向。如果业务部门根据市场环境调整了预算,业务财务专员也将及时调整预算,这样才能保证企业财务部门与业务部门最大限度地保持一致,财务部门才能更好地支持企业业务发展,做好整个企业的财务管控,将风险降为最小。[2]

二、应用财务共享服务

新兴媒介企业由于具备跨地区经营、涉及多个业务领域、财务交易繁多等特点,因此

---

[1]《阿里22日股价大跌8.6%　收于15.24港元》,DoNews,http://tech.ifeng.com/internet/detail_2011_02/22/4793393_0.shtml,2011-02-22。
[2] 王馨妍:《"小企鹅"大财务》,《首席财务官》2012年第6期,第20页。

非常适合采用财务共享服务①中心模式对企业进行财务管理。这种财务管理模式已经为一些大型企业集团所应用，他们将集团内所有企业中的应收账款、应付账款、资产管理、总分类账、费用报销、现金管理、内部审计、财务报告以及风险管理等业务均放置在企业总部的财务共享中心进行处理，通过网络传递各种影像格式的财务资料，最终达到节约成本、提高效率的目的。

对于大型的新兴媒介企业来说，差旅支出是企业中最庞大的一项支出，如果在每个业务单元、每个分支机构都单独设置差旅活动预订、差旅费用报销的专职人员，企业在耗费大量的人力、物力、财力的同时，还容易滋生腐败，进而侵蚀企业的利润。因此，一些大型的新兴媒介企业将差旅管理归入财务共享服务的范畴。

［案例精选］财务共享服务下的差旅管理

A公司是一家网络公司，总部在上海，在中国拥有很多子公司，遍布北京、广州、深圳、西安、大连等。该网络公司为了节约成本、提高工作效率，在上海设立了财务共享服务中心，要求下属所有子公司和其他分支机构的财务报销都在共享中心完成，然后各子公司向共享服务中心支付服务费用。财务共享服务中心不仅为网络公司内的所有企业提供报销服务，而且还提供差旅服务。每位员工都有自己的差旅帐号，与该账号所绑定的是机票的种类、酒店的星级标准等。

小王是广州子公司的员工，2013年11月1日需要从广州到北京出差，预计11月15日回到广州。预计机票费用为3000元，酒店费用为7000元，申请10000元出差费用。下面按步骤显示企业差旅管理全过程。

● 小王在线发送出差申请，该申请详尽介绍出差内容、出差计划以及出差预算。

● 领导对出差申请在线进行审批，首先查看本部门预算执行情况，因为已经接近年底，出差经费有可能消耗殆尽。经过实时查询，发现预算还有剩余，而他的出差确属部门需要，因此在网上批准了他的出差申请。

● 小王通过网络得知自己的出差申请被批准后，用自己的账号和密码登录公司的差旅管理系统，该系统自动与外部的差旅管理公司相连。在网上，小王发现他这个级别11月1日只能预定早9点海航的航班（系统内设，要求必须是同一天内的最低价格），他在心底暗暗骂了一句，不能给凤凰知音积分了。

● 在顺利地用公司的公务卡购买往返机票后，小王开始订酒店，他从公司要求的酒店中挑选了一个离办事地点最近、交通方便的酒店。

● 所有预订完成后，手机收到了各种确认短信，差旅公司安全提示、财务部的报销注

---

① 财务共享服务是指将分散在企业不同业务单元的大量、重复的财务核算抽出集中到一个新的自主业务单元（共享服务中心），按照相同的运作模式、业务流程和规则进行处理，从而达到提高效率、创造价值、节约成本的目的。

意事项提示一起通过手机发送给他。

- 出差中,小王需要保留诸如行程单、酒店住宿发票等单据。
- 出差结束后,手机短信提示他该报销了,他将所有单据贴在一张纸上,然后去复印、扫描,再将扫描后的电子文档附在一起形成影像信息,传送到公司总部上海的共享服务中心。
- 共享服务中心的票据员收到员工提交的报销单据后,按事先设计好的流程,将单据转给相关领导进行审批。
- 业务审批完成后,单据流转到审核会计;审核会计根据影像进行合法性和合规性的审核;审核完成后,出纳将符合付款要求的单据通过网银批量付款。
- 付款结束后,出纳将付款完成的结果写到单据中,更新状态为已经付款。
- 最后系统将自动生成记账凭证并自动导入到 ERP 的 AP[①] 模块,完成本次业务的全过程。
- 月末,共享服务中心会向各子公司报送差旅管理报告。报告中,小王的差旅费用将反映在其所在部门差旅费用的总和之中,同时各公司集中出差的地点、集中入住的酒店也将被统计出来,反映在差旅管理报告中,为改善经营管理提供依据。

从以上企业差旅管理的流程,我们能够看出广州的员工的报销要通过上海的同事来进行,在按标准流程实现了电子化、网络化的同时,能够使企业差旅行为得到较好管控。

三、应用用友 NC 系统,建立集中统一的会计核算平台

一些新兴媒介企业已经逐渐成长起来,并快速扩张,组织日益庞大,在多个地域均设有分支机构,业务单元呈现多元化趋势,信息分散明显,存在信息孤岛、集团管控不利等问题,这将大大阻碍新兴媒介企业的发展。为了统一集团财务政策、制度、流程和报表,使企业实现财务业务一体化,便于财务信息实行大集中管理,在此基础上,集团总部能够实时透视下属各单位的财务状况、经营成果以及现金流量情况,一些新兴媒介企业开始应用以财务集中管控为核心的多级集团管控财务核算体系。该核算体系和企业各业务板块之间以及集团各产业链之间均能实现业务联动和信息交互共享,从而提高企业财务管理效率,促进企业的发展。通过会计核算平台示意图(如图 8-1 所示),我们能更深入地理解集中统一的会计核算是怎么一回事。

确定财务组织和各岗位职责是建立统一的会计核算平台的基础。在此基础上,新兴媒介企业会在财务部门设置接口人,专门负责业务系统的财务事宜。业务发生之后,凭证自动生成,各种财务数据均能被有权限的管理者实时查询,这样集团总部的高层管理

---

① AP 指 Accounts Payable,应付账款。

人员可实时对集团运营情况进行监控。整个企业集团实现了会计政策的统一、数据的集中和共享。

新兴媒介企业在打造产业链的过程中,不可避免地会形成以母公司[①]为核心的企业集团,为了更真实反映企业集团的经营成果、财务状况和现金流量情况,母公司需要编制合并财务报表,而合并会计报表编制的要求需要抵销掉集团成员企业之间的内部交易造成的财务影响,内部交易协同这一功能很好地解决了这一问题,它使跨组织采购、销售等交易能够自动识别,为编制合并会计报表奠定了基础。

另外,该系统和企业网上银行设置接口,现金流入流出信息可以直接被有权限的人员查询到,通过对现金流量的实时分析,集团总部能够对企业资金情况进行实时掌控,大大降低新兴媒介企业的财务风险。

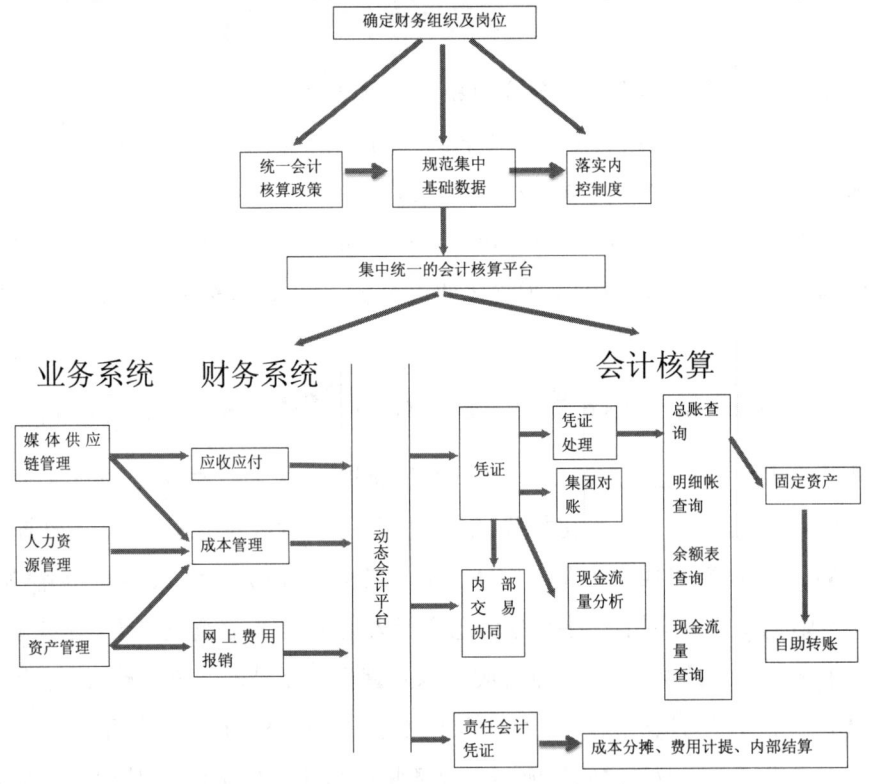

图9—1 新兴媒介企业集团统一的会计核算平台示意图

---

① 当一家公司能够决定另一家公司的财务与经营政策时,我们称这家公司为另一家公司的母公司,另一家公司为子公司。大部分情况下,母公司会持有子公司有表决权资本的50%(不含50%)以上。

第三节 新兴媒介企业财务报表

通过统一的会计核算平台,新兴媒介企业的管理者可以随时查看以下三张报表,这三张报表分别是资产负债表(财务状况表)、利润表(全面收益表)、现金流量表,分析报表上的数据能够做到对企业的过去、现在心中有数,并在一定程度上预测未来。

> **关键术语**
>
> 资产负债表亦称财务状况表,表示企业在一定日期(通常为各会计期末)的财务状况(即资产、负债和业主权益的状况)的主要会计报表,资产负债表利用会计平衡原则,将合乎会计原则的资产、负债、股东权益交易科目分为"资产"和"负债及股东权益"两大区块,在经过分录、转账、分类账、试算、调整等等会计程序后,以特定日期的静态企业情况为基准,浓缩成一张报表。其报表功用除了企业内部除错、经营方向、防止弊端外,也可让所有阅读者于最短时间了解企业经营状况。

一、资产负债表(Balance Sheet)

表 9—1 人民网股份有限公司合并资产负债表

2012 年 12 月 31 日

编制单位:人民网股份有限公司

(单位:元;币种:人民币)

	项目	期末余额	年初余额
流动资产:	货币资金	2,020,570,360.51	684,331,131.49
	结算备付金		
	拆出资金		
	交易性金融资产		
	应收票据		
	应收账款	242,618,327.62	73,035,253.79
	预付款项	19,184,085.77	17,144,967.87
	应收保费		
	应收分保账款		
	应收分保合同准备金		
	应收利息	30,537,913.41	2,663,656.72
	应收股利		
	其他应收款	21,507,823.48	9,029,595.30
	买入返售金融资产		

续表

	项目	期末余额	年初余额
流动资产：	存货	1,749,121.43	88,832.50
	一年内到期的非流动资产		
其他流动资产			
流动资产合计		2,336,167,632.22	786,293,437.67
非流动资产：	发放委托贷款及垫款		
	可供出售金融资产	54,132.30	
	持有至到期投资		
	长期应收款		
	长期股权投资	9,500,000.00	11,500,000.00
	投资性房地产		
	固定资产净额	68,857,053.25	46,384,303.28
	在建工程		
	工程物资		
	固定资产清理		
	生产性生物资产		
	油气资产		
	无形资产	15,777,050.25	12,917,240.52
	开发支出		
	商誉		
	长期待摊费用	10,844,239.92	7,913,660.33
	递延所得税资产	3,637,939.42	3,440,790.61
其他非流动资产			
非流动资产合计		108,670,415.14	82,155,994.74
资产总计		2,444,838,047.36	868,449,432.41
流动负债	短期借款		
	向中央银行借款		
	吸收存款及同业存放		
	拆入资金		
	交易性金融负债		
	应付分保账款		
	应付票据		
	应付账款	42,318,749.34	15,904,587.73
	预收账款	159,587,419.39	144,653,959.65
	卖出回购金融资产款		

续表

	项目	期末余额	年初余额
流动负债	应付手续费及佣金		
	应付职工薪酬	16,870,871.04	7,861,294.14
	应交税金	22,106,155.08	4,389,082.51
	应付利息		
	应付股利		
	其他应付款	16,688,087.12	9,070,449.43
	保险合同准备金		
	代理买卖证券款		
	代理承销证券款		
	一年内到期的非流动负债		
其他流动负债			
流动负债合计		257,571,281.97	181,879,373.46
非流动负债:	长期借款		
	应付债券		
	长期应付款		
	专项应付款	322,388.00	
	预计负债		
	递延所得税负债		
其他非流动负债			
非流动负债合计		322,388.00	
负债合计		257,893,669.97	181,879,373.46
所有者权益(或股东权益):	实收资本(或股本)	276,422,764.00	207,317,073.00
	资本公积	1,504,098,922.19	232,735,842.21
	减:库存股		
	专项储备		
	盈余公积	44,435,470.89	23,032,864.52
	一般风险准备		
	应付分保账款		
	未分配利润	318,695,872.13	191,987,637.00
	外币报表折算差额	146,396.68	518,361.40
	归属于母公司所有者权益合计	2,143,799,425.89	655,591,778.13
	少数股东权益	43,144,951.50	30,978,280.82
	所有股东权益合计	2,186,944,377.39	686,570,058.95
	负债和股东权益合计	2,444,838,047.36	868,449,432.41

新兴媒介企业的资产负债表是反映新兴媒介企业在某一特定日期的资产、负债和所有者权益的财务报表，是反映其财务状况的财务报表。从这张报表上，你能够得知企业拥有多少资产，即拥有多少现金、多少应收账款和多少固定资产等，并能了解到企业需要向银行和供应商偿还多少债务，应向税务机关缴纳多少税收，欠付多少职工工资。下面我们以人民网为例来分析和介绍新兴媒介企业的资产负债表。

2012年4月27日，人民网作为一家新闻网站在上海证券交易所上市交易（股票代码为"603000"）。人民网拥有15种语言、16种版本，用文字、图片、视频、微博、客户端等多种手段，每天24小时在第一时间向全球发布丰富多彩的信息，成为世界人民了解中国的重要窗口。

表9-1是人民网两个会计年度的资产负债表。从报表中我们可以看到，该公司资产项目分为流动资产和非流动资产两大类，负债分为流动负债和长期负债两大类，股东权益[①]项目包括股本、资本公积、盈余公积、未分配利润。

2012年12月31日人民网的资产为2,444,838,047.3元，负债为257,893,669.97元，所有者权益为2,186,944,377.39元。资产（2,444,838,047.3）＝负债（257,893,669.97）＋股东权益（2,186,944,377.39）。2011年12月31日，人民网的资产也等于负债加上股东权益，不信的话，你可以亲自算算看。

"资产＝负债＋所有者权益"是财务管理的重要公式之一，它表示企业所拥有或控制的资产有两个来源，一个是投资者投入，另一个为向债权人贷款。这个公式也可以表述为"资产－负债＝所有者权益"。因此所有者权益也被称为净资产，即扣除负债之后的资产。资产负债表可以向新兴媒介企业的管理层提供公司财务状况和偿债能力的信息，主要包括：新兴媒介企业所掌握的的经济资源有哪些，分布情况如何？新兴媒介企业的负债构成，是一年内必须偿还的流动负债多，还是一年以上需要偿还的长期负债更多？企业净资产是多少？企业是否有持续盈利能力，还是持续亏损？

为了更好地理解资产负债表，我们将以人民网为例简要介绍资产负债表中的重要项目。

(一)货币资金

表9-1显示，人民网2012年12月31日的货币资金总和为2,020,570,360.51元，通过进一步研究其2012年年报可知，人民网的货币资金中除了830,000,000元[②]以外，其他资金均为可以随时动用的现金和银行存款。通过简单计算，我们很容易知道，其货

---

① 股份有限公司的所有者权益被称为股东权益。
② 人民网2012年年报。

币资金占全部资产总额 83%[(2,020,570,360.51/2,444,838,047.3)×100%]，这表明，人民网有大量闲置资金，货币资金的流动性很强，但是它的盈利性很差，因此，人民网应考虑如何将这部分资金进行投资，以增强整个企业的盈利能力。

(二)应收账款

应收账款是指已经向客户提供服务或产品，却未收回的款项。从表 7-1 中我们发现，人民网 2012 年末应收账款余额为 242,618,327.62 元，是 2011 年年末的 73,035,253.79 元的 3.32 倍。应收账款的快速上涨将占用企业大量资金，尤其是巨额应收账款集中在某个或几个客户身上时，企业将面临很大风险。因此，人民网应对应收账款大幅增长的原因做进一步分析，为下一步的经营决策提供依据。

(三)预付账款和其他流动资产

该类资产包括企业预付给供应商的货款、员工借款、预付第三方的内容许可费[①]等。人民网的预付账款两年来变化不大。

(四)应收利息

应收利息是指将款项借贷给其他企业使用或者购买其他企业债券而形成的应收而未收到的利息。人民网于 2012 年公开发行股票募集资金存入银行，年末确认定期存款利息收入，但因存款尚未到期，本金和利息尚未收到，因此确认了应收利息，而这也正是应收利息大幅增长的原因所在。

(五)其他应收款

其他应收款主要包括应收的各种赔款、各种为职工垫付的款项等。人民网 2012 年 12 月 31 日其他应收款为 21,507,823.48 元，比年初数增加 138.19%[②]，通过阅读年报可知，其他应收款的增加是由于新设分、子公司支付办公租房押金所致。

(六)存货

存货是指企业在日常经营活动中持有的以备出售的产成品或商品、处在生产过程中的产品，以及将在生产过程或提供劳务过程中耗用的材料和物料等。对于新兴媒介企业

---

① 内容许可费是指支付给第三方内容供应商的费用，用于在一定的年限内获取相关内容产品。当与该笔费用相关的期限超过一年时，该费用将在资产负债表中被列示为非流动资产。
② 根据资产负债表其他应收款项目的年初余额和年末余额整理。

来说,存货的量很少,对于庞大的总资产来说,微不足道。但是在一些制造业企业和商业零售企业,存货占总资产的比重是很大的,企业管理层应对存货的购入、耗用以及出售格外关注。

(七)流动资产

项目1—6均被归为流动资产,代表着这些资产将在一年内转换为现金。对于人民网来说,其主要资产就是流动资产,占整个资产的比重95%[①]以上。

(八)可供出售的金融资产

企业的管理层会根据经营需要从外界购买债券和股票,如果管理层的持有目的是短期出售,则这部分股票和债券的价值将体现在交易性金融资产中;如果管理层持有这些股票和债券的目的不够明确,那么可以将这部分投资划入可供出售的金融资产中。从报表中我们看到,人民网在2012年12月31日持有54132.3元的可供出售的金融资产,通过分析年报可知,这部分金融资产是购买的债券投资。

(九)固定资产

在新兴媒介企业,固定资产所占资产的比重往往较大,这些固定资产包括电脑、各种设备、汽车、租赁物改良[②]等。在人民网的资产负债表中固定资产是以其初始购置成本减去累计折旧后的价值列示,折旧在电脑、房产、设备等不断损耗的过程中累积产生。从资产负债表中,我们发现,人民网公司的固定资产在2012年有小幅增长。

(十)无形资产

无形资产是那些没有实体形状的资产,这些资产在购买时以成本计价记入资产之中,然后按照它能提供收益的期间,将成本平均摊销到每一个月。专利权、非专有技术、商标权、版权、专营权、内容特许权、软件、域名等均是新兴媒介企业的无形资产。会计准则要求企业不能将内部形成的无形资产列示在资产负债表上,例如腾讯QQ2013年的品牌价值为880亿元人民币[③],然而腾讯QQ的资产负债表显示:截至2012年12月31日的无形资产为47.19亿元,这些资产包括商誉、电脑软件及技术、特许权以及在线内容授权。9—1显示,人民网无形资产2012年有小幅增长,通过阅读年报可知,企业将一部分

---

① (流动资产合计/资产总计)×100%。
② 租赁物改良是指公司租赁的建筑物的改良,例如公司对租赁的办公室进行装修,对设备进行改造等支出。
③ 《胡润2013品牌榜》,http://www.chinanews.com/tp/2013/07-22/5070945.shtml,2013-07-22。

开发费用转换为无形资产。

(十一) 长期待摊费用

长期待摊费用主要包括已提足折旧的固定资产的改建支出、经营租入固定资产的改建支出以及固定资产大修理支出等。针对人民网来说,长期待摊费用的增长主要是因为对办公室及演播厅进行装修和改造。严格意义上来说,长期待摊费用不能算作一种资产,因为它一经发生,将逐渐变为费用,不再可能给企业带来未来的经济利益。

(十二) 应付账款

应付账款是指公司以赊购的方式购买物品、接受服务而应向供应商支付的债务。如果企业拖欠供应商货款迟迟不还,将影响该企业的商业信誉,给企业经营带来困难。但是,由于人民网货币资金充足,其应付账款的小幅增长无须过多关注。

(十三) 预收账款

预收账款是指向客户提供服务之前预收客户的款项。从表9－1可以看出,与2011年年末相比,人民网公司2012年预收账款余额变化不大。

(十四) 应交税费

应交税费是指应向税务机关缴纳但是还未缴纳的各种税费。这些税费主要包括增值税、营业税、城建税、教育费附加、文化事业建设费以及企业所得税等。各主要税种、征收标准和税率如表9－2所示。

表9－2 新兴媒介企业各税种及其税率和征收标准

税项	税率	征收标准
增值税	3%,6%,17%	产品销售收入、服务费收入,与采购产生的增值税抵销后的金额
营业税	3%,5%	服务费收入
城市建设税	7%	应付增值税和营业税净额
文化事业建设费	3%	广告收入
教育附加费	5%	应付增值税及营业税净额
企业所得税	25%	应纳税所得额

(十五) 应付职工薪酬

应付职工薪酬是指应向职工支付的工资及各项福利。这些福利包括退休保险、医疗保险、失业保险等应由公司负担的部分。人民网 2012 年年末的应付职工薪酬比 2011 年年末增长一倍。

(十六)流动负债

应付账款、预收账款以及应付职工薪酬都属于流动负债,这些负债要求在一年之内必须偿还。如果企业不能按时偿还这部分负债,它将面临停业甚至破产。

(十七)长期负债

长期负债是指偿还期在一年以上的负债。在本年度到期的长期负债应在流动负债中进行列示。

(十八)股本

股本(实收资本)这个项目反映新兴媒介企业的投资者按照企业规章、合同、协议的规定,实际投入企业的资本。如果企业是上市公司,该项目表示已经公开发售的普通股的价值。这部分价值是用公开发行股票的股数与每股的票面价值相乘来计算的。例如,人民网股份有限公司 2012 年年末股份总数为 276,422,764 股,每股面值 1 元,因此其股本为 276,422,764 元。

(十九)资本公积

资本公积是指企业收到投资者超出其在企业注册资本(或股本)中所占份额的投资,以及直接计入所有者权益的利得和损失等。例如 2012 年 4 月 27 日,人民网首次公开发行的 A 股股票在上海证券交易所上市交易,股票发行价格为 20 元/股,共发行 69,105,691 股,发行募集资金总额 1,382,113,820 元,扣除发行承销及保荐费用、审计及验资费用、律师费用、评估费用、咨询费用、信息披露费用、股份登记等发行上市费用、印花税等,人民网发行股票募集资金净额人民币 1,340,468,770.98 元,这样,在人民网的资产负债表中,股本应列示为 69,105,691(股数 6910569×股票面值 1 元/股)元,资本公积为 1,271,363,079.98(1,340,468,770.98-69,105,691)元。

(二十)盈余公积

盈余公积按照公司的税后净利润提取。《公司法》规定,公司制企业应按照税后净利润 10% 提取法定盈余公积金。一些企业还会在法定盈余公积金之外再提取任意盈余公积金。2012 年年末人民网盈余公积比 2011 年年末多 21,402,606.37 元,意味着 2012 年人民网提取盈余公积 21,402,606.37 元。

(二十一) 未分配利润

未分配利润是企业留待以后年度进行分配而结存下来的利润。它是期初未分配利润加上本期实现的净利润,减去提取的盈余公积和分出的利润之后的余额。人民网公司未分配利润为 318,695,872.13 元,比 2011 年年末的 191,987,637 元有所增长。

(二十二) 外币折算差额

在将企业的境外经营通过合并等纳入企业的财务报表中时,需要将企业境外经营的财务报表折算为以企业记账本位币(人民网记账本位币为人民币)反映的财务报表,这一过程会产生外币折算差额。

(二十三) 少数股东权益

在母公司拥有子公司股份不足 100% 时,子公司股东权益的一部分属于母公司所有,即多数股权,其余仍属外界其他股东所有,称为少数股权。例如,人民网持有其子公司海桥(北京)文化传媒有限公司 60% 的股权,2012 年年末海桥(北京)文化传媒有限公司净资产为 9,133,358.18 元,归属于人民网,即母公司的所有者权益为 5,480,014.9 元,少数股东权益为 3,653,343.28 元。① 人民网旗下有众多如海桥(北京)文化传媒有限公司的子公司,在资产负债表中,少数股东数额是各子公司少数股东权益的总和。

二、利润表(Income Statement or Profit and Loss statement,简称 P&L)

关键术语

利润表是反映企业在一定会计期间经营成果的报表。由于它反映的是某一期间的情况,所以,又被称为动态报表。有时,利润表也被称为损益表、收益表。

利润表是反映新兴媒介企业在某一时期经营成果的财务报表。从这张报表上,你可以了解企业是盈利还是亏损,可以看到企业某一时期的收入、成本和各种费用等。不同的新兴媒介企业由于其上市地点不同,对利润表的叫法也不同。例如,腾讯在香港上市,其利润表称为综合收益表;凤凰网在美国上市,其利润表称为全面收益表(Statements of Comprehensive Income)。我们以人民网 2012 年合并利润表为例说明利润表中的重要项目。

---

① 根据 2012 年人民网年报数据整理。

表9-3 人民网2012年合并利润表

2012年1月至12月

编制单位：人民网股份有限公司

(单位：元；币种：人民币)

项目	本期金额	上期金额
一、营业总收入	708,023,608.72	497,262,354.09
其中：营业收入	708,023,608.72	497,262,354.09
利息收入		
已赚保费		
手续费及佣金收入		
二、营业总成本	496,167,053.48	375,468,800.46
其中：营业成本	267,662,321.18	194,906,091.08
利息收入		
手续费及佣金收入		
退保金		
赔付支出净额		
提取保险合同准备金净额		
保单红利支出		
分保费用		
营业税金及附加	32,264,263.17	29,215,160.55
销售费用	149,847,344.43	94,428,995.28
管理费用	87,699,159.31	69,657,961.35
财务费用	-43,260,382.07	-13,216,326.45
资产减值损失	1,954,347.46	386,918.65
加：公允价格变动收益(损失以"-"号填列)		167,459.93
投资收益(损失以"-"号填列)		
其中：对联营企业和合营企业的投资收益		
汇兑收益(损失以"-"号填列)		
三、营业利润(损失以"-"号填列)	211,856,555.24	121,961,013.56
加：营业外收入	13,283,373.92	20,013,359.00
减：营业外支出	695,191.21	449,201.54
其中：非流动资产处置净损失	5,761.70	
四、利润总额(亏损总额以"-"号填列)	224,444,737.95	141,525,171.02
减：所得税费用	6,610,163.41	2,770,937.32
五、净利润(净亏损以"-"号填列)	217,834,574.54	138,754,233.70
归属于母公司所有者的净利润	210,305,963.40	139,478,616.80
少数股东损益	7,528,611.14	-724,383.10

续表

项目	本期金额	上期金额
六、每股收益		
（一）基本每股收益	0.83	0.67
（二）稀释每股收益	0.83	0.67
七、其他综合收益	−371,964.72	−512,741.39
八、综合收益总额	217,462,609.82	138,214,492.31
归属于母公司所有者的净利润	209,933,988.68	138,965,875.41
归属于少数股东的综合收益总额	7,528,611.14	−724,383.10

通过表9－3，我们至少可以知道人民网2011年度和2012年度经营概况：

（一）净利润

相比于2011年度，2012年人民网净利润有大幅增长，增长率达到57%[1]，为217,834,574.54元，主要来源于营业利润。营业利润是各种营业收入抵减营业成本和各种营运费用后的结果。

（二）营业收入

人民网的营业收入来源主要有广告及宣传服务收入、信息服务收入、技术服务收入以及移动增值业务收入。表9－4列示了人民网2012年各种来源的收入占总收入的比重。从表9－4中我们可知，虽然广告及宣传服务收入依然是人民网最重要的收入来源，但是与2011年相比，2012年广告及宣传服务收入占总收入的比重已经有所下降，而移动增值业务服务收入在总收入中的比重在上升。这反映了移动互联的强大力量。

表9－4　人民网各产品构成及收入情况[2]

产品名称	2012年度（元）	占总收入比例	2011年（元）	占总收入比例
广告及宣传服务收入	394,087,668.92	55.66%	297,450,720.83	59.82%
信息服务收入	180,041,447.78	25.43%	139,890,937.02	28.13%
技术服务收入	16,225,325.89	2.29%	11,025,363.76	2.22%
移动增值业务收入	117,658,301.98	16.62%	48,895,332.48	9.83%
合计	708,012,744.57	100.00%	497,262,354.09	100.00%

---

[1] ［(本期金额－上期金额)/上期金额］×100%＝［(217,834,574.54−138,754,233.7)/138,754,233.7］×100%。
[2] 根据2012年人民网的年度财务报告整理。

(三) 营业成本

人民网 2012 年营业成本为 496,167,053.48 元,比 2011 年有所增长,占总收入的比例为 70%。① 新兴媒介企业的营业成本是指企业在获得收入的过程中所发生的能够分摊到各种收入中的成本。例如大多数新兴媒介企业都会为用户提供互联网增值服务与移动及电信增值服务,在提供这些服务时,不可避免地会向中国移动、中国联通和中国电信这三家运营商缴纳一定比例的佣金,这些佣金被新兴媒介企业确认为成本。另外,一些新兴媒介企业也将频宽及服务器托管费用以及分成成本、内容订购成本和销货成本定义为本公司的营业成本。

(四) 毛利

营业收入减去营业成本,我们称之为毛利。仅仅看毛利这一数据很难了解公司的盈利能力,但如果将毛利除以营业收入,我们就可以算出毛利率这一重要的财务指标。巴菲特认为:毛利率高于 40%(包括 40%)②的企业一般具有某种可持续性竞争优势,如果一个行业的毛利率低于 20%,则意味着这个行业存在过度竞争。经过计算可知,人民网 2011 年的毛利率为 24.5%,2012 年的毛利率为 30%,两年毛利率均低于 40%,根据巴菲特的理论,人民网还需加强成本管理。

(五) 期间费用

期间费用是指不能分配到某一产品中,但是却由每一会计期间负担的费用。在不同地点上市的新兴媒介企业,其期间费用的披露方式不同。人民网在中国内地上市,按照中国会计准则披露财务信息,在它的利润表中,期间费用包括销售费用、管理费用和财务费用。凤凰新兴媒介在美国上市,信息的披露需要遵循美国会计准则,它将期间费用称为运营费用,包括三大类:销售及市场费用、一般及行政费用以及技术和产品开发费用,不包括财务费用。而在中国,技术与开发费用包含在期间费用之中,通过阅读公司年报附注有关管理费用的内容,可以进一步了解企业技术与开发费用情况。

即使一家企业有很高的毛利润,而如果这三种运营费用的总和占毛利润总额的比例接近 100% 的话,那么这家企业也将无利可图,其所处的行业往往是竞争十分激烈的行业。如果企业想要获得利润,必须降低销售费用和管理费用。但是在不断降低技术和产品开发费用时,要注意这种一味降低研发费用的做法是否会挫伤新兴媒介企业未来发展的潜力。通过研读人民网 2012 年年报发现,人民网在管理费用中没有列支技术与开发

---

① 营业成本率(70%)=(营业成本/营业收入)×100%=(496,167,053.48/708,203,608.72)×100%。
② 玛丽·巴菲特、戴维·克拉克:《巴菲特教你读财报》,李凤译,中信出版社 2009 年版。

费用,这不得不让人担忧其作为新兴媒介在未来市场的竞争潜力。

(六)财务费用

财务费用这个项目记录"企业利息支出－利息收入＋银行手续费用"的余额。

通过阅读报表,我们知道人民网2012年财务费用为负,表示全年利息收入大于利息支出和银行手续费总和,并且其数额占营业利润的比重超过20%,也就是说,人民网的营业利润中,20%来源于放贷收入,这说明人民网并没有将资金用来投资到新兴媒介企业的主营业务上,而是将资金用来生息。

(七)公允价值变动损益

公允价值变动损益是指企业交易性金融资产等公允价值变动形成的应计入当期损益的利得(或损失)。假如人民网2012年年初用1000万元购买了一批股票,10元/股,共100万股,公司将该批股票列入交易性金融资产,到2012年12月31日,该批股票的收盘价变为12元/股,那么在资产负债表中,人民网应按照1200(100×12)万元列示交易性金融资产,而200(1200－1000)万元即为公允价值变动损益,应列入利润表。

(八)投资收益

投资收益是指企业以各种方式对外投资所取得的收益。假定人民网2012年年初参股设立了一家广告公司,人民网所占股份为30%。经过一年的经营,该广告公司产生净利润200万元,按照会计准则,人民网可以将60万元确认为投资收益计入利润表,虽然广告公司并没有将这笔利润全部分配给人民网。

(九)营业外收入

营业外收入是指企业发生的与日常活动没有直接关系的各项利得,主要包括非流动资产处置利得、收到的罚款、政府补助等。人民网2012年营业外收入为13,283,373.92元,其中12,627,040元来自于政府补助。

(十)营业外支出

营业外支出是指企业发生的与日常活动没有直接关系的各项损失,主要包括非流动资产处置损失、支付的罚款、公益性捐赠支出等。人民网2012年度营业外支出为695,191.21元,比上年度有所增长,主要是对外捐赠增加。

(十一)所得税费用

与其他所有纳税人一样,新兴媒介企业也必须为他们的所得缴纳所得税。中国一些新兴媒介企业,其母公司往往注册于英属群岛等低税率地区,在注册地不需缴纳任何税项。但是如果其有附属公司在美国、中国或其他国家,则须按照所在国税法缴纳企业所得税。例如腾讯公司2012年年报显示,其在美国注册成立的实体应按估计应课税盈利计提36%的企业所得税,在东南亚、非洲、东亚及南美注册成立的实体应按应课税盈利的12.5%－35%计提企业所得税,而在中国注册的实体,因享受国家税收优惠政策,则可以在两年之内免交所得税,之后再按照适用税率减半征收(中国企业所得税税率为25%)。

(十二)少数股东损益

少数股东损益是指纳入企业合并报表范围的子公司其他非控股股东享有的损益。

(十三)每股收益

每股收益是指普通股股东每持有一股普通股所能享有的企业净利润或需承担的企业净亏损。每股收益分为基本每股收益和稀释每股收益两种。

1.基本每股收益的计算

基本每股收益按照归属于普通股股东的当期净利润除以当前实际发行在外普通股的加权平均数计算确定。表9—5列示了人民网2012年基本每股收益的计算过程。

表9—5　2012年人民网基本每股收益的计算过程[①]

序号	公式		金额
(1)		归属于母公司的净利润(元)	210,305,963.40
(2)		上年末流通在外的普通股股数(股)	207,317,073
(3)		本年度新发行普通股股数(股)	69,105,691
(4)		本年度新股已发行时间(月)	8[②]
(5)	(5)=(2)+(3)×8÷12	发行在外普通股加权平均数(股)	46,070,460.67
(6)	(6)=(1)/[(2)+(5)]	每股收益(元)	0.83

2.稀释每股收益的计算

稀释每股收益是以基本每股收益为基础,假设企业所有发行在外的可转换为公司普通股的债券、认股权证、股份期权等都已经转换为普通股,从而分别调整归属于普通股股东的当期净利润以及发行在外普通股的加权平均数计算而得。

---

① 根据2012年人民网年报整理。
② 人民网于2012年4月27日发行新股,至2012年12月31日69,105,691股,发行时间为8个月。

三、现金流量表

企业在编制资产负债表和利润表时根据权责发生制原则，因此利润表中有可能显示企业有巨额收入，资产负债表中货币资金却极其匮乏，应收账款增长迅速，企业缺乏现金维持正常生产经营。与资产负债表和利润表不同，现金流量表编制基础是收付实现制[①]，从现金流量表中可以看出企业的现金从何而来，到哪里去，这样分析现金流量表可以帮助管理者和财务信息相关人员了解企业真实的财务状况和经营现状。

> **关键术语**
>
> 现金流量表是财务报表的三个基本报告之一，所表达的是在一固定期间（通常是每月或每季）内，一家机构的现金（包含银行存款）的增减变动情形。

现金流量表是以现金及现金等价物为基础编制，划分为经营活动、投资活动和筹资活动。现金及现金等价物包括企业可以随时动用的现金和银行存款以及持有时间短、流动性强，易于转换为已知金额现金、价值变动风险很小的投资。在企业没有三个月到期短期债券和定期存款的情况下，现金及现金等价物与资产负债表中的货币资金等同。

人民网2012年的现金流量表（见表9-6）由六个部分组成，分别为经营活动产生的现金流量、投资活动产生的现金流量、筹资活动产生的现金流量、汇率变动对现金及现金等价物的影响、现金及现金等价物净增加额以及期末现金及现金等价物余额。

（一）经营活动产生的现金流量

在新兴媒介企业中，提供服务是产生现金流入的主要来源，经营活动的现金支出主要是由于采购物品、接受劳务、向职工发放工资、向税务局支付税款等，如果现金流入大于现金流出，经营活动产生的现金流量净额为正，表示企业从经营活动能够获得源源不断的现金，不过，在企业发展初期，经营活动产生的现金流量净额往往为负，随着企业产品销量的增加，市场份额的扩大，收回现金速度的加快，企业经营活动现金流量净额会最终为正，并逐年增长。对于一个成熟的企业来说，一旦企业经营活动产生的现金流量净额为负，则显示企业经营遇到了困境，企业管理者要关注其原因所在，并着力解决。

（二）投资活动产生的现金流量

当企业发展到一定阶段之后，将会有投资活动，例如购买其他企业的股票、债券，购买固定资产和无形资产等，这就形成了投资活动的现金流出；企业也有可能会因为收回现金的需要，收回投资，出售固定资产和无形资产的所有权，这就形成了投资活动的现金

---

① 收付实现制是指凡是本期收付的现金，都应当计入本期的收入和费用，不管是否属于本期；凡是本期未收付的现金，即使属于本期，也不计入本期的收入和费用。

流入。如果现金流入大于现金流出,投资活动产生的现金流量净额为正,反之,为负。

(三)筹资活动产生的现金流量

当企业进入高速发展时期,将会有筹资的需求,筹资活动是指企业向外借款,发行债券、偿付本息和支付股息等。如果筹资活动产生的现金流量为正,有可能表示企业本年发行了新股或者借入款项所筹集的资金超过偿还借款本息和支付股息的总和,企业将面临较高的财务风险或者每股收益被稀释的风险。

需要特别指出的是,由于人民网在2012年4月27日发行了新股,刚从证券市场吸收巨额资金,因此其现金流量情况良好,但是企业如何利用这些筹资到的现金将考验管理层的商业智慧和勇气。

(四)汇率变动对现金及现金等价物的影响

将外币现金流量以及境外子公司的现金流量折算成记帐本位币时往往会所采用现金流量发生日的汇率,而现金流量表中"现金及现金等价物净增加额"项目中外币现金净增加额是按资产负债表日的即期汇率折算的,这两者会产生差异,这就是汇率变动对现金的影响。

(五)现金及现金等价物的净增加额

现金及现金等价物的净增加额数额是经营活动产生现金流量净额、投资活动产生现金流量净额、筹资活动产生现金流量净额以及汇率变动对现金及现金等价物的影响的总和。例如2012年,人民网经营活动产生现金流量净额、投资活动产生现金流量净额以及筹资活动产生现金流量净额分别为92,828,993.26元、-869,376,825.16元、1,283,511,708.62元以及-724,647.70元,四项之和为506,239,229.02元,恰为现金及现金等价物的净增加额。

(六)期末现金及现金等价物余额

期末现金及现金等价物余额等于期初现金及现金等价物余额加上现金及现金等价物净增加额。人民网期初现金及现金等价物余额为684,331,131.49元(与2011年12月31日货币资金数额相等),本期现金及现金等价物净增加额为506,239,229.02元,则期末现金及现金等价物余额为1,190,570,360.51元,但是细心的你一定发现这个数不等于资产负债表中货币资金的期末余额,这是因为人民网持有830,000,000元定期存款,而定期存款因为不能随时动用,不符合现金及现金等价物的定义,所以,人民网2012年期末现金及现金等价物余额小于货币资金期末余额。

表9-6 人民网2012年合并现金流量表

2012年1月至12月

编制单位:人民网股份有限公司 （单位:元;币种:人民币）

项目	本期金额	上期金额
一、经营活动产生的现金流量		
销售商品提供劳务收到的现金	566,028,992.28	557,635,648.33
客户存款和同业存放款项净增加额		
向中央银行借款净增加额		
向其他金融机构拆入资金净增加额		
收到原保险合同保费取得的现金		
收到再保险业务现金净额		
保户储金及投资款净增加额		
处置交易性金融资产净增加额		
收取利息、手续费及佣金的现金		
拆入资金净增加额		
回购业务资金净增加额		
收到的税费返还	12,698.39	8,512,523.58
收到的其他与经营活动有关的现金	23,492,692.44	47,210,602.29
经营活动现金流入小计	589,534,383.11	613,358,774.20
购买商品接受劳务支付的现金	105,488,174.89	105,051,185.27
客户贷款及垫款净增加额		
存放中央银行和同业款项净增加额		
支付原保险合同赔付款项的现金		
支付利息、手续费及佣金的现金		
支付保单红利的现金		
支付给职工以及为职工支付的现金	204,724,609.04	158,808,053.39
支付的各项税费	47,442,086.70	37,713,192.96
支付的其他与经营活动有关的现金	139,050,519.22	111,009,661.00
经营活动现金流出小计	496,705,389.85	412,582,092.62
经营活动现金流量净额	92,828,993.26	200,776,681.58
二、投资活动产生的现金流量		
收回投资所收到的现金	2,000,000.00	
取得投资收益所收到的现金		167,459.93
处置固定资产、无形资产和其他长期资产而收回的现金	1,404,650.50	
收回投资所收到的现金中的出售子公司收到的现金		
收到的其他与投资活动有关的现金	14,186,104.04	
投资活动现金流入小计	17,590,754.54	167,459.93

续表

项目	本期金额	上期金额
购建固定资产、无形资产和其他长期资产所支付的现金	56,967,579.70	27,651,966.80
投资所支付的现金		
质押贷款净增加额		
取得子公司及其他营业单位支付的现金净额		
支付的其他与投资活动有关的现金	830,000,000.00	
投资活动现金流出小计	886,967,579.70	27,651,966.80
投资活动产生的现金流量净额	−869,376,825.16	−27,484,506.87
三、筹资活动产生的现金流量		
吸收投资所收到的现金	1,345,106,830.52	13,800,000.00
吸收投资所收到的现金中的子公司吸收少数股东权益性投资收到的现金	4,638,059.54	13,800,000.00
借款所收到的现金		
发行债券所收到的现金		
收到其他与筹资活动有关的现金	600,000.00	
筹资活动现金流入小计	1,345,706,830.52	13,800,000.00
偿还债务所支付的现金		
分配股利利润或偿付利息所支付的现金	62,195,121.90	16,170,731.71
分配股利利润或偿付利息所支付的现金中的支付少数股东的股利		
支付的其他与筹资活动有关的现金		
筹资活动现金流出小计	62,195,121.90	16,170,731.71
筹资活动产生的现金流量净额	1,283,511,708.62	−2,370,731.71
四、汇率变动对现金及现金等价物的影响	−724,647.70	−450,524.78
五、现金及现金等价物净增加额	506,239,229.02	170,470,918.22
加:期初现金及现金等价物余额	684,331,131.49	513,860,213.27
六、期末现金及现金等价物余额	1,190,570,360.51	684,331,131.49

利用财务报表进行分析企业的财务状况、经营成果以及现金流量情况是新兴媒介企业财务管理者的重要工作之一,除此之外,他们还需要进行成本管理、预算管理、投资管理、融资管理、营运资本管理、风险管控以及纳税管理等。

■ 思考与研讨题

1. 选取新兴媒介企业财务管理状况作为案例,分析其财务管理的特色。

2. 以教材对人民网年报的分析为模板,选取另一家新兴媒介企业分析其资产负债表、利润表和现金流量表,撰写财务分析报告。

参考文献

(一)学术专著

1. John Child. *Organization*. New York: Harper &. Row. 2004:41—48.
2. 〔荷〕安妮特·爱丽斯、〔比〕雅布·卜黑著:《媒介公司管理——赢取创造性利润》,王春枝、刘涛、苏林森译,清华大学出版社2011年版,第10、219页。
3. 〔美〕丹尼尔·伊克比亚著:《Google是如何控制世界的》,李军译,东方出版社2008年版,第12、56页。
4. 〔美〕小艾尔弗雷德·D.钱德勒著:《看得见的手——美国企业的管理革命》,重武译,商务印书馆1987年版,第26—43页。
5. 〔美〕哈罗德·孔茨、〔美〕海因茨·韦里克著:《管理学》,经济科学出版社1998年版,第125—136页。
6. 〔加〕休·J.阿诺德、〔美〕尼尼尔·C.菲尔德曼著:《组织行为学》,邓荣霖等译,中国人民大学出版社1990年版,第69页。
7. 弗莱蒙·特卡斯特、詹姆斯·罗森茨韦克:《组织与管理——系统方法与权变方法(第四版)》,傅严等译,中国社会科学出版社2000年版,第37—46页。
8. 〔美〕彼得·德鲁克著:《管理:任务·责任·实践》,孙耀君译,中国社会科学出版社1987年版,第125页。
9. 〔美〕约翰·查尔德:《组织:当代理论与实践》,刘勃译,华夏出版社2009年版,第239页。
10. 〔美〕罗伯特·G.皮卡德:《媒介经济学:概念与问题》,赵丽颖译,中国人民大学出版社2005年版,第13页。
11. 斯坦利·巴兰、丹尼斯·戴维斯:《大众传播理论:基础、争鸣与未来》,曹书乐译,清华大学出版社2005年版,第391页。
12. 〔美〕艾伦·B.阿尔巴朗著:《电子媒介经营管理》,谢新洲等译,北京大学出版社2005年版。
13. 玛丽·巴菲特、戴维·克拉克著:《巴菲特教你读财报》,李风译,中信出版社2009年版。
14. 〔美〕威廉·麦克高希著:《世界文明史:观察世界的新视角》,董建中、王大庆译,新华出版社2003年版。

15. 斯特劳哈尔、拉罗斯著:《今日媒介:理解媒介、文化与艺术(*Media Now：Understanding Media, Culture, and Technology*):英文:第4版)影印本,清华大学出版社2004年版,第233页。
16. 帕夫利克著:《新兴媒介技术:文化和商业前景(第2版)》,周勇、张平锋、景刚译,清华大学出版社2005年版,第10、50、168、222页。
17. 甘惜分:《新闻学大辞典》,河南人民出版社1993年版,第162页。
18. 闵大洪:《数字传媒概要》,复旦大学出版社2003年版,第183页。
19. 胡正荣:《外国媒介集团研究》,北京广播学院出版社2003年版,第90—91页。
20. 胡智锋:《电视节目策划学》,复旦大学出版社2008年版。
21. 郭庆光:《传播学教程》,中国人民大学出版社2005年版,第209页。
22. 郭镇之、展江:《守望社会——电视暗访的边界线》,中国广播电视出版社2006年版,第58页。
23. 李彬:《全球新闻传播史》,清华大学出版社2005年版,目录页。
24. 彭兰:《网络传播案例教程》,中国人民大学出版社2010年版,第163—164页。
25. 严三九、张苑琛、周喆:《广播电视经营与管理》,上海外语教育出版社2006年版。
26. 段鹏:《传播学基础:历史、框架与外延》,中国传媒大学出版社2006年版,第169页。
27. 宫承波:《新媒体》,中国广播电视出版社2011年版,第35页。
28. 巢乃鹏:《网络媒体经营与管理》,福建人民出版社2007年版,第187页。
29. 周鸿铎:《媒介经营与管理总论》,经济管理出版社2005年版,第146页。
30. 周鸿铎:《媒介产业案例分析》,中国纺织出版社2005年版,第127页。
31. 王兰柱:《收视率调查应用手册》,中国传媒大学出版社2006年版,第221页。
32. 刘燕南:《电视收视率解析:调查、分析与应用》,北京广播学院出版社2001年版,第93页。
33. 屠忠俊:《现代传媒业经营管理》,华中科技大学出版社2007年版,第293页。
34. 屠忠俊:《网络传播概论》,武汉大学出版社2007年版,第134页。
35. 李明伟:《知媒者生存:媒介环境学纵论》,北京大学出版社2010年版,第14页。
36. 韦路:《传播技术研究与传播理论的范式转移》,浙江大学出版社2010年版,第3页。
37. 程洁、张健:《网络传播学》,苏州大学出版社2007年版,第168页。
38. 朱国云:《组织理论:历史与流派》南京大学出版社1997年版,第191页。
39. 吴克宇:《电视媒介经济学》,华夏出版社2004年版,第104页。
40. 彭祝斌:《中外媒介经营管理案例分析》,湖南大学出版社2006年版,第343页。
41. 王征:《组织理论与机构改革》,行为科学杂志社1980年版,第37—38页。
42. 邹再华:《华莎——巨变时代的企业管理》,中国经济出版社1999年版,第89页。
43. 李红艳:《媒介组织学》,中国传媒大学出版社2007年版,第280页。
44. 欧阳霞:《新闻发现与表达》,北京大学出版社2009年版,第44页。
45. 唐世鼎等编著:《制播体制改革与电视业发展问题研究》,中国传媒大学出版社2005年版,第77页。
46. 郑丽勇:《媒介管理学》,浙江大学出版社2008年版。
47. 彭代武:《市场营销学(第二版)》,武汉大学出版社2009年版。
48. 卜彦芳:《传媒经济理论》,中国广播电视出版社出版2012年版,第214页。

49. 梁诚:《Google与百度:全球两大搜索巨头的技术创新与盈利策略》,中国经济出版社2006年版,第53—55页。
50. 张远昌:《搜主义:Google持续成长的秘密》,清华大学出版社2005年版,第52、259、264、274页。
51. 陈虎、董皓:《财务共享服务》,中国财政经济出版社2009年版。
52. 广播影视业务教育培训丛书编写组:《广电新闻业务》,中国国际广播出版社2007年版。
53. 江欧利主编:《1997年度中国广播电视新闻奖新闻佳作赏析(上)》,中国国际广播出版社1998年版。
54. 财政部会计司编写组:《企业会计准则讲解》,人民出版社2010年版。

(二)学术期刊论文

1. 蔡雯:《媒介融合趋势下如何实现内容重整与报道创新——再论"融合新闻"及其实施策略》,《新闻战线》2007年第8期,第42页。
2. 胡正荣、李舒:《娱乐节目可持续发展的路径选择》,《中国广播电视学刊》2008年第6期,第44页。
3. 喻国明:《影响力经济——对传媒产业本质的一种诠释》,《现代传播》2003年第1期,第2页。
4. 彭兰:《社会化媒体、移动终端、大数据:影响新闻生产的新技术因素》,《新闻界》2012年第16期,第4页。
5. 胡智锋、周建新:《电视节目编排三论》,《现代传播》2006年第5期,第81页。
6. 展江:《警惕传媒的双重"封建化"》,《青年记者》2005年第3期,第7页—第9页。
7. 陆地:《电视节目评估体系的创建与创新》,《南方电视学刊》2013年第1期,第19页。
8. 彭晓妍:《中国政党报刊主导地位原因浅析》,《华商》2008年第15期,第88页。
9. 张红梅:《媒介融合背景下媒介组织战略弹性的构建》,《新闻界》2009年第2期,第63—65页。
10. 陈卓:《试论媒介融合进程中媒体组织重构的路径》,《国际新闻界》2010年第4期,第95—98页。
11. 李松龄:《传媒产品的商品属性及其价值特征》,《湖南大众传媒职业技术学院学报》2005年11月,第11页。
12. 卜彦芳:《传媒信息的价值传播模式》,《媒介产业全球化·多样性·认同——第七届世界传媒经济学术会议论文集》,第250页。
13. 高运甲:《根据精神产品双重属性正确发展文化市场》,《改革与理论》1995年第4期,第10页。
14. 高扬:《利用新兴媒介拓展广播电视空间》,《青年记者》2013年第20期,第56页。
15. 朱虹:《新兴媒介对广播影视发展的机遇与挑战——在BIRTV2006第二届数字新兴媒介高峰论坛上的讲话》,《广播电视信息》2006年第9期,第29页。
16. 刘振生:《使命·感动·敬意——四川汶川大地震中央媒体报道纪实》,《新闻与写作》2008年第6期,第6页。
17. 马良:《电视新闻生产的标准化管理》,《青年记者》2010年第8期,第39页。
18. 方毅华:《广播电视新闻节目有序化编排的理性探析》,《现代传播》2003年第5期,第24页。
19. 李晓红:《电视新闻同质化与新闻发现》,《当代电视》2006年第10期,第78页。
20. 宋发刚:《电视新闻策划的基本环节》,《新闻前哨》2006年第Z1期,第82页。
21. 曹莉:《从〈经济半小时〉节目生产流程看电视新闻选择》,《贵州大学学报(社会科学版)》2009年第4

期,第 151—155 页。
22. 蔡卫平:《从 CCTV2〈直击华尔街风暴〉看电视新闻策划》,《南昌航空大学学报(社会科学版)》2009 年第 2 期,第 94 页。
23. 刘雅娟:《广播电视新闻采访的几点思考》,《群文天地》2012 年第 22 期,第 134 页。
24. 陈颂辉:《电视新闻节目编排的共性和个性——以广东电视台〈630 新闻〉为例》,《视听》2012 年第 8 期,第 33 页。
25. 张曦、高勇:《隐性采访的道德困境以及解读》,《江苏社会科学》2012 年第 4 期,第 251 页。
26. 罗锋:《"话语权寻租":有偿新闻的经济学解读》,《常熟理工学院学报》2005 年第 1 期,第 94 页。
27. 林隆强:《媒介事件与社会进步思考——以 21 世纪以来的中国媒介事件为例》,《福建论坛(人文社会科学版)》2009 年第 12 期,第 129 页。
28. 杜莹、张倩梅:《我国媒介事件中的伦理问题研究》,《河北广播电视大学学报》2012 年第 4 期,第 45 页。
29. 王平、谢耘耕:《突发公共事件中微博意见领袖的实证研究——以"温州动车事故"为例》,《现代传播》2012 年第 3 期。
30. 王嘉:《基于新闻专业主义框架基础上的温和变革——国外传统媒体新闻生产引入 UGC 的现实图景》,《传媒》2011 年第 5 期,第 69 页。
31. 刘婷婷:《张绍刚谈电视节目策划》,《新闻与写作》2010 年第 7 期,第 9 页。
32. 周立民:《新闻移动化、多终端化时代的全媒体应对》,《新闻世界》2012 年第 10 期,第 79—80 页。
33. 柴焱:《传统媒体的移动互联网实践——以智能移动终端 Apps 为例》,《声屏世界》2014 年第 4 期,第 60—62 页整理。
34. 栾轶玫:《后媒体时代的新闻生产——2012 新兴媒介年度盘点》,《中国记者》2012 年第 12 期,第 23 页。
35. 王文:《谈节目主持人与节目的融合》,《记者摇篮》2014 年第 12 期,第 43 页。
36. 张静民:《策划时代说策划——中国电视节目策划的缘起及其作用》,《广州大学学报(社会科学版)》2002 年第 3 期,第 34 页。
37. 吉喆:《略论电视节目策划中的精品意识》,《长春师范学院学报》2007 年第 11 期,第 84 页。
38. 於亚女:《论广播节目编排策略》,《中国广播》2011 年第 2 期,第 69 页。
39. 廖艳君、李枝娜:《电视节目策划中的模仿与创新——以湖南电视媒体为例》,《当代电视》2010 年第 2 期,第 38 页。
40. 谭天:《论电视节目形态构成——一种用于节目研发的理论模型》,《现代传播》2009 年第 4 期,第 71 页。
41. 崔俊丽、高福安:《也谈节目策划》,《现代传播》2001 年第 1 期,第 36 页。
42. 叶冰清:《电视节目策划分析——以〈康熙来了〉为例》,《大众文艺(理论)》2009 年第 20 期,第 100 页整理。
43. 凌勇:《电视节目产业链思考》,《管理与财富》2006 年第 11 期,第 26 页。
44. 张雷、陈波:《产业链视域下的〈中国好声音〉栏目运营策略分析》,《浙江传媒学院学报》2013 年第 4

期,第 82 页。

45. 林力涵、杨乘虎:《主题化时段:电视编播的新理念》,《现代传播》2007 年第 6 期,第 167 页。
46. 许蓓蓓:《浅析央视少儿频道的"主题化"编排》,《电视研究》2005 年第 6 期,第 12 页。
47. 马晓瑾:《"编播季"电视编排新趋势——对湖南卫视节目编排的思考》,《经营管理者》2011 年第 18 期,第 282 页。
48. 周俊光、田芸:《融合新兴媒介:电视节目的发展之路》,《声屏世界》2009 年第 4 期,第 24 页。
49. 卜彦芳、金雨希:《电视媒体如何借力二维码获得竞争新优势》,《新闻界》2013 年第 9 期,第 33 页。
50. 万明:《传统广播媒体的移动互联网应用分析和策略——"车主宝典"技术和模式创新分析》,《广播与电视技术》2011 年第 3 期,第 61 页。
51. 朱雯:《电视大片的整合营销传播——以〈我是歌手〉〈中国好声音〉为例》,《南方电视学刊》2013 年第 3 期,第 86 页。
52. 郑品刚:《电视节目的社会化制作》,《中国记者》2000 年第 6 期,第 65 页。
53. 杨驰原、甄颖:《传媒发展与整合营销——访传媒整合营销专家、美国西北大学副教授艾德博士》,《传媒》2005 年第 5 期,第 48 页。
54. 莫瑞宁:《媒体市场营销策略》,《今传媒》2012 年第 2 期,第 75 页。
55. 尹明华:《大数据时代的报业转型》,《中国报业》2013 年第 21 期,第 46 页。
56. 左瀚颖、郑维东:《网络时代的受众重塑与媒介变革》,《视听界》2013 年第 3 期,第 25 页。
57. 薛敏芝:《营销 90 后:新环境 新传播》,《广告大观》2012 年第 10 期,第 43 页。
58. 李岚、莫桦:《"剧战"的未来走向》,《视听界》2013 年第 1 期,第 25 页。
59. 刘春理:《新兴媒介时代的广播节目版权保护与管理》,《中国广播电视学刊》2011 年第 3 期,第 35 页。
60. 刘名:《从 BBC 实践看电视频道定位的重要性》,《新闻前哨》2006 年第 9 期,第 104 页。
61. 高靖然、戴刚:《吉林省广电网络渠道营销之我见》,《广播电视信息》2011 年第 9 期,第 34 页。
62. 孙雁彬:《传统电视台转型的路径》,《视听界》2011 年第 6 期,第 56 页。
63. 王炎龙:《消费社会背景下凤凰卫视营销转型》,《媒介方法》2006 年第 2 期,第 53 页。
64. 刘晓华:《电影票价成因及定价策略研究》,《电影艺术》2009 年第 1 期。
65. 周伟、周军:《广播媒体的广告价格营销及剩余时间营销》,《中国广播》2009 年第 8 期,第 59 页。
66. 谢鹍地:《互联网广告的第二次呼吸》,《互联网周刊》2009 年第 1 期,第 27 页。
67. 李东晓:《中国电视媒体的公关活动管理》,《河南工业大学学报(社会科学版)》2005 年第一卷第 3 期,第 33 页。
68. 华艳红:《试论网络媒体对公共关系的影响》,《嘉兴学院学报》2003 年第 9 期,第 98 页。
69. 吴占勇:《卫视微博:自媒体时代电视品牌传播的创新平台》,《新闻爱好者》2012 年第 11 期,第 9 页。
70. 周芳:《国内视频网站自制剧的问题与反思》,《今传媒》2013 年第 4 期,第 51 页。
71. 朱旭光:《中国视频网站的版权保护和可持续开发》,《当代电影》2009 年第 12 期,第 111 页。
72. 王馨妍:《"小企鹅"大财务》,《首席财务官》2012 年第 6 期,第 20 页。
73. 胡志殷:《视频网站商业模式研究》,《科技创业月刊》2012 年第 2 期,第 70 页。

74. 徐瑄:《新兴媒介时代的版权问题》,《新闻战线》2012年第10期,第68页。
75. 陈岐岳:《隐性采访及其适度原则》,《新闻爱好者》2011年16期,第100页。
76. 陈明:《浅谈广播电视有偿新闻的成因与预防》,《巢湖学院学报》2003年第2期,第126页。

(三)报纸文章

1. 杨永兴:《4R营销理论照亮Zara模式》,《经理日报》2010年5月28日。
2. 郑渝川:《该为Google的"免费"模式套上缰绳》,《深圳晚报》2009年10月28日,第B14版。
3. 曹虹:《Facebook的"社交"生意:在隐私边缘不断变换广告模式》,《东方早报》2012年5月18日,A32版。
4. 韩业庭:《电视节目该如何评价?》,《光明日报》2012年1月17日。
5. 《优酷在网页视频播放框增设二维码扫描功能》,《北京商报》2013年2月6日。

(四)研究报告

1. 中国互联网信息中心:《第36次中国互联网发展状况统计报告》,http://www.cnnic.net.cn/hlwfzyj/hlwxzbg/hlwtjbg/201507/P020150723549500667087.pdf。
2. 中国互联网信息中心:《2013年中国网民网络视频应用研究报告》,http://www.cnnic.net.cn/hlwfzyj/hlwxzbg/spbg/201406/P020140609392906022556.pdf。
3. 庞井君主编:《中国广播电影电视发展报告(2012)》,中国社会文献出版社2012年6月版。

(五)学位论文

1. 王冬冬:《电视媒体的组织结构设计研究》,2008年哈尔滨工业大学博士论文,第28—29页。
2. 程梁:《美国CBS〈60分钟〉电视新闻杂志研究》,2008年苏州大学硕士学位论文,第8—11页。
3. 刘成付:《电视新闻频道的理念与运作——以央视新闻频道为例的研究》,2006年复旦大学博士学位论文,第77页。
4. 段芳燕:《我国电视节目外包模式研究》,2013年新疆大学硕士论文,第7页。
5. 钱海红:《媒介公共关系的理念与运作模式研究》,2007年复旦大学博士论文,第26页。
6. 黄华:《中国社交网络平台(SNS)商业模式发展研究》,2010年上海师范大学硕士学位论文,第6页。
7. 高娴子:《近年来我国社交网络平台发展研究》,2011年暨南大学硕士学位论文,第34页。
8. 李晨宇:《中国社交网络平台盈利模式的可持续性分析》,2011年中国政法大学硕士学位论文,第16页。

(六)网络文献

1. 白传之:《广播电视与新兴媒介发展走向:颠覆or融合?》,http://media.people.com.cn/GB/40628/9617756.html,2009—07—08。
2. 中广互联:《新兴媒介传播与版权保护》,http://www.sarft.net/a/17971.aspx,2010—06—02。
3. 谭涛:《从"iPad维权第一案"看新兴媒介时代的数字版权隐忧》,http://www.cqtantao.com/post/

246. html,2011－04－25。

4. 宛可欣:《浅析 2011 年中国电视新闻报道形式与手段的创新变革》,http://media.people.com.cn/GB/22114/44110/213990/16604941.html,2011－12－14。

5. 华商网:《新闻联播插播消息第一时间报道莫言获奖》,http://news.hsw.cn/system/2012/10/11/051496427.shtml,2012－10－11。

6. 财新网:《中国媒体有偿报道乱象》http://china.caixin.com/2012－04－06/100376534.html,2012－04－06。

7. 百度百科:《掀钱》,http://baike.baidu.com/client/view/5218478.htm。

8. 腾讯娱乐:《揭秘跨年晚会收视率 统计方法不同或现多种答案》,http://ent.qq.com/a/20110105/000027.htm,2011－01－05。

9. 融合网:《央视正式告别"末位淘汰"新"栏目评价体系"揭秘》,http://www.dwrh.net/a/gdw/tv/2011/0715/67565.html,2011－07－15。

10. 詹新惠、童珮茹:《国外传统媒体利用社交媒体的三种路径》,http://media.people.com.cn/n/2012/0719/c213309－18554684.html,2012－07－19。

11. 陆小华:《粉丝型受众的特征与需求管理》,中广影视网 http://www.crftv.com/showNewsInfo.asp?NewsID=8899&borderid=16,2013－06－14。

12. 林强:《唐·舒尔茨:百度 MOMENTS 是 SIVA 理论的最佳实践》,http://www.sootoo.com/content/361004.shtml,2012－11－9。

13. 央视索福瑞公司官网:http://www.csm.cn/index.php/SinglePage/index/cid/9/id/29.html。

14. 谢晶:《从"内容为王"到"渠道为王"再到"营销为王"——谈传媒市场理念的变化》,人民网,http://media.people.com.cn/GB/4186720.html,2006 年 3 月 10 日。

15. 谭光柱:《短期网络视频付费模式难成主流》,http://blog.sina.com.cn/s/blog_5101b9050101b7a1.html,2012－09－14。

16. 张鑫:《网络版权价格退烧》,http://www.crftv.com/showNewsInfo.asp?NewsID=8078&borderid=16,2012.7.18。

17. 屈凡军:《整合营销传播理论及其演变》,http://www.emkt.com.cn/article/67/6704.html。

18. 维基百科:《搜索引擎的发展历程》,http://www.wm23.com/wiki/42181.htm。

19. 百度百科:《全文搜索引擎》http://baike.baidu.com/view/2007665.htm。

20. ITeye 资讯:《Google:一切为了 Google＋》,http://www.iteye.com/news/23219,2011－11－01。

21. 新浪财经:《Facebook 用户数量突破 10 亿》,http://finance.sina.com.cn/world/20121004/222413292425.shtml,2012－10－04。

22. 网易科技:《微信用户最新数据:月活跃用户达到 5.49 亿,支付用户 4 亿左右》,http://tech.163.com/15/0601/13/AR1F5KE000094ODU.html,2015.6.1

23. 网易科技:《全球五大社交网络排名出炉,脸书第一、QQ 第二》,http://digi.163.com/14/1105/11/AA9LSMMM00162OUT.html,2014.11.5。

24. 新华网:《通用汽车打算停止在 Facebook 上投放广告》,http://news.xinhuanet.com/auto/2012－

05/16/c_123140367.htm,2012-05-06。

25. 证券时报网:《通用汽车将重新在 Facebook 上投放广告》,http://kuaixun.stcn.com/2013/0410/10403111.shtml,2013-04-10。

26. 中国日报网英语点津:《社交网络平台社交功能减弱,用户隐私设置加强》,http://www.chinadaily.com.cn/language_tips/news/2012-02-28/content_14707597.htm,2012-02-28。

27. 网易财经:《百度新投资视频网站将仿 Hulu》,http://money.163.com/10/0105/15/5S99K43L00253K1O.html,2010-01-05。

28. 艾瑞咨询:《2011—2012 年中国在线视频行业年度监测报告》,http://www.docin.com/p-477677344.html,2012-06-28。

29. 《阿里 22 日股价大跌 8.6% 收于 15.24 港元》,DoNews,http://tech.ifeng.com/internet/detail_2011_02/22/4793393_0.shtml,2011-02-22。

30. 中国新闻网:《胡润 2013 品牌榜》,http://www.chinanews.com/tp/2013/07-22/5070945.shtml,2013-07-22。

(七)公司年度财务报告

1. 腾讯公司 2012 年年度财务报告。

2. 人民网 2012 年年度财务报告。

3. 凤凰新兴媒介 2012 年年度财务报告。

后 记

本教材立足于电子媒介的广义内涵,编写中试图首尾贯穿传播技术引发的新变化,努力在以下几个方面有所体现:

第一,坚持突出媒体行业特性。在本书的经营管理框架中,始终坚持突出媒体的行业特性,尽量减少企业经营管理的通识性内容,避免空洞的生硬嫁接。对媒体行业特性和媒介现象的关注使得本书在理论框架的完整性上显得有所欠缺,因而,为了更好的掌握媒介经营管理的规律和技能,笔者建议读者在阅读本书之前先对管理学原理、市场营销学、战略管理等课程有一个基本掌握。

第二,试图强化新技术因素。首先,在本书的框架体系中纳入新兴媒介的运营管理,一来表达了本书对于广义电子媒介概念的理解和立足点,二来在媒介融合的现实语境下,新兴媒介的运营管理规律对于传统电子媒介来说具有相当的借鉴价值,新旧媒介相互取长补短是相互融合的必经之路。其次,在传统电子媒介运营管理的内容中也贯穿新技术环境带来的新变化。本书在组织结构设计、内容生产、市场营销和财务管理这几个管理的不同面向中都引入一个共同的背景,那就是新技术条件下的新媒介环境,贯穿新技术引发新变化这一条主线。

第三,启发多于定论。鉴于电子媒介产业在传播技术革新支撑下日新月异的发展变化现实,本书对新出现的媒介现象更多地采取一种开放的视角,希望通过呈现对于新媒介现象的不同角度的思考来启发读者的思考,而不是将一些封闭性的定论直接灌输给读者。确实,对于新传播技术究竟能带给我们什么这个问题,只能说我们是相当无知的,我们目前知道的远远不如我们所不知道的,因而保持一个开放的心态,积极应对新技术带给我们的所有不确定,是笔者编写此书时持守的态度。

作为中国传媒大学十二五规划系列教材之一,本教材最后得以成形,首先得益于中国传媒大学提供的引导和支持。在编写过程中,先后得到了中国传媒大学经济与管理学院前任院长、中国传媒大学文法学部现任部长李怀亮教授,中国传媒大学教务处副处长金雪涛教授,中国传媒大学文化产业管理系林振宇主任,副系主任薛华副教授,中国传媒大学出版社黄松毅和欧丽娜编辑的帮助和支持，在此一并深表感谢。

本书一共九章，张燕承担教材框架搭建、全书统稿和导论部分的编写，王苏承担新媒体财务管理部分的编写，刘虎承担电子媒介政策与法规部分的编写，金雨希承担电子媒介内容产品、电子媒介新闻生产管理、电子媒介非新闻生产管理部分的编写，苏伯骏承担电子媒介市场营销部分的编写，刘洁伶承担电子媒介组织部分的编写。

在编写过程中，本书引用和借鉴了大量的优秀成果，本书试图对所有引用文献的出处做出详尽仔细的说明，但是由于本书涉及到的面向庞杂，参与编写的人员较多，难免挂一漏万，在此对所有同仁的优秀成果一并表示感谢。

最后，如果本书能被传媒专业的学子、传媒从业人员视为有益，那编写组为此付出的努力就有回应，就值得我们继续努力下去。

张　燕

2015 年 8 月 6 日

图书在版编目(CIP)数据

电子媒介经营与管理/张燕,王苏,刘虎编著.--北京:中国传媒大学出版社,2016.7(2023.12重印)
ISBN 978-7-5657-1642-3

Ⅰ.①电… Ⅱ.①张… ②王… ③刘… Ⅲ.①电子设备－传播媒介－经济管理－高等学校－教材 Ⅳ.①G206.2

中国版本图书馆 CIP 数据核字(2016)第 042508 号

电子媒介经营与管理
DIANZI MEIJIE JINGYING YU GUANLI

编　　　著	张　燕　王　苏　刘　虎
责 任 编 辑	欧丽娜
装帧设计指导	吴学夫　杨　蕾　郭开鹤　吴　颖
设 计 总 监	杨　蕾
装 帧 设 计	刘鑫、方雪悦等平面设计创作团队
责 任 印 制	李志鹏
出版发行	中国传媒大学出版社
社　　　址	北京市朝阳区定福庄东街 1 号　　邮　编　100024
电　　　话	86-10-65450532　65450528　　传　真　65779405
网　　　址	http://cucp.cuc.edu.cn
经　　　销	全国新华书店
印　　　刷	唐山玺诚印务有限公司
开　　　本	787mm×1092mm　　1/16
印　　　张	15
字　　　数	258 千字
版　　　次	2016 年 7 月第 1 版
印　　　次	2023 年 12 月第 5 次印刷
书　　　号	ISBN 978-7-5657-1642-3/G·1642　　定　价　45.00 元

本社法律顾问：北京嘉润律师事务所　郭建平

致力专业核心教材建设　提升学科与学校影响力

中国传媒大学出版社陆续推出

我校 15 个专业"十二五"规划教材约 160 种

播音与主持艺术专业（10 种）
广播电视编导专业（电视编辑方向）（11 种）
广播电视编导专业（文艺编导方向）（10 种）
广播电视新闻专业（11 种）
广播电视工程专业（9 种）
广告学专业（12 种）
摄影专业（11 种）
录音艺术专业（12 种）
动画专业（10 种）
数字媒体艺术专业（12 种）
数字游戏设计专业（10 种）
网络与新媒体专业（12 种）
网络工程专业（11 种）
信息安全专业（10 种）
文化产业管理专业（10 种）

本书更多相关资源可从中国传媒大学出版社网站下载
网址：http://cucp.cuc.edu.cn
责任编辑：欧丽娜　　意见反馈及投稿邮箱：yishiyishu@163.com
联系电话：010-6577 9465

中国矿业大学出版社出版